集人文社科之思 刊专业学术之声

集 刊 名：中国经济学

主管单位：中国社会科学院

主办单位：中国社会科学院数量经济与技术经济研究所

JOURNAL OF CHINA ECONOMICS

2022年第3辑

集刊序列号：PIJ-2022-449

中国集刊网：www.jikan.com.cn

集刊投约稿平台：www.iedol.cn

封面题字：郭沫若书法集字

中国经济学

JOURNAL OF CHINA ECONOMICS

2022 年第 3 辑

中国社会科学院　主管

中国社会科学院数量经济与技术经济研究所　主办

社会科学文献出版社
SOCIAL SCIENCES ACADEMIC PRESS (CHINA)

中国经济学　2022 年第 3 辑（总第 3 辑）

Journal of China Economics　2022 年 11 月出版

制度遗产、产权塑造与市场发育

——来自对雷州"祖宗地"现象的经验观察

张同龙　胡新艳　罗必良　张俪娜*

摘　要：如何理解产权塑造及其对市场发育的影响是经济学的核心话题，然而相应的经验证据并不充分。本文使用一套基于中国雷州半岛独特"祖宗地"现象的调查数据，对于农地制度演化如何塑造产权进而影响市场发育进行了探讨。首先考察样本村庄的土地制度演化史，通过提炼制度特征得到四类制度代表型：湄潭实验组、全国典型组、良序拟私有制组、失序拟私有制组。其次，使用一个政府管制与自发秩序权衡的理论框架，分析四类不同制度演化所塑造的产权状态。最后，实证研究结果表明，产权稳定性确实是政府管制和自发秩序互动的结果，为二者的力量权衡所塑造；产权清晰性却是政府管制的单调函数，即越管制越清晰；产权清晰性对于土地流转市场范围的扩大具有支撑作用；产权稳定性对于土地流转市场的深化而言必不可少。

关键词：制度演化　产权塑造　市场发育

＊　张同龙，教授，华南农业大学国家农业制度与发展研究院，电子邮箱：ztl3@sina.com；胡新艳，教授，华南农业大学国家农业制度与发展研究院，电子邮箱：12899030@qq.com；罗必良，教授，华南农业大学国家农业制度与发展研究院，电子邮箱：luobl@scau.edu.cn；张俪娜（通讯作者），博士，华南农业大学国家农业制度与发展研究院，电子邮箱：mathzln@sina.com。本文获得国家社会科学基金重大项目（20&ZD170）的资助。作者感谢匿名审稿人和编辑部的宝贵意见，文责自负。

一　引言

经济发展之源一直是经济学家所倾力探讨的问题（Lucas，1988）。在众多研究中，制度主义者牢牢占据主流地位，①他们大都强调，早期历史条件（或资源禀赋）差异导致制度（正式和非正式）分化，进而塑造产权以诱发投资激励，最终影响市场发育和资源配置并致使经济绩效产生差异。经过几代学者的努力和积累，由这一系列研究已经可以梳理出一条日益清晰的理论线索"历史禀赋—制度②演化—产权塑造—市场发育—经济绩效"。其中产权处于解释链条的核心地位，关于产权的塑造及其影响自然也成为经济学研究的焦点，③本文亦力图对此作出贡献。

由于话题宏大，相关的经验研究困难重重且歧路众多。早期研究（Acemoglu 等，2001，2002；Banerjee 和 Iyer，2005）青睐于使用长期的历史数据，因为此类情境可使得从制度到经济绩效的作用充分展现并易于识别两者之间潜在的因果关系。但这类数据存在一定的局限，一方面是数据质量问题，甚至其本身存在与否就具有内生性；另一方面，长时段中很有可能囊括政治冲击甚至社会革命，这使得数据选取因制度外生性而面临挑战。此外，早期大都使用跨国数据来研究外生禀赋条件差异导致的制度演化不同，但跨国数据本身的异质性使得研究面临遗漏变量的风险。由此越来越

---

① 关于制度影响经济绩效的研究肇始于 North（1990），兴盛于 Acemoglu 等（2001，2002），近年来以 Dell（2010）、Nunn（2008）为年轻一辈中的翘楚。

② 本文中制度指的是"在一个特定群体内部得以确立并实施的行为规则"（罗必良，2005）。在这种规则限定下权力均衡塑造了不同主体的产权状态。产权作为"一种社会工具，它能够帮助一个人在与他人的交易中形成一个可以合理把握的预期"（Demsetz，1967），它主要有两个维度：与他人间的界定（清晰性）和对未来的界定（稳定性）。这两个维度也可以分别理解为：产权主体与其他同类的水平关系，所谓确权（清晰性）止争的含义；产权主体与政府或外在强力主体的垂直关系（稳定性），所谓免于剥夺的含义。

③ 需要指出的是，产权包括实际上的产权和法律（名义）上的产权（Schlager 和 Ostrom，1992）。刘守英和路乾（2017）指出，产权在法律层面的登记颁证不同于实质上被界定与实施，如果没有充分而清晰的赋权，仅仅依赖登记颁证，产权将得不到有效保障。因此，本文着重讨论的是实际产权（de Facto Property Rights）。

多的研究倾向于使用国内的微观数据（Besley，1995；Goldstein 和 Udry，2008），而这又会因国内整体环境相似而使得制度变量缺乏变异。幸运的是，我们通过对雷州半岛独特的"祖宗地"现象调查得到的一套数据几乎完美契合这一研究主题。雷州不仅在过去几十年中保持着非常稳定的社会状态，同时并存着多种典型的地权制度，可以视作研究的"活化石"。

与本文相关的另一支文献是比较经济学，早期聚焦市场和计划经济制度的比较，而后随着苏联解体而转向不同市场体制的比较（Djankov 等，2003；张仁德，2008，2011）。这支文献一度因青木昌彦（2001）的比较制度分析和 Shleifer 等（1994）对于法律和金融起源的分析而声名鹊起。然而，遗憾的是，随着经济学中因果革命的兴起（Acemoglu 等，2001），主流经济学家的兴奋点迅速转移，导致比较经济学的影响和关注度日益消散。但他们提出的关注制度演化对产权塑造的影响，通过比较不同产权安排对市场发育及其经济绩效的影响来打开经济运行机制的黑箱仍有重要的借鉴价值。本文将通过引入新比较经济学（Djankov 等，2003）的经典模型，理清产权的垂直与水平界定关系，借助对"祖宗地"地区不同制度安排的比较分析来展现产权的塑造及其影响。

此外，由于立足于对中国农村土地产权的观察，本文也与讨论中国农村土地制度以及土地流转市场发育的文献相关。制度和产权相关的经济学文献多以地权为分析范例（Besley 和 Ghatak，2010），而这其中尤以中国农村土地产权的分析居多。本文虽然也使用中国农村数据，但其特色使得我们有可能跳出以往研究的家庭联产承包制框架，使用具有"拟私有"特色的"祖宗地"与其进行对照研究。通过梳理典型地权制度安排，我们力图以小见大，对现行具有不同特点的土地制度进行评价比较。同时考虑到土地流转市场发育在现阶段的重要性，为区分流转规模与质量，我们也将以此为重点分析产权在经济发展中的作用。[①]

本文的潜在贡献在于以下四个方面：①在理论层面，将不同制度放在统一框架之下进行比较分析，揭示制度如何塑造产权状态；②在实证层面，

---

① 但限于问题的复杂性，本文将以描述性比较为主，而更为确切的因果分析留待后续研究。

以土地调整和"祖宗地"为特征，构造四类制度代表型；③从产权稳定性和清晰性两个维度出发，实证考察土地制度塑造的产权状态；④分析产权对土地流转市场发育的影响，并指出其内在作用机制在市场广度和深度方面存在异质性。

本文结构安排如下：第二部分，提供一个用以理解产权塑造的简洁模型；第三部分，介绍本文的数据来源及雷州相关的研究背景；第四部分，伴随着正式制度与非正式制度的演进，使用调查数据勾勒出"祖宗地"村庄与非"祖宗地"村庄的土地制度变迁，进一步根据不同地区土地制度内含的特征将其细致划分为四类制度代表型；第五部分，对细致分类后的四种不同制度进行比较分析，先讨论其塑造的产权状态，进而分析产权对市场发育的影响；第六部分，总结全文。

二 理解产权塑造：一个简洁模型

到底是哪些因素影响产权的塑造呢？制度经济学家普遍认为，好的经济制度（Good Economic Institutions）意味着良好的产权保护，即制度塑造了产权，或者说产权状态是制度的均衡结果。Besley 和 Ghatak（2010）在《发展经济学手册》中提出，正式制度和非正式制度一起塑造产权，并由此激励投资，促进交易，实现经济增长，增进社会福利。那么，好的制度，或者说良好的产权保护由何而来呢？在古往今来的讨论中，特别强调政府在制定和保护产权方面的重要作用（Besley，1995），其原因在于，政府是唯一可以合法使用暴力的机构（Karim，2020），在保护产权过程中具有明显的比较优势。通过使用社会认可的强制性手段维护公正、秩序和稳定，提供一套人们之间进行交易时必须遵守的基本规则（刘守英，2018）。这主要包括成文的法律、政策、规定等，即正式制度①的主要源泉。

虽然政府在产权塑造中发挥着关键作用，但是其他主体的作用也不可

---

① 严格来说，正式制度总是与国家权力或某个组织相连，是指这样一些行为规范，它们以某种明确的形式被确定下来，并且由行为人所在的组织进行监督和用强制力保证实施，如各种成文的法律、法规、政策、规章、契约等。

忽视（Besley 和 Ghatak，2010）。有史以来，政府并不是产权保护的唯一提供者，尤其是在发展中国家。其他利益相关者，比如宗族、氏族、商会、帮会等，都可以在一定程度上提供产权保护，其主要表现形式为人们日常生活中自发形成的行为习惯、道德规范、普遍认同等，即非正式制度①。North（1990）指出，一个社会遗留下来的传统文化、风俗习惯和伦理道德等会对人们进行生产、交易时的行为方式产生影响，从而这些非正式约束或民间力量内生地作用于产权的选择与界定。事实上，在中国农村，长期以来自发形成的村规民约制约着权利安排与保护。刘守英和路乾（2017）明确指出，国家对产权的保护必须建立在对自发形成的产权充分尊重的基础上。此外，即使国家在法律上赋予了行为主体某些权利，也可能根据具体的交易环境，适当改变这些权利。自我选择的特定产权状态可以产生与特定地点的自然和经济条件紧密匹配的行为规则，更易于将资源配置到最佳用途上。在正式制度和非正式制度的双重约束下，从事交易活动的主体界定并行使权利，形成特定的产权安排，即产权塑造的过程。

沿着正式制度和非正式制度相互作用的思路，想得到良好产权保护的主体往往寄希望于政府。而政府要发挥作用本身存在两难问题：一方面，人们需要政府使用强制手段建立秩序，维护公正和稳定；另一方面，拥有强制力的政府本身也可能成为产权的侵害者。这是因为，任何政府，如果在界定和实施产权方面处于垄断地位，尤其是无法限制自身权力时，也就有能力因自身的利益而侵犯他人的产权。所以，Djankov 等（2003）认为，一个好制度的关键是在无序（Disorder）与专断（Dictatorship）之间进行权衡取舍。

图 1 是引自 Djankov 等（2003）的制度选择分析框架，他们认为制度的功能在于控制失序（由私人掠夺导致）和专断（由政府侵占导致）的双重风险。图 1 中横轴表示由政府侵占导致的社会损失，纵轴表示由私人掠夺导致的社会损失。制度可能性边界（IPF）反映了社会的制度可能性，按照标

---

① 非正式制度是指对人的行为不成文的限制，是与法律等正式制度相对的概念，包括价值信念、伦理规范、道德观念、风俗习惯和意识形态等。正式制度和非正式制度作为制度不可分割的两个部分，是一个对立的统一体，既相互依存，在一定的条件下又可以相互转化。同时，非正式制度具有自发性、非强制性、广泛性和持续性，而正式制度则不同。

准新古典假设，IPF是凸向原点的，它代表只有通过增强政府专断力来降低失序导致的社会损失。向下倾斜的45°线表示专断和失序的总社会损失保持不变，它与IPF的切点是给定社会的最优制度选择。由此他们提出了四种典型的制度策略（选择），按照政府专断力增强和私人掠夺减少的方向，依次是私立秩序（自由竞争，主要靠市场来约束）、独立执法（政府有限介入，争端主要通过法庭解决）、政府监管（政府通过设立特定机构直接介入争端的裁决）、国家所有制（政府直接占有或控制大部分资源）。

当然，该模型仅是示意性地理解产权塑造的框架，它的核心思想是两种力量的权衡取舍。可以进一步使其一般化，横轴替换为政府管制程度，纵轴替换为民间自发力量，那么基本逻辑依然成立。也就是说，产权塑造是政府管制（正式制度）和自发秩序（非正式制度）互动的结果。当两者之间的关系发生变化时，原来的制度均衡就会被打破，进而塑造出不同的产权状态。

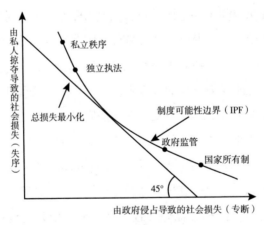

图1　制度策略选择图

若将这一模型与现有的实证研究进行对照，不难发现，以往研究的视角多有失偏颇。一方面，许多以西方国家土地私有制为基础的研究，都非常重视民间自发力量（或非正式制度）的作用（Goldstein和Udry，2008；Abdulai等，2011），而忽视政府的作用。另一方面，以中国土地产权为基础的研究多着眼于政府主导的土地调整，即政府管制程度，而忽视民间自发力量的作用。当然，造成这一局面的主要原因在于数据本身，很难观察到两种力量同时起重要作用的实例。然而，相应实证研究的缺失无疑影响到对产权塑造的正确理解。

三　数据来源与"祖宗地"背景

（一）数据来源与调查设计

本研究所使用的数据来自华南农业大学国家农业制度与发展研究院（NSAID）于2018年1月进行的一项对广东省雷州市4镇60村1200户的农村抽样调查。课题组在与广东省农业农村厅合作研究土地确权项目时，了解到在雷州半岛存在一类特殊的"祖宗地"现象，给土地确权工作造成了掣肘。

为先厘清实际情况，课题组先后到"祖宗地"较为集中的湛江市雷州市和徐闻县进行了多次预调研。为了进一步系统研究这一现象及其经济影响，课题组在雷州市进行了抽样调查。按照当地政府所掌握的统计资料，选取了"祖宗地"现象较集中的两个镇（A镇和B镇），并在这两个镇中随机抽取30个村庄，其中A镇19个，B镇11个；进一步，按照地理位置相邻原则，分别选取几乎没有"祖宗地"的两个对照镇（C镇和D镇），在每个对照镇中随机抽取了15个村庄；基于选取的60个样本村，从每一个样本村中随机抽取20个样本户，共得到1200个样本户。

在具体的调查过程中，由经过培训的调查员对村干部和样本户进行面对面的访谈。调查问卷由村庄问卷和农户问卷两部分组成，涵盖村庄、农户、个人和土地四个层面的问题。在村庄层面，访谈了主要的村干部，考察了村庄的基本自然地理和经济发展状况，特别关注了村庄土地分配及其变化情况。在农户层面，访谈了样本户的土地经营和流转状况，也记录了与土地相关的矛盾冲突。

（二）"祖宗地"背景

雷州市（原名"海康县"）位于中国大陆最南端的雷州半岛中部，东濒南海，西靠北部湾，北与湛江市郊、遂溪县接壤，南与徐闻县毗邻。雷州半岛位居祖国边陲，历史上为封建王朝势力薄弱之地，是贬谪罪臣途经之地，容易保留土著文化，并且民风彪悍。由于雷州半岛独特的地理位置，远离政治中心，加之独特的语言和文化，长期以来其相对封闭而自成一体，历来较少受到来自外部的影响。

雷州市是中国内地较晚解放的地方之一，并且随后该地区的土地革命和集体化运动也相对缓和。①因此，当地很多农户将解放前甚至明清时期的地契保留了下来。在家庭联产承包责任制实施之初，有些农户凭借地契或者村里享有威望的老人指认，领回自家"祖宗地"进行"家庭承包"。虽然这种做法有悖于强调"均田承包"的家庭联产承包责任制，但是村集体并未制止，并且其他农户也纷纷效仿认领回集体化之前的土地。按照全国一般情况，在一轮承包后，基于人口变化等因素的考量，村庄会周期性地运用行政手段进行集体土地调整。然而，这些村庄没有进行过相应的土地调整，甚至没有开展二轮承包。久而久之，当地农户普遍认为这类土地是"继承"而来，也就约定俗成地将其称为"祖宗地"。值得注意的是，尽管雷州市存在"祖宗地"现象，但并不是该地区的所有村庄都是"祖宗地"区域，这为我们的研究提供了支撑。由此，按照地理位置临近原则，为两个"祖宗地"乡镇匹配了两个没有"祖宗地"的乡镇作为对照组。

四　现实中的土地制度演进

在上述分析制度选择的理论基础上，接下来聚焦对中国农村土地制度实践的讨论。首先，从全国整体情况出发梳理农村土地制度的变迁，即正式制度的演进；其次，与典型的农村土地制度变迁相对照，考察存在"祖宗地"现象的雷州地区的土地制度变迁，即"祖宗地"这一非正式制度的演变。

---

① 土改运动不彻底的原因可能是雷州市解放时间较晚，抑或当地的地主较少且在战时主动为解放军提供了大量物资。在集体化运动时期，该地区的有些村庄只是水田入社，有些村庄并没有改变农户经营土地之间的界限，因而部分农民仍然能够继续在原来的土地上耕种。

（一）中国农村土地制度变迁的基本逻辑与演变史

以"三权分置"为主要特征的农村土地制度可以溯源到新中国成立之时。在新中国成立之初，全国范围内推行"打土豪、分田地"的土地改革，目的是实现"耕者有其田"。1950年的《中华人民共和国土地改革法》标志着土地改革全面展开，到1953年土地改革基本完成。与此同时，合作化运动也在酝酿中，从1951年《中国共产党中央委员会关于发展农业生产合作社的决议》的草案到1953年的正式下发，合作化运动紧接着土地改革全面展开。在初级社实行了短短两三年后，1956年的《高级农业生产合作社示范章程》继续推进，到1956年底在全国范围内普遍建立高级社。而随后1958年的《中共中央关于在农村建立人民公社问题的决议》直接导致了全国基本实现人民公社化。之后的二十年间，以生产资料集体共有、统一经营、共同劳动、统一分配为特征的人民公社一直是主导农村生产生活的经济制度。1978年以安徽省小岗村实施"大包干"为标志，中国开启了新一轮的土地制度改革。1980年《关于进一步加强和完善农业生产责任制的几个问题》提出容许不同形式的制度探索。直到1983年的《关于实行政社分开建立乡政府的通知》基本宣告了人民公社的终结和家庭联产承包责任制的确立。在家庭联产承包责任制框架下，土地属于集体所有，承包权由农户平均享有，且分户经营、自负盈亏。实行家庭联产承包（以下简称"第一轮承包"），激励了农民的生产积极性，促进了农业的快速发展（Lin，1992；冀县卿和钱忠好，2019）。然而，该制度框架下所内含的成员权平等原则导致了频繁的土地调整（周其仁，1988；刘守英，1993）。因此，为稳定农民心理预期，1984年一号文件提出，土地承包期一般应在15年以上。在延长承包期以前群众有调整土地要求的，可以本着"大稳定、小调整"的原则，经过充分商量，由集体统一调整。在第一轮15年承包期即将到期之际，1993年的《关于当前农业和农村发展的若干政策措施》提出，为避免承包耕地的频繁变动，防止耕地经营规模不断被细化，提倡在承包期内实施"增人不增地，减人不减地"的办法，再延长30年不变。随后全国范围内开展了第二轮土地承包工作，并在2000年基本完成。2002年的《中华人民共和国农村土地承包法》使农村的土地经营制度、农民对土地的基本权利和保持长期稳定的土地承包关系都得到了国家法律的保障。2004~2006年全面进行税费改革，彻底取消农业税，强化了农民对土地的收益权。2008年的《中共中央关于推进农村改革发展若干重大问题的决定》强调，赋予农民更加充分而有力保障的土地承包经营权，现有土地承包关系要保持稳定并长久不变。自此以后，明确了"长久不变"的政策取向。但是，叶剑平等（2000）、丰雷等（2013）提供的具有全国代表性的经验证据表明，农村土地的小范围调整并未因此停止，土地调整仍然是中国农村土地制度的一个重要特征。[①] 2014年开始全面推行的农村土地承包经营权确权登记颁证（以下简称"土地确权"），意在进一步保障农民对土地的权利（尤其是转让权）和提高土地产权稳定性。2019年正式公布的《中共中央 国务院关于保持土地承包关系稳定并长久不变的意见》明确了长久不变的政策内涵就是"两不变、一稳定"——保持土地集体所有、家庭承包经营的基本制度长期不变，保持农户依法承包集体土地的基本权利长久不变，保持农户承包地稳定。2020年，开展了第二轮土地承包到期后延长30年试点工作。图2梳理了中国农村土地制度变迁的一些关键节点，不难发现，在改革开放后固化土地承包关系和稳定土地产权一直是政策的主要取向。

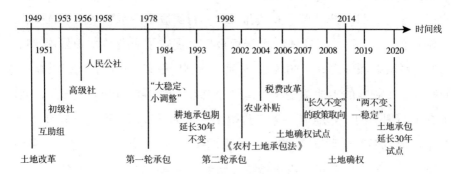

图2 中国农村土地制度变迁时间索引

---

① 叶剑平等（2000）基于全国17省份的调查研究表明，77.4%的农户表示自实行家庭承包经营制度以来村里至少进行过一次土地调整，18.0%的农户表示没有进行过土地调整。丰雷等（2013）指出，截至2000年，85.2%的村完成了第二轮承包，而自第二轮承包以来，至2010年进行过土地调整的村占40.1%。

（二）雷州土地制度变迁：与众不同的"例外"

家庭联产承包责任制是在全国范围内推行的，几乎没有地区例外。幸运的是，我们在中国大陆最南端的雷州半岛观测到了"例外"现象——"祖宗地"，它的主要特征和演变历程与家庭联产承包责任制差异显著。这无疑可以为评估和识别不同土地制度的影响提供对照组，进而使得不同土地制度间的比较分析成为可能。①接下来，考察雷州的"祖宗地"地区土地制度变迁历程，并与上文的制度变迁做比较。

首先，具体来看"祖宗地"及其在样本村的分布情况。对于所有的样本农户，均调查了其所拥有的田地情况，还专门询问了"集体化之前是否拥有过这块土地"，由此来判断该地块是否属于"祖宗地"。通过在村庄层面加总每个农户的"祖宗地"和非"祖宗地"面积，得到每个样本村庄的"祖宗地"占比。由表1可以清楚地看到，"祖宗地"现象确实普遍存在于"祖宗地"村庄，平均而言，每个村庄75.440%的土地属于"祖宗地"，最少的也有15.864%，最多的达到了95.923%；而临近的非"祖宗地"村庄只有很小比例（3.622%）的土地属于"祖宗地"②。

表1　两类村庄的"祖宗地"比例差异

单位：%，个百分点

地区	均值	标准差	最小值	最大值	差异
"祖宗地"村庄	75.440	17.945	15.864	95.923	−71.818***
非"祖宗地"村庄	3.622	4.616	0.000	17.636	

注：***表示在1%的水平下显著。"祖宗地"村庄指的是我们调研中选取的"祖宗地"现象较为集中的A镇和B镇的村庄，非"祖宗地"村庄为很少存在"祖宗地"现象的C镇和D镇的村庄。

那么，村民是如何收回自家"祖宗地"的呢？通过询问村民"是否收回过'祖宗地'？若是，哪一年？"具体考察样本农户所采取的行动及其时间。由表2可明显看出，"祖宗地"村庄更频繁地发生收回"祖宗地"活动，平均

---

① 与正式制度相比，"祖宗地"属于民间的非正式制度。

② 除"祖宗地"占比以外，其他维度指标，如自然村个数、村庄到镇政府的距离、村庄总人口、宗祠比例、经济发展状况等指标未通过T检验，在统计意义上不显著。

来看，每个村庄都发生超过一次，最少的村庄也有一半的村民表示收回过"祖宗地"，最多的村庄发生了将近两次；而非"祖宗地"村庄则很少发生收回"祖宗地"活动。图3为这些收回"祖宗地"活动发生的时间分布。

表2 两类村庄收回"祖宗地"差异

单位：次

地区	均值	标准差	最小值	最大值	差异
非"祖宗地"村庄	0.125	0.109	0.000	0.450	−1.102***
"祖宗地"村庄	1.227	0.304	0.500	1.850	

注：***表示在1%的水平下显著。"祖宗地"村庄指的是我们调研中选取的"祖宗地"现象较为集中的A镇和B镇的村庄，非"祖宗地"村庄为很少存在"祖宗地"现象的C镇和D镇的村庄。

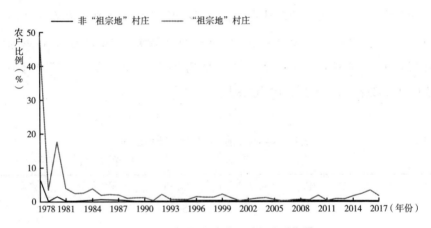

图3 1978~2017年村庄收回"祖宗地"情况

其次，鉴于上文提出土地调整是家庭联产承包责任制的关键特征，由此入手进行对比分析。对于全部样本农户，均询问了"您家是否经历过土地调整①？如果经历过，哪一年？"②由此得到每户所经历的土地调整次数，再将其在村内加总后除以总户数（20户），得到每个村的土地调整次数。如

---

① 在调查员培训中，着重强调土地调整的特征为"经由村集体的行政手段重新分配土地承包权"。

② 鉴于得到的是长时段的回溯数据，对于具体年份难免存在记忆偏差，所以我们大都使用村层面的平均值以减小异常值的影响。

表3所示，1978～2017年，"祖宗地"村庄平均土地调整次数只有0.790次，还不到1次。甚至有些村庄并未调整过土地，这意味着没有任何一户汇报在任何一年经历过土地调整。并且，经历土地调整最多的村庄也不过1.300次。与此对应，同样处于雷州且与"祖宗地"乡镇相邻的非"祖宗地"乡镇的村庄则平均经历过2.067次土地调整，多于两次。[1]其中，调整次数最多的村庄达到了5.550次之多。将两组村庄的调整次数进行T检验，其差异在1%的水平上显著。接着，加入时间维度，考察样本村庄进行土地调整的时间分布。[2]根据图4可知，对于"祖宗地"村庄，土地调整时间主要集中为1980年前后，即第一轮承包之际，1998年前后的第二轮承包期间只有较少的土地调整，其余时间几乎没有发生过土地调整；对于非"祖宗地"村庄，第一轮承包和第二轮承包都有相对集中的土地调整发生，第二轮承包后依然进行过一些土地调整，这与全国一般情况基本一致。总体来看，在40余年间，"祖宗地"村庄的土地调整远不如非"祖宗地"村庄频繁。

表3　两类村庄土地调整差异

单位：次

地区	均值	标准差	最小值	最大值	差异
非"祖宗地"村庄	2.067	1.035	0.200	5.550	−1.277***
"祖宗地"村庄	0.790	0.402	0.000	1.300	

注：***表示在1%的水平下显著。"祖宗地"村庄指的是我们调研中选取的"祖宗地"现象较为集中的A镇和B镇的村庄，非"祖宗地"村庄为很少存在"祖宗地"现象的C镇和D镇的村庄。

通过上述分析可知，"祖宗地"村庄与非"祖宗地"村庄的土地制度演进存在明显不同。对于非"祖宗地"村庄，与全国的一般情况基本一致，土地调整是其土地制度的主要特征，并且时间集中在第一轮承包和第二轮承包期间。与之相比，"祖宗地"村庄的土地制度大有不同，不仅土地调整

---

① 虽然调整次数远超"祖宗地"村庄，但仍略低于全国平均水平。

② 由每年汇报土地调整的农户比例生成。

次数少，而且通过不断地收回"祖宗地"，大多数村民都是重新耕种集体化之前祖辈所耕种的地块。

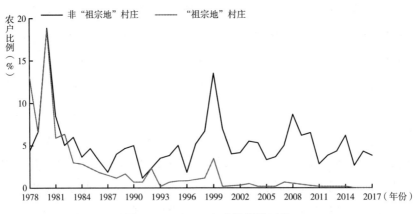

图 4　1978~2017 年土地调整对比

（三）差异中的差异：土地制度的细分与四类代表型的构建

上文显示了"祖宗地"村庄与非"祖宗地"村庄的土地制度差异显著，进一步，图 3 和图 4 还反映在两类村庄内部可能也存在明显不同。

首先，分析非"祖宗地"村庄内部的土地制度差异。由于这些村庄的主要制度特征是土地调整，由图 4 可以看到呈双峰状态。与全国的一般情况类似，非"祖宗地"村庄基本都实行了第一轮承包和第二轮承包相应的土地调整，但也有村庄实施了额外的土地调整。由此，以两次土地调整为界，将调整次数小于等于两次归为较少土地调整组（14 个村庄），而将大于两次的归为较多土地调整组（16 个村庄）。由图 5 可知，经历较少土地调整的村庄确实只在 1980 年和 1999 年前后进行过土地调整，在其他时间段，特别是第二轮承包后很少发生。也就是说，这些村庄的确贯彻了第二轮承包的精神，"三十年不变，生不增死不减"。由于第二轮承包政策很大程度上源于贵州湄潭实践，可以把这一组称为"湄潭实验组"。而如大量研究所指出的，在实践中，很多地方一直存在土地调整情况，并未被第二轮承包所禁止。于是，将较多土地调整组称为"全国典型组"。

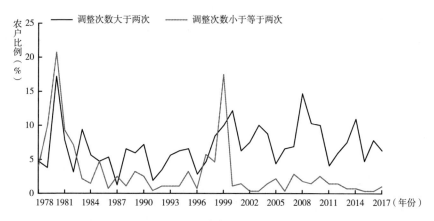

图5　1978~2017年非"祖宗地"村庄的土地调整

其次，考察"祖宗地"村庄内部的土地制度差异。对于"祖宗地"村庄而言，它们的主要特征是收回"祖宗地"现象。由图3也可以观察到略显微弱的双峰分布。按照中位数为界，把"祖宗地"村庄分为两组：较少收回"祖宗地"组（15个村庄）和较多收回"祖宗地"组（15个村庄）。由图6可以看出，较少收回"祖宗地"组几乎都是在第一轮承包时以领回"祖宗地"方式分田到户的，而后再没有收回"祖宗地"。对于较多收回"祖宗地"的村庄，除了第一轮承包时期，2000年之后收回的"祖宗地"逐渐增多，尤其是在2010年之后，这可能是因为国家税费改革以及农业补贴政策在一定程度上提高了土地价值，导致私人之间"争夺"所谓"自家祖辈"的土地。值得注意的是，这两个时期的收回"祖宗地"性质不同：前者有集体认同的基础，反映的是村民的自发秩序；后者更多的是对利益的无序争夺，反映的是缺乏政府治理下的丛林状态。由此，把前者称为"良序拟私有制组"，后者称为"失序拟私有制组"。

综上所述，按照土地调整次数将非"祖宗地"村庄划分为两类：A类村庄（14个）和B类村庄（16个），按照收回"祖宗地"次数将"祖宗地"村庄划分为两类：C类村庄（15个）和D类村庄（15个）①。

───────

① 对于"祖宗地"村庄，收回"祖宗地"次数的中位数为1.25，等于中位数的村庄共有4个。其中，有2个村庄的收回"祖宗地"主要发生在2000年之后，将其划归D类村庄。最终的C类村庄和D类村庄各有15个。

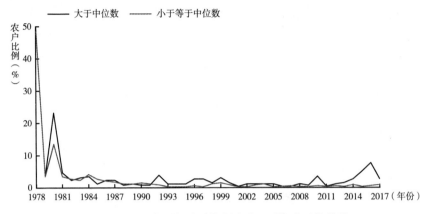

图6 1978~2017年"祖宗地"村庄收回"祖宗地"的情况

表4中构建的四类土地制度代表型与图1所示的Djankov等（2003）提出的四种制度类型恰好对应，可以清楚地看出：图1中私立秩序和独立执法对应于两类"祖宗地"村庄，属于低政府管制和高民间自发力量的产权状态，再考虑到D类村庄存在更严重的由个人间产权争夺而导致的失序，其在IPF上位于C类村庄的左上方；图1中政府监管和国家所有制对应于两类非"祖宗地"村庄，属于高政府管制和低民间自发力量的产权状态，B类村庄存在额外的土地调整，与A类村庄相比政府管制程度更高，故其在IPF上位于A类村庄的右下方（见图7），借由这个框架可以很好地理解产权塑造过程。

表4 四类土地制度的代表型

地区	指标	类别	代表类型
非"祖宗地"村庄	无额外土地调整	A类村庄	湄潭实验组
	有额外土地调整	B类村庄	全国典型组
"祖宗地"村庄	后期无收回"祖宗地"	C类村庄	良序拟私有制组
	后期有收回"祖宗地"	D类村庄	失序拟私有制组

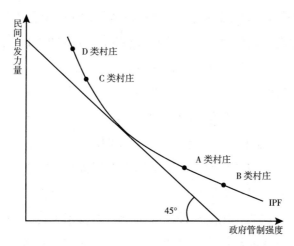

图7　理解产权塑造（政府管制与民间自发力量的权衡）

注：A类村庄指的是土地调整较少的非"祖宗地"村庄，即湄潭实验组；B类村庄指的是土地调整较频繁的非"祖宗地"村庄，即全国典型组；C类村庄指的是近期无收回"祖宗地"的"祖宗地"村庄，即良序拟私有制组；D类村庄指的是近期发生过收回"祖宗地"的"祖宗地"村庄，即失序拟私有制组。

五　土地产权的塑造及其对市场发育的影响

经由上一部分对于土地制度代表型的分类，将其放到政府管制与自发秩序的权衡框架下，有助于更好地理解土地产权。一般而言，谈及产权最重要的维度是稳定性和清晰性。其中，稳定性强调产权未来被剥夺的可能，而这种剥夺既可能来自政府也可能来自私人，与上文的理论框架更为匹配；清晰性强调产权在不同主体间的界定，而界定不清往往会导致平等主体间的矛盾争执。在这一部分，首先讨论土地产权的稳定性，然后从土地矛盾争议角度来考察土地产权的清晰性，最后探讨产权对于市场发育的影响。

（一）土地产权稳定性比较

土地产权的稳定性可以通过农户持有地块的时间长短来测度（Jacoby等，2002）。如果同一农户对于一块土地的持有期限越长，那么就意味着其面临的剥夺风险（Expropriation Risk）较低，也就意味着产权越稳定。首先计算农户经营每块地至2018年的年限，然后在村内取均值来生成土地持有年限数值。由表5可以清楚地看到，"祖宗地"村庄的土地产权稳定性更高，平均而言，这类村庄的村民已经连续经营同一地块30.230年，高于非"祖宗地"村庄的22.227年。这说明，现有背景下，对于产权稳定性的威胁更多的是来自政府的过度管制，而不是民众自发造成的失序。进一步从两类村庄的内部来看，土地调整频繁的B类村庄的平均土地持有年限差不多只有较少土地调整的A类村庄的一半。这再次说明确实是土地调整影响到了土地产权稳定性，而目前"长期不变（抑制土地调整）"的土地政策取向也是非常恰当的。从"祖宗地"村庄内部来看，良序的"祖宗地"村庄的土地产权表现最好，这类村庄的村民已经持续耕作自家土地34.501年，也就是说自从分田到户后就没再受到过影响。而失序的"祖宗地"村庄的产权稳定性低很多，其土地持有期限甚至没有A类村庄长。这一方面说明缺乏政府管制而导致的社会失序过度后，同样会威胁到产权稳定性；另一方面说明即使在政府管制的背景下，若能坚持不懈地通过限制管制来稳定地权，同样有可能比"拟私有制"下的产权表现更好。

表5 四类代表型村庄的平均土地持有年限

单位：年

地区	均值	标准差	差异	类别	均值	标准差	与A差异
非"祖宗地"村庄	22.227	13.083		A类村庄	28.786	11.469	
			−8.000***	B类村庄	15.572	11.110	−13.214***
				C类村庄	34.501	9.289	5.715***
"祖宗地"村庄	30.230	12.370		D类村庄	26.786	13.431	−2.000***

注：***表示在1%的水平下显著。A类村庄指的是土地调整较少的非"祖宗地"村庄，即湄潭实验组；B类村庄指的是土地调整较频繁的非"祖宗地"村庄，即全国典型组；C类村庄指的是近期无收回"祖宗地"的"祖宗地"村庄，即良序拟私有制组；D类村庄指的是近期发生过收回"祖宗地"的"祖宗地"村庄，即失序拟私有制组。

　　这一部分在政府管制与自发秩序的权衡框架下揭示了制度对于产权的塑造。在不同制度（规则）背景下，土地所蕴含的产权稳定性差异明显。表5的实证结果也与图7所揭示的产权塑造框架的分析相一致，即A类村庄的产权表现肯定好于B类村庄，C类村庄的产权表现肯定好于D类村庄。但从理论层面，无法推断图7中A和C中哪个更靠近切点，也就无法比较A类村庄和C类村庄中哪个的产权表现更好。在实证层面，由表5可以得出C类村庄的产权稳定性高于A类村庄。这说明由政府管制主导的土地调整是中国农村土地产权不稳定的主要来源。但也许可以预见，在完成土地确权颁证政策之后，假以时日，基于政府赋权，管制退出后农户个体间自发秩序也将形成，终将大大提高土地产权的稳定性。

（二）土地产权清晰性比较

如果说产权稳定性的作用是稳定预期从而激励投资，其所影响的主要是产权主体对未来和当下的权衡，所界定的主要是产权主体与外在强力之间的垂直关系。那么，产权清晰性是立足于产权主体之间的利益关系分割，所界定的是产权主体间的水平关系，其作用是"确权止争"从而降低交易成本促进市场发育。为此，使用村庄发生土地相关的矛盾纠纷次数来反映土地产权的清晰性。如果一个村庄发生的土地矛盾纠纷次数越多，那么就意味着农户间关于土地权利归属的争议越激烈，也就意味着产权越不清晰。通过询问每个样本农户所经历的土地矛盾纠纷次数，并将之加总得到村级的矛盾纠纷次数。①由表6可以清楚地看到，"祖宗地"村庄平均发生的矛盾纠纷更多，平均而言，这类村庄的样本农户发生的土地相关的矛盾纠纷在2次以上，远高于非"祖宗地"村庄的不到1次。这说明产权的明晰性和稳定性完全是不同维度的指标，并且二者也不呈现正相关性。上文发现对于产权稳定性的威胁更多的是来自政府管制，而这一部分却清楚地表明政府是界定产权和缓解冲突的推动者。民众自发秩序反而容易积累矛盾，使得产权更容易失去清晰性。从"祖宗地"村庄内部来看，C类村庄与D类村庄的表现差不多，二者的差异不显著。而在非"祖宗地"村庄内部，土地调整频繁的B类村庄的矛盾纠纷几乎只有较少土地调整的A类村庄的1/3。这说明政府管制力量一方面可以主导土地调整降低土地产权稳定性；另一方面，这种自上而下的力量又能用于缓解农户间的利益冲突从而使得产权清晰化。由此看来，在目前的现实情境下，政府管制对于土地产权的影响

---

① 我们在问卷中还设计了矛盾纠纷的一些性质及其解决过程和途径，限于篇幅，并未展开更深入的探讨。

是一把"双刃剑"。如何对产权两个维度进行权衡取舍应该得到更多关注，确权颁证政策有成为相应问题解决方案的潜力。

表 6　四类代表型村庄所发生的土地纠纷次数

单位：次

地区	均值	标准差	差异	类别	均值	标准差	与 A 差异
非"祖宗地"村庄	0.933	1.048		A 类村庄	1.500	1.160	
			-1.100***	B 类村庄	0.438	0.629	-1.063***
"祖宗地"村庄	2.033	1.402		C 类村庄	1.933	1.438	0.433
				D 类村庄	2.133	1.407	0.633

注：***表示在 1% 的水平下显著。A 类村庄指的是土地调整较少的非"祖宗地"村庄，即湄潭实验组；B 类村庄指的是土地调整较频繁的非"祖宗地"村庄，即全国典型组；C 类村庄指的是近期无收回"祖宗地"的"祖宗地"村庄，即良序拟私有制组；D 类村庄指的是近期发生过收回"祖宗地"的"祖宗地"村庄，即失序拟私有制组。

这一部分从产权界定的清晰性角度进行探讨，发现在不同制度（规则）背景下，土地所蕴含的产权清晰性差异明显。表 6 的实证结果与图 7 所揭示的产权塑造框架并不一致。在这里，土地产权的清晰性并不为政府管制与民众自发秩序的权衡所表达，即 A 类和 C 类村庄的表现并没有明显好于 B 类和 D 类村庄。反之，B 类村庄的矛盾纠纷明显少于其他村庄。这揭示了政府管制在土地产权清晰性方面起到了决定性作用，也意味着高昂的产权界定成本可能是民间力量无法承受的。与现实的情况相一致，在土地确权颁证政策实施中完全由政府组织地块勘察和边界界定并以数字化登记入册之后，产权清晰性问题会基本得到解决，相应的政府管制放松，可能并不会带来土地矛盾纠纷的困扰。

（三）土地流转市场发育比较

稳定且清晰的产权界定是市场发育和交易的前提，本文的理论预见是否成立呢？基于上述对于土地产权稳定性和清晰性的分析，接下来从土地流转市场发育的角度进行考察。

如何来测度市场发育本身就是具有挑战性的问题。以土地流转市场为例，常用的指标是市场规模，但也有越来越多的文献开始关心交易质量（田传浩和方丽，2013；陈奕山等，2019；仇童伟等，2020）。首先，以土地流转数量为测度来反映市场规模。在现有的文献中（金松青等，2004；Kimura等，2011；Zhang等，2019），有以下几种测度土地流转市场规模或流转数量的视角。①一是从参与主体出发，测度农户参与流转市场的比例。二是以地块为交易单元，测度参与流转的地块比例。三是从粮食生产能力出发，测度参与流转的耕地面积比例。在此根据以上三种情况分别进行统计，结果数值虽有明显不同，但不同群组间的相对关系几乎一致："祖宗地"村庄的土地流转规模远小于非"祖宗地"村庄。以农户参与率为例，非"祖宗地"村庄的农户参与土地流转的比例超过30%，接近"祖宗地"村庄的两倍（见表7）。将这个结果与前文的土地产权维度进行对应，不难发现，产权清晰性对于市场规模的影响更为重要。这意味着，清晰界定的产权有助于降低交易成本进而扩大交易规模是其起作用的主要机制；而稳定的地权通过降低未来不确定性并不能有力地促进交易规模的扩大。如果进一步考察两类村庄内部的差别（见表8），四类代表型村庄的表现与前文的土地产权清晰性也一致。

其次，进一步来考察土地流转的交易质量。有文献（Greif，1994）特别指出，用非人格化的交易来取代关系契约是现代市场发育的关键特征。这也意味着，无明确契约关系的、带有人情往来性质的土地流转行为可能并不能作为市场发育的证据。依据已有文献，分别使用了三个指标来衡量土地流转质量或者说是流转市场深化：流转对象（交易双方）之间没有亲戚或熟人关系作为依托、交易双方签订明确的书面合同（而非口头合同甚至无合同）、交易有价格（而非零租金或人情租）。由表7和表8的结果可以看到，无论使用哪个指标，"祖宗地"村庄的流转质量都要显著高于非"祖宗地"村庄。以流转对象是否为熟人或亲戚来看，"祖宗地"村庄的流转46.251%是在非熟人或亲戚之间进行的，比非"祖宗地"村庄中的比例高1倍多。这也就意味着，土地产权的稳定性对于流转市场发育的质量有重要

---

① 也有从供给和需求角度，进一步将其分为转入方和转出方的讨论，但鉴于结果相差不大，并没有提供多少额外信息，故不再赘述。

影响。如果将这一比例与前文流转规模放在一起考察，可以得出两类村庄在土地流转市场中高质量的流转比例相差不大，土地产权的两个维度共同支撑着市场发育的规模与质量。

表7　两类村庄的土地流转市场发育情况

变量	非"祖宗地"村庄	"祖宗地"村庄	差异（个百分点）
土地流转数量			
参与流转农户占比（%）	35.000	18.500	16.500***
参与流转地块占比（%）	10.959	8.758	2.201
参与流转耕地面积占比（%）	16.879	12.751	4.128
土地流转质量			
流转对象为非熟人农户占比（%）	22.836	46.251	−23.414***
签订书面合同农户占比（%）	34.161	58.720	−24.559***
有偿流转农户占比（%）	74.566	69.242	5.324

注：***表示在1%的水平下显著；"祖宗地"村庄是在"祖宗地"现象集中的两个镇中随机抽取的村庄，非"祖宗地"村庄则是在两个对照镇中随机抽取的村庄。

表8　四类代表型村庄的土地流转市场发育情况

类别	土地流转数量			土地流转质量		
	参与流转农户占比	参与流转地块占比	参与流转耕地面积占比	流转对象为非熟人农户占比	签订书面合同农户占比	有偿流转农户占比
A类村庄						
均值	33.571	10.305	14.484	23.927	35.097	71.492
标准差	12.924	5.369	7.174	13.509	17.515	22.438
B类村庄						
均值	36.250	11.532	18.975	21.882	33.341	77.254
标准差	13.844	11.492	17.928	21.014	28.822	24.859
差异	2.679	1.228	4.491	−2.044	−1.757	5.762
C类村庄						
均值	17.000	8.442	12.818	44.921	66.032	76.627
标准差	18.303	11.536	15.982	37.631	36.268	37.425
差异	−16.571***	−1.862	−1.666	20.994*	30.934***	5.135

类别	土地流转数量			土地流转质量		
	参与流转农户占比	参与流转地块占比	参与流转耕地面积占比	流转对象为非熟人农户占比	签订书面合同农户占比	有偿流转农户占比
	D类村庄					
均值	20.000	9.074	12.684	47.315	52.870	63.333
标准差	13.887	8.798	12.893	34.894	39.919	41.434
差异	−13.571***	−1.230	−1.800	23.388**	17.773	−8.159

注：*、**、***分别表示在10%、5%、1%的水平上显著。A类村庄指的是土地调整较少的非"祖宗地"村庄，即湄潭实验组；B类村庄指的是土地调整较频繁的非"祖宗地"村庄，即全国典型组；C类村庄指的是近期无收回"祖宗地"的"祖宗地"村庄，即良序拟私有制组；D类村庄指的是近期发生过收回"祖宗地"的"祖宗地"村庄，即失序拟私有制组。

六 结论与讨论

本文对于经济学中的"制度演化—产权塑造—市场发育"主线进行逻辑梳理，并结合中国土地制度实践，特别是富有特色的雷州"祖宗地"现象进行比较研究。首先，以理论来透视现实，将历史演进中的土地制度按照其基本特征整理出四类制度代表型，即湄潭实验组、全国典型组、良序拟私有制组、失序拟私有制组，并将其放入政府管制与民间自发力量的权衡理论框架中。其次，实证检验两种力量权衡下的土地产权状态。研究结果表明，一方面，从产权稳定性角度来看，与理论预期相一致，由制度规则塑造的产权稳定性排序恰好回应了两种力量权衡后的均衡结果；另一方面，从产权清晰性角度来看，政府管制力量所起的作用是单调的，即越强的管制力量带来越清晰的产权界定。最后，探讨了产权对于土地流转市场发育的影响。研究结果表明，一方面，市场规模的扩大依赖于产权界定，即越明晰的产权能带来越多的交易主体；另一方面，市场交易质量的深化更多地依赖于产权的稳定性，即越稳定的产权能激发越多的匿名的、有契约保障的、更具商业意义的交易发生。

本文的研究结论也具有明确的政策含义，可为进一步深化改革提供参考。首先，应该明确目前鼓励土地流转的政策目标：要扩大土地流转市场规模还是要提升土地流转市场质量？前者需要提高土地产权的清晰性，那么就要进一步坚定地使用"看得见的手"来加强管制，特别是明确农户的土地权利边界并提供相应的解决冲突的法律和行政服务。而后者的重点在于提高土地产权的稳定性，那么单一策略的政策方案就可能互相冲突。由此，应该有策略地强调放权与收权的同步，前者指的是放权于民以培育民间力量的自发良序，而后者意在收缩基层政府的管制权力。随着中国农村的快速发展，传统的熟人社会逐渐转变为陌生人社会，市场交易的高效顺畅有赖于更科学的产权安排。目前，以确权颁证和第二轮土地承包到期后再延长30年为主要抓手的土地政策是恰当的。这对政策组合通过加强作为基础支撑的宏观法律法规供给，限制基层政府直接施加对土地的管制权力，支持农民个体作为地权的主体地位，既降低了产权界定的成本又充分保证了其稳定性。

参考文献

[1] 陈奕山、钟甫宁、纪月清，2019，《有偿VS无偿：耕地转入户的异质性及其资源配置涵义》，《南京农业大学学报（社会科学版）》第6期。

[2] 丰雷、蒋妍、叶剑平、朱可亮，2013，《中国农村土地调整制度变迁中的农户态度——基于1999~2010年17省份调查的实证分析》，《管理世界》第7期。

[3] 金松青、Klaus Deininger，2004，《中国农村土地租赁市场的发展及其在土地使用公平性和效率性上的含义》，《经济学（季刊）》第4期。

[4] 冀县卿、钱忠好，2019，《中国农地产权制度改革40年——变迁分析及其启示》，《农业技术经济》第1期。

[5] 罗必良，2005，《新制度经济学》，山西经济出版社。

[6] 刘守英，1993，《中国农地制度的合约结构与产权残缺》，《中国农村经济》第2期。

[7] 刘守英，2018，《土地制度与中国发展》，中国人民大学出版社。

[8] 刘守英、路乾，2017，《产权安排与保护：现代秩序的基础》，《学术月刊》第5期。

[9] 〔日〕青木昌彦，周黎安译，2001，《比较制度分析》，上海远东出版社。

[10] 仇童伟、罗必良、何勤英，2020，《农地产权稳定与农地流转市场转型——基于中

国家庭金融调查数据的证据》,《中南财经政法大学学报》第2期。

[11] 田传浩、方丽,2013,《土地调整与农地租赁市场:基于数量和质量的双重视角》,《经济研究》第2期。

[12] 叶剑平、罗伊·普罗斯特曼、徐孝白、杨学成,2000,《中国农村土地农户30年使用权调查研究——17省调查结果及政策建议》,《管理世界》第2期。

[13] 周其仁,1988,《十年农村改革:实质进展与制度创新》,《教学与研究》第5期。

[14] 张仁德,2008,《中俄经济"转轨度"比较分析》,《俄罗斯研究》第3期。

[15] 张仁德,2011,《经济体制评价标准的探讨及应用——生产力与幸福度"双标准"》,《经济社会体制比较》第3期。

[16] Acemoglu D., Johnson S., Robinson J. 2001. "The Colonial Origins of Comparative Development: An Empirical Investigation." *American Economic Review* 91(5): 1369–1401.

[17] Acemoglu D., Johnson S., Robinson J. 2002. "Reversal of Fortune: Geography and Institutions in the Making of the Modern World income Distribution." *Quarterly Journal of Economics* 117(4): 1231–1294.

[18] Abdulai A., Owusu V., Goetz R. 2011. "Land Tenure Differences and Investment in Land Improvement Measures: Theoretical and Empirical Analyses." *Journal of Development Economics* 96(1): 66–78.

[19] Besley T. 1995. "Property Rights and Investment Incentives: Theory and Evidence from Ghana." *Journal of Political Economy* 103(5): 903–937.

[20] Banerjee A., Iyer L. 2005. "History, Institutions, and Economic Performance: The Legacy of Colonial Land Tenure Systems in India." *American Economic Review* 95(4): 1190–1213.

[21] Besley T., Ghatak M. 2010. "Property Rights and Economic Development." *Review of Social Economy* 39(1): 51–65.

[22] Djankov S., Glaeser E., La Porta R., Shleifer A. 2003. "The New Comparative Economics." *Journal of Comparative Economics* 31(4): 595–619.

[23] Demsetz H. 1967. "Towards a Theory of Property Rights." *American Economic Review* 57(2): 61–70.

[24] Dell M. 2010. "The Persistent Effects of Peru's Mining Mita." *Econometrica* 78(6): 1863–1903.

[25] Greif M. 1994. "Cultural Beliefs and the Organization of Society: A Historical and Theoretical Reflection on Collectivist and Individualist Societies." *Journal of Political Economy* 102(4): 912–950.

［26］ Goldstein M., Udry C. 2008. "The Profits of Power: Land Rights and Agricultural Investment in Ghana." *Journal of Political Economy* 116(6): 981-1022.

［27］ Lucas R. 1988. "On the Mechanics of Economic Development." *Journal of Monetary Economics* 22(1): 3-42.

［28］ Lin Y. 1992. "Rural Reforms and Agricultural Growth in China." *American Economic Review* 82(1): 34-51.

［29］ Jacoby H.G., Li G., Rozelle S. 2002. "Hazards of Expropriation: Tenure Insecurity and Investment in Rural China." *American Economic Review* 92(5): 1420-1447.

［30］ Karim S. 2020. "Relational State Building in Areas of Limited Statehood: Experimental Evidence on the Attitudes of the Police." *American Political Science Association* 114(2): 1-16.

［31］ Kimura S., Otsuka K., Rozelle S. 2011. "Efficiency of Land Allocation through Tenancy Markets: Evidence from China." *Economic Development & Cultural Change* 59(3): 485-510.

［32］ North D. 1990. *Institutions, Institutional Change and Economic Performance.* Cambridge: Cambridge University Press.

［33］ Nunn N. 2008. "The Long Term Effects of Africa's Slave Trade." *Quarterly Journal of Economics* 123(1): 139-176.

［34］ Schlager E., Ostrom E. 1992. "Property-rights Regimes and Natural Resources: A Conceptual Analysis." *Land Economics* 68(3): 249-262.

［35］ Shleifer A., Vishny R. W. 1994. "Politicians and Firms." *The Quarterly Journal of Economics* 109(4): 995-1025.

［36］ Zhang L., Cao Y., Bai Y. 2019. "The Impact of the Land Certificated Program on the Farmland Rental Market in Rural China." *Journal of Rural Studies* 3(7): 1-11.

（责任编辑：陈星星）

中国住户部门储蓄率的U型曲线

——基于生命周期假说的理论解释与实证检验

谢 畅 马 弘[*]

摘 要：消费和投资是内需的两大组成部分，理解家庭消费储蓄行为对于实施扩大内需战略具有重要意义。本文基于生命周期假说提出了一个家庭消费—储蓄决策的模型，刻画了中国家庭消费支出与户主年龄、家庭人均收入、人均净资产之间的关系，并实证验证了这种关系。本文发现，由于受教育水平的提高、教育回报率的提高和工作经验回报率的下降，中国家庭人均收入—年龄分布曲线峰值提前到了25~35岁。本文的实证研究表明，这种收入—年龄分布是解释家庭储蓄率与户主年龄的U型曲线关系（中年户主家庭储蓄率"凹陷"）的主要因素。在控制教育、医疗负担和多代合居等潜在遗漏变量后，本文的解释仍然成立。基于微观模型，本文构建宏观估计方程发现：收入增速下降是2010年以来储蓄率下降的主因；在收入增速等其他变量不变的条件下，人口老龄化导致储蓄率上升。

关键词：家庭储蓄率 生命周期假说 U型曲线

---

* 谢畅（通讯作者），博士，清华大学经济管理学院，电子邮箱：xc20@mails.tsinghua.edu.cn；马弘，教授，清华大学经济管理学院、清华大学中国经济研究中心，电子邮箱：mahong@sem.tsinghua.edu.cn。本文获得清华大学中国经济研究中心专项基金的资助。感谢匿名审稿专家的宝贵意见，文责自负。

一　引言

党的二十大报告强调，要着力扩大内需，增强消费对经济发展的基础性作用和投资对优化供给结构的关键作用。理解家庭消费储蓄行为对理解经济中的消费和投资具有重要意义。一方面，储蓄是创造资本的主要途径。在新古典经济模型、新凯恩斯模型和马克思资本理论中，资本都是生产和再生产的基本要素。Solow（1956）提出的最优储蓄率回答的就是实现一国福利最大化的储蓄决策问题。另一方面，较高的家庭储蓄率意味着较低的家庭消费水平，理解家庭储蓄率的决定因素有助于探寻消费不足的原因，探讨扩大内需和刺激消费的合理政策手段。同时，一国的储蓄可以分解为资本形成总额和净出口，从而一个国家的储蓄和投资行为可以影响到资本的全球流动。Bernanke（2005）提出全球储蓄过剩假说（Global Saving Glut），用以解释美国长期利率的走低：发展中国家增加的储蓄和本国匮乏的投资机会不匹配，加上对安全资产的偏好导致了发达国家长期利率走低。这被认为是造成美国次贷危机的重要原因之一。因此，扩大内需有助于构建以国内大循环为主体、国内国际双循环相互促进的新发展格局。

经典的生命周期模型（Modigliani 和 Brumberg，1955）认为储蓄率与户主年龄之间应该呈现倒 U 型曲线，因为家庭收入与户主年龄之间的关系呈现出一个驼峰形状（Hump-shaped），而个体通过平滑一生消费所得到的家庭储蓄率与户主年龄之间的关系也呈现出中年储蓄率较高的驼峰形状（周绍杰等，2009）。然而利用中国调查数据进行微观层面的检验却发现家庭储蓄率与户主年龄之间的关系呈现出中年"凹陷"的现象，即中年户主家庭储蓄率低于青年户主和老年户主的家庭储蓄率，储蓄率和人口年龄之间的关系呈现 U 型曲线（如图 1 所示，Chamon 和 Prasad，2010）。这与经典生命周期假说提出的倒 U 型曲线形成了鲜明对比。图 1 表明储蓄率的中年"凹陷"问题从 1995 年持续至今，可见这并不是一种短暂的现象，值得令人深思。

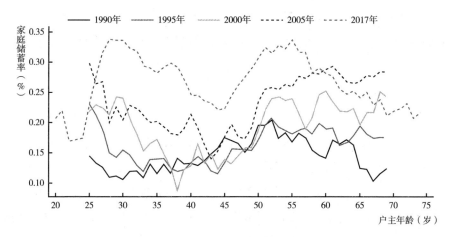

图1 家庭储蓄率与户主年龄之间的关系

资料来源：1990~2005年取自Chamon和Prasad（2010）；2017年来自中国家庭金融调查（China Household Finance Survey，CHFS），使用储蓄大于-2的子样本，计算年龄±1岁范围内储蓄率的中位数。

对于家庭储蓄率的中年"凹陷"现象，Chamon和Prasad（2010）、Yang等（2012）较早使用中国城镇住户调查（Urban Household Survey，UHS）数据进行了研究。Chamon和Prasad（2010）认为预防性储蓄动机导致了中年家庭储蓄率较低的现象。Chamon等（2013）认为年轻人面临的收入不确定和老年人面临的养老金制度改革造成了20世纪90年代末储蓄率—户主年龄关系从倒U型曲线向U型曲线转变。周绍杰等（2009）也持类似观点。汪伟和吴坤（2019）结合2010~2016年的中国家庭追踪调查（CFPS）数据判断U型曲线仍然存在，认为家庭教育负担的增加可能是储蓄率—户主年龄曲线发生改变的原因。李蕾和吴斌珍（2014）通过比较以家庭为单位的储蓄率和以个人为单位的储蓄率，认为生活成本高昂、养老体系不完善造成低储蓄率的年轻人（老年人）倾向于选择和中年父母（子女）居住在一起，这拉低了中年户主的家庭储蓄率，同时提高了独立居住的青年户主和老年户主的家庭储蓄率。Rosenzweig和Zhang（2019）持类似的观点：高房价下的多代合居现象更为普遍，低收入的年轻人更倾向于与父母同住。

这些解释基本否定了生命周期模型在解释家庭储蓄率的U型曲线方面的有效性，转而从预防性储蓄动机、金融约束、样本自选择等角度作出解释。

于淼等（2021）还把家庭储蓄率的 U 型曲线定义为反生命周期现象。本文的创新点在于重拾生命周期模型，根据合理的假设刻画家庭消费—储蓄决策，以此来论证生命周期模型可以用于识别家庭储蓄率的中年"凹陷"现象并且具有显著性。

理解家庭储蓄率与家庭成员年龄之间的关系在宏观层面也有重要的意义。根据经典的生命周期假说，个体在幼年和老年阶段收入低，在中年阶段收入高。为了平滑消费从而使一生的效用最大化，个体应该在中年阶段储蓄，而在幼年和老年阶段负储蓄。那么老年抚养比和少儿抚养比增加会降低住户部门的储蓄率，即劳动年龄人口占比越高，住户部门的储蓄率越高（吕指臣和刘生龙，2021）。如图 2 所示，劳动年龄（15~64 岁）人口占比和住户部门的储蓄率表现出较强的相关性：中国储蓄率从 2011 年开始下降，劳动年龄人口占比也恰好从 2011 年开始下降，相关系数高达 0.94。对于 2010 年之后居民储蓄率的快速下降，主流的解释是中国劳动年龄人口占比下降。Curtis 等（2015）构建结构 OLG 模型，并加入抚养子代支出以及对退休人员的转移支付等因素，发现人口结构变化能解释 2009 年之前储蓄率增长的 50% 以上。Curtis 等（2017）持类似观点。汪伟（2009）认为经

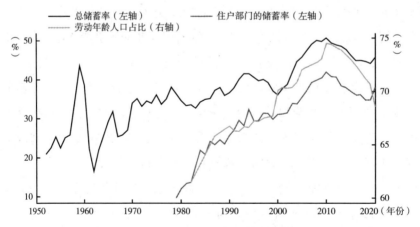

图 2　总储蓄率（1952~2020 年）、住户部门的储蓄率（1979~2020 年）
与劳动年龄人口占比（1982~2020 年）

数据来源：国家统计局，《中国统计年鉴》、《中国资金流量表历史资料（1992—2004）》；住户部门 1979~1991 年的储蓄率来自 Modigliani 和 Cao（2004）。

济高速增长和抚养系数下降导致储蓄率不断上升，杨继军和张二震（2013）认为老年人口比重上升倾向于抑制储蓄。考虑到中国劳动年龄人口占比下降是几乎不可逆的，基于上述结论可推断出中国家庭储蓄率将持续下降。

该结论忽视了中国家庭储蓄率与户主年龄之间的关系呈现 U 型曲线这一事实。基于不符合中国事实的前提条件得出的对宏观层面储蓄率下降的解释存在问题。本文基于生命周期模型的方法，根据更符合现实情况的条件得到关于各年龄段户主家庭的消费储蓄决策的微观基础，由此得到宏观层面住户部门储蓄率的解释与预测模型。基于微观模型得到的宏观估计方程发现收入增速下降是 2010 年以来储蓄率下降的主因；在收入增速等其他变量不变的条件下，人口老龄化导致储蓄率上升。对未来 5 年的预测结果表明住户部门储蓄率基本稳定，维持在 35% 左右。这种预测依据的家庭储蓄率与户主年龄之间的微观关系已得到微观数据检验，因此这种预测更可靠。基于中国居民收入分配数据（CHIP），胡翠和许召元（2014）推断人口老龄化本身不会降低居民储蓄率，并且存在农村与城镇家庭之间的异质性，这与本文的解释较为相似。汪伟和艾春荣（2015）也发现老年人口增加并没有对储蓄率产生明显的负效应。

为检验本文提出的猜想，需要控制和家庭消费支出、户主年龄同时相关的变量，为此梳理了有关家庭消费—储蓄决策的主要观点。代表性假说有 Choukhmane 等（2021）提出的独生子女政策假说：一方面父辈因无法从子代获得足够的养老资源而增加自身的储蓄，另一方面竞争从子女数量转向养育质量导致为后代增加储蓄。Ge 等（2018）发现成年子女更少的老年户主家庭、未成年子女更少的中年户主家庭和兄弟姐妹更少的青年户主家庭都更倾向于增加储蓄。Wei 和 Zhang（2011）则提出竞争性储蓄假说：由于男女性别比居高不下，抚养男性后代的家庭增加储蓄以提高其在婚姻市场的竞争力，这种竞争通过住房市场等途径扩散，导致总储蓄水平上升。Chamon 和 Prasad（2010）认为住房、教育、医疗负担增加所导致的预防性储蓄动机最能解释青年和老年户主家庭储蓄率的上升。He 等（2018）用 20世纪 90 年代国企改革的自然实验，实证检验了预防性储蓄假说，认为其能够解释国企家庭财富积累的40%。Chamon和Prasad（2010）、Imrohoroğlu和Zhao（2020）进一步指出金融市场欠发达加剧了家庭的预防性储蓄。Imrohoroğlu和Zhao（2018）在一般均衡模型中加入老龄化风险、家庭保险的削弱（一孩政策）、人口结构变化和生产率增速等因素，发现老龄化风险和一孩政策解释了1980~2010年近一半的储蓄率上升，生产率增速的波动解释了储蓄率的波动。汪伟（2016）通过构建OLG模型发现社会保障税越高，家庭储蓄率越低。

根据文献，我们认为与户主年龄和家庭消费支出同时相关的变量可能包括：医疗、住房、教育负担，家庭中各年龄段的子女人数，家庭中各年龄段的父辈数量，家庭中分性别的未婚后代数量。此外，本文还对户主的性别、婚姻状况、工作类型、养老保险情况、购房/建房意愿等潜在的遗漏变量进行了控制。基准回归和稳健性检验结果验证了本文的猜想。根据检验结果对家庭储蓄率与户主年龄之间的关系进行分解，发现中国现阶段的收入—年龄分布曲线是造成U型曲线的主要原因。本文同时证实了竞争性储蓄行为和多代合居对家庭储蓄率的影响。

在文献中，Song和Yang（2010）的解释与本文的解释比较相似：在经济高速增长时期，所有年龄段的个体储蓄率均增加；随着收入—年龄分布从驼峰形态变得平坦，青年劳动者比老年劳动者的储蓄率增加得更多。在收入—年龄分布曲线方面，Fang和Qiu（2021）比较了中美两国1986~2012年各年度横截面收入—年龄分布情况，发现美国的收入峰值保持在45~50岁，而中国则从55岁下降到35岁；美国各年龄段的收入相对停滞，中国各年龄段收入都有显著的增长。本文认为这种差异正是造成U型曲线在中国存在而在美国不存在的原因。Lagakos等（2018）比较了穷国和富国的收入—年龄曲线，提出了一种解释：富国收入随着工作经验的增加而增加的幅度大于穷国，受教育程度高的个体收入增加幅度更大；富国有更大的激励积累人力资本。本文总结了受教育水平提高带来的生产力提高、教育回报率上升、过去生产方式积累的工作经验带来的回报率下降等影响因素。

本文与Song和Yang（2010）的不同之处在于：①本文发现收入—年龄曲线变得平坦是过渡时期的一种现象，其本质是达到收入峰值的年龄提前了。②前文构建了一个4期OLG模型和75期完整模型对上述理论进行仿真，在控制遗漏变量方面存在困难。本文使用更全面的微观数据来估计消费函数，进而测算了储蓄率和年龄结构之间的关系，控制了文献中涉及的潜在遗漏变量。本文的测算结果也与宏观观测数据相吻合。Fang和Qiu（2021）没有讨论家庭的消费—储蓄决策，本文的研究重点是基于微观调查数据，对家庭消费—储蓄决策进行分析，将收入—年龄分布情况视为外生变量，发现收入峰值在25~35岁。

本文其他部分的结构安排如下：第二部分是模型设定和猜想；第三部分是数据处理与描述分析；第四部分是实证设计与检验；第五部分是稳健性检验与讨论；第六部分是基于微观模型的预测；第七部分是结论与启示。

二 模型设定和猜想

（一）模型设定

本文考虑确定性条件下经典的生命周期模型。假设户主年龄为 a 的家庭未来的收入序列为 Y_t，财富积累序列为 A_t，消费序列为 C_t，那么该家庭的财富积累序列满足：

$$A_{t+1} = R_t(Y_t + A_t - C_t) \quad t = a, a+1, \cdots, L \tag{1}$$

其中，$R_t = 1 + r_t$ 是家庭从 t 期到 $t+1$ 期储蓄的总回报率，r_t 为利率。为简单起见，假设总回报率恒等于 R。

家庭通过选择各期的消费水平来最大化效用的现值：

$$\underset{C_t}{\mathrm{Max}} \sum_{t=a}^{L} \beta^t u(C_t, Z_t) \tag{2}$$

受限于约束条件（1）和初始资产 A_a，其中，Z_t 是一个表示家庭特征（例如家庭位置、户主受教育程度等因素）的向量。

假设效用函数满足常相对风险规避（CRRA）效用函数，跨期替代弹性系数为 $1/\rho$，关于 Z 是乘式可分的：

$$u(C, Z) = \begin{cases} v(Z) \dfrac{C^{1-\rho}}{1-\rho} & \text{如果} C = 0 \\ -\infty & \text{如果} C = 0 \end{cases} \qquad (3)$$

这里特别假设 $u(C, Z) = -\infty$ 是为了刻画家庭在没有消费的情况下是无法生存的，会带来极大的负效用。根据一阶条件可以得到：

$$\frac{C_{t+1}}{C_t} = \left(\beta R \frac{v(Z_{t+1})}{v(Z_t)} \right)^{1/\rho} \qquad (4)$$

考虑到户主基本是家庭中的成年人，且为主要收入来源，其受教育程度、家庭位置都不会有太大的改变，则 $v(Z_{t+1}) = v(Z_t) = v(Z_a)$，由此得到 $C_{a+\tau} = (\beta R)^{\tau/\rho} C_a$。为简化问题，不考虑预期中家庭人数的改变，则式（1）中的收入、财富、消费序列都可以定义在人均层面。最大化问题等价于：

$$\underset{C_t}{\text{Max}} \sum_{t=0}^{L} \beta^t \frac{C_t^{1-\rho}}{1-\rho} \qquad (5)$$

假设家庭没有遗产动机 $A_{L+1} = 0$，则根据各期消费的现值等于各期收入的现值与现有资产之和可以得到：

$$\sum_{\tau=0}^{L-a} R^{-\tau} (\beta R)^{\tau/\rho} C_a = \sum_{\tau=0}^{L-a} R^{-\tau} Y_{a+\tau} + A_a \qquad (6)$$

假设家庭不是在户主年龄为 L 时确定性地消失，任何年龄的户主都有一定的可能存活到下一期，这里对下一期存活概率的预期可以包含在 β 中。假设社会缺少养老保险，且户主家庭在 $L+1$ 期及以后失去劳动能力，即对于 $t \geq L+1$，$Y_t = 0$。在禁止旁氏游戏的前提下，对于 $t \geq L+1$，如果某一期 $A_t = 0$，则当期 $C_t = 0$，这会带来负无穷的效用；只要未来还有存活的可能，存活且消费为 0 的效用为 $-\infty$，此时家庭的效用最大化问题等效为：

$$\underset{C_t}{\text{Max}} \sum_{t=a}^{\infty} \beta^t u(C_t, Z_t) \qquad (7)$$

受限于约束条件（1）和初始资产 A_a，以及无旁氏游戏条件 $\lim_{t \to \infty} R^{-(t-a)} A_t \geq 0$，该条件的含义是未来资产的现值在无限期以后不能是负数。形式上等价于一个永续存在的家庭的效用最大化问题，或者家庭对于后代的存在视作自身存在的延续。

使用值函数迭代法（Value Function Iteration）或者在式（6）中取 $L \to \infty$，假设 $R^{-1}(\beta R)^{1/\rho} < 1$，得到：

$$C_a = \left(1 - R^{-1}(\beta R)^{\frac{1}{\rho}}\right)\left(A_a + Y_a + Y_f^a\right) \tag{8}$$

其中，$Y_f^a \equiv \sum_{\tau=1}^{\infty} R^{-\tau} Y_{a+\tau} < \infty$ 为未来（预期）收入的现值。

假设 $R^{-1}(\beta R)^{1/\rho} < 1$ 是合理且宽松的，采用文献中的常用值如 $\beta = 0.96$、$\rho = 0.514$（Gourinchas 和 Parker，2002），可以得到满足假设的 $R < 1.088$[①]。我们考察一些中国常见资产过去若干年的回报率，2011~2020 年三年期整存整取基准利率为 2.75%~5%，而居民消费价格指数 2010~2020 年（年末）年化上涨了2.50%，此时 $R < 1.088$ 满足假设。2010~2020 年沪深 300 全收益指数年化收益率为 7.46%，此时 $R = 1.048$ 满足假设。根据《中国统计年鉴》，2010~2020 年住宅商品房平均销售价格年均上涨 7.76%，此时 $R = 1.051$ 满足假设。根据中国人民银行调查统计司 2019 年的城镇居民家庭调查数据，住房占家庭总资产的59.1%，家庭资产实际回报率是各种大类资产的加权平均。想要满足 $R > 1.088$的大类资产往往投资门槛高、风险大，需要加杠杆和相当程度的金融知识，并非大多数人所能实现的回报率，因此假设 $R^{-1}(\beta R)^{1/\rho} < 1$ 是合理的。

（二）合理假设

记 $Y_f^a = f(a, A_a, Y_a)$，假设：$\dfrac{\partial Y_f^a}{\partial a} < 0$，这等价于 $Y_f^{a+1} < Y_f^a$，整理得到：

$$(R - 1)Y_f^{a+1} < Y_{a+1} \tag{9}$$

随着户主年龄增大，未来收入的现值会减少。除了某一期收入骤降等意外情况，在 R 不过高的情况下，式（9）都是成立的。

[①] 如果采用比较极端的 $\beta = 0.99$，则需要满足假设 $R < 1.021$，少数资产不满足名义回报率小于 4.37% 的要求，我们认为过于极端的取值和少数投资受到很强的约束，如商品房住宅（如一、二线城市普遍存在的限购政策），不能反映家庭可配置资源的普遍规律。

假设：$\dfrac{\partial Y_f^a}{\partial A_a} > 0$、$\dfrac{\partial Y_f^a}{\partial Y_a} > 0$，即对于户主年龄相同的家庭，当期收入和资产越多的家庭，未来收入的现值也越大。

基于上述假设，可以得到猜想：$\dfrac{\partial C_a}{\partial a} < 0$、$\dfrac{\partial C_a}{\partial A_a} > 0$、$\dfrac{\partial C_a}{\partial Y_a} > 0$。在完成消费函数的估计之后可以得到户主年龄为 a 的家庭储蓄率为：

$$s_a = 1 - \frac{C_a}{Y_a} \qquad (10)$$

三 数据处理与描述分析

（一）数据处理

本文使用西南财经大学中国家庭金融调查与研究中心于2013~2019年隔年在全国范围内开展的中国家庭金融调查（CHFS）数据（甘犁等，2013）。数据采用PPS抽样方法，覆盖全国29个省级行政单位，共包含2.8万~4万户家庭的资产与负债、收入与支出、家庭人口特征等信息。本文重点关注其中家庭部分的数据以及户主的人口统计学特征。户主是指家庭经济来源的主要承担者或家庭主事者。

2017年的数据集中有16007个观测值储蓄率为负数，占总数的40%，反映了每个时段总有相当数量的家庭处于入不敷出的状态（甘犁等，2018）。还有497个样本点总收入也是负数，这应该是由于没有理解问卷含义造成的。本文将2017年家庭人均年收入小于等于2000元人民币的家庭视作异常值删除[①]。此外，本文还剔除了当年储蓄率小于等于−9的家庭，使得样本总储蓄率与国家统计局公布的住户部门储蓄率基本一致，2013年、2015年、2017年、2019年剩下的样本量分别占总样本量的82%、81%、84%、80%。样本处理标准保持了较好的一致性。

---

① 参考2017年底中国农村低保标准为4301元/（人·年）（http://www.gov.cn/xinwen/2018-10/31/content_5336033.htm）。2013年、2015年、2017年、2019年数据集中分别剔除家庭人均年收入小于等于1600元、1800元、2000元、2500元人民币的记录。

家庭总收入包括工资性收入、农业经营收入、工商业经营收入、转移性收入和投资性收入。家庭消费性支出包括食品支出、衣着支出、居住支出、生活用品及服务支出、教育娱乐支出、交通通信支出、医疗保健支出和其他支出。在2015年及以后的数据集中直接提供了家庭总资产、总负债、总收入、消费性支出等数据。在2013年的数据集中没有提供家庭消费性支出和家庭总负债数据，根据与2015年及以后一致的公式计算①。家庭储蓄率=1−家庭消费总支出/家庭总收入。

将同一个家庭在个体数据集中出现的次数定义为家庭人数，对于外出读书、外出打工、参军、服刑等人员，如果和家庭有经济联系的，也被归入该家庭的成员。

（二）描述性统计

家庭储蓄率受极端值的影响比较大，特别是那些当年收入很低，同时又有大额开支的家庭，2013~2017年数据集中有接近40%的家庭当年消费支出超过当年收入，也就是说当年的储蓄率为负值。本文所用样本中家庭人均收入、人均消费性支出、储蓄率、人均净资产、人数、户主文化程度分布、所在地等变量的描述性统计结果如表1所示。

2013~2017年，家庭人均可支配收入和人均消费性支出稳步增长，2019年数据集中人均收入没有明显增长，人均消费性支出显著增长，导致样本中的储蓄率大幅下降，有接近50%的家庭当年储蓄率为负数。2013~2019年家庭人均可支配收入的名义值年均增长4.76%，家庭人均消费性支出的名义值年均增长8.58%。人均收入和人均消费性支出在2013~2019年的增长中，25%分位数家庭的增速都略快于75%分位数家庭，反映出收入差距和消费差距略有缩小。

消费增速快于收入增速，这和图2中国家庭储蓄率2010年以来呈现下降的趋势保持一致。表1显示2013~2017年储蓄率保持相对稳定，2019年的储蓄率显著低于2013~2017年的储蓄率。

家庭人均净资产稳步提升，从2013年的28万元上升到2019年的44万

---

① 家庭消费性支出=按月统计的消费性支出×12＋按年统计的消费性支出；家庭总负债=农业负债+工商业负债+房产负债+车辆负债+其他非金融资产负债+股票负债+其他金融资产负债+教育负债+医疗负债和其他负债。负债均为尚未还清的债务余额。

元。类似地，25%分位数家庭的资产增速快于75%分位数家庭，反映了财富差距也略有缩小。

表1 家庭人均收入、人均消费性支出等变量描述性统计

变量	年份	家庭样本数	均值	标准差	最小值	25%分位数	中位数	75%分位数	最大值	储蓄率≥0占比
人均收入（元）	2013	23082	25793	55512	1605	7425	14663	27667	2056800	
	2015	30055	29438	82624	1801	8100	16145	30228	5000000	
	2017	33440	37292	84317	2001	10500	21830	40501	5007050	
	2019	27885	34095	73884	2501	10300	20575	37828	3931566	
人均消费性支出（元）	2013	23082	17213	26783	0	6502	11429	19730	1632300	
	2015	30055	19538	26797	50	7180	12706	22277	1000000	
	2017	33440	24138	34041	378	9279	16191	27825	1717323	
	2019	27992	28213	33737	507	11400	19425	32808	871757	
储蓄率	2013	23082	−0.130	1.160	−8.990	−0.330	0.230	0.540	1.000	63.000%
	2015	30055	−0.170	1.250	−9.000	−0.360	0.230	0.540	0.990	62.600%
	2017	33440	−0.100	1.120	−8.960	−0.280	0.230	0.530	0.990	64.000%
	2019	27885	−0.360	1.310	−8.990	−0.630	0.050	0.410	0.990	53.000%
人均净资产（百万元）	2013	23082	0.280	0.590	−7.950	0.030	0.100	0.270	20.000	
	2015	30055	0.310	0.680	−1.100	0.040	0.110	0.310	20.000	
	2017	33440	0.420	0.930	−3.640	0.040	0.130	0.390	52.640	
	2019	27992	0.440	4.400	−3.790	0.050	0.140	0.400	699.900	
人数	2013	23082	3.500	1.600	1	2	3	4	19	
	2015	30055	3.600	1.600	1	2	3	5	20	
	2017	33440	3.300	1.500	1	2	3	4	15	
	2019	27992	3.200	1.500	1	2	3	4	15	

	年份	没上过学	小学	初中	高中	中专/职高	大专/高职	本科	硕士	博士
户主文化程度分布	2013	1278	4892	7715	3626	1286	2049	1985	196	54
	2015	1582	6635	10243	4722	1544	2535	2444	261	60
	2017	1757	7454	11592	5176	1710	2727	2585	334	74
	2019	1526	6320	9976	4414	1316	2187	1966	225	35

	年份	农村	城镇		年份	均值	标准差		次数	频次
所在地	2013	16223	6859	户主年龄	2013	49.800	12.900	在样本中的出现次数	1次	34994
	2015	21348	8707		2015	51.200	12.700		2次	14684
	2017	23343	10097		2017	53.000	12.400		3次	11369
	2019	18630	9362		2019	54.200	12.200		4次	4025

资料来源：2013~2019 年 CHFS。

控制变量方面，家庭规模逐步下降，户主文化程度仍然集中在初中水平；样本在农村的代表性超过城镇，在推断总体的过程中需要增加样本权重；户主平均年龄逐年上升，这主要反映了样本中有相当一部分是跟踪调查。

（三）储蓄率与户主年龄的关系

2020年第七次全国人口普查数据显示中国人口的平均年龄为38.8岁，户主的平均年龄较总人口的平均年龄更大。此外，2019年的10.7万个被调查的个体平均年龄为43.8岁，和人口普查的数据比较接近，说明样本在年龄层面具有较好的代表性。超过75%的家庭户主年龄为40~65岁。2013~2019年分年龄段家庭人均收入、人均消费性支出和储蓄率随户主年龄变化的分布如图3所示。收入和支出的分布采用年龄±1组别的平均值，例如40岁的人均收入是对39~41岁的所有户主家庭取平均值。储蓄率也是取年龄±1组别的平均值。

2013~2017年各年龄段的家庭收入和家庭支出都在上升，家庭消费的变化贴近家庭收入的变化。25~35岁的户主家庭的收入增长速度最快。Chamon和Prasad（2010）发现从1990年收入最高家庭的户主年龄为50~55岁逐渐演变为2005年的双峰，即25~30岁和55~60岁均有一个收入高峰，2013~2017年又回到了单峰状态，不过收入最高的户主年龄转变为25~30岁。随着户主年龄的增加，家庭总收入和家庭消费支出逐渐下降，在70岁左右到达最低谷。2019年低龄户主（20~25岁）家庭的收入和消费支出有一定程度的下降。

储蓄率随着户主年龄的变化而存在显著的波动，特别是户主年龄为40~45岁的家庭储蓄率"凹陷"现象显著。从中年低点到55岁左右的第二个高峰，家庭储蓄率会上升10%~15%。2019年的数据集反映出家庭储蓄率的新特点：一是2019年家庭储蓄率普遍下降，二是20~25岁家庭出现消费水平超过收入水平、储蓄率为负数的现象。

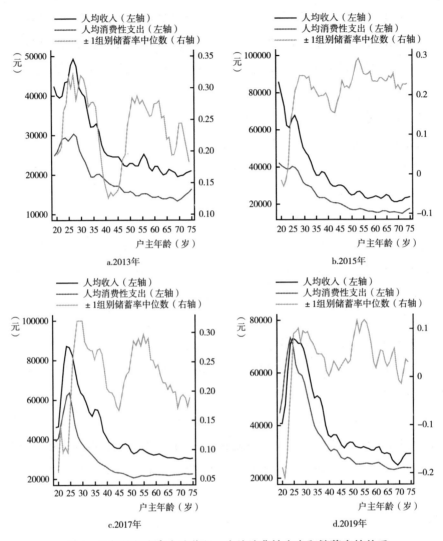

图3 分年龄段家庭人均收入、人均消费性支出和储蓄率的关系

四 实证设计与检验

（一）实证设计

根据猜想 $\dfrac{\partial C_a}{\partial a} < 0$、$\dfrac{\partial C_a}{\partial A_a} > 0$、$\dfrac{\partial C_a}{\partial Y_a} > 0$，估计如下消费函数：

$$\log C_{it} = \beta_0 + \beta_1 a_{it} + \beta_2 \log A_{it} + \beta_3 \log Y_{it} + \beta_4 T_t + \boldsymbol{\beta} Z_{it} + u_i \qquad (11)$$

其中，C_{it} 为家庭人均消费支出，A_{it} 为家庭人均净资产 =（家庭资产–家庭负债）/家庭人数，Y_t 为人均收入，a_{it} 为户主年龄。$\boldsymbol{Z}_{it}$ 为反映家庭特征的控制变量，包括户主的受教育程度、受访户位于城镇/农村、家庭人数等。T_t 为时间虚拟变量，分别是2015年、2017年、2019年，以2013年为基准组。由于式（8）并不是消费函数的显性表达，难以直接利用式（8）对消费函数进行估计。对家庭人均消费性支出、人均收入取对数可以很好地刻画消费函数与人均收入之间的边际关系，这也与Aguiar和Hurst（2013）、周绍杰等（2009）做法一致。

考虑到有大约20%的家庭净资产 A_{it} 为负数，对于家庭净资产 $A_{it} > 0$ 的家庭检验模型（11），将以下形式的估计方程作为基准模型：

$$\log C_{it} = \beta_0 + \beta_1 a_{it} + \beta_2 A_{it} + \beta_3 \log Y_{it} + \beta_4 T_t + \boldsymbol{\beta} Z_{it} + u_i \qquad (12)$$

将模型（12）而非模型（11）作为基准模型的理由是家庭净资产为负数是客观现象，忽视这些家庭可能会使估计总体存在偏误。

根据猜想，预期 $\beta_1 < 0$、$\beta_2 > 0$、$\beta_3 > 0$，即其他条件相同的情况下，人均净资产、人均收入越高的家庭消费水平越高，户主年龄越大的家庭消费水平越低。根据式（10）可知，其他条件保持不变时，户主年龄越大的家庭储蓄率越高，家庭净资产越大的家庭储蓄率越低，如果 $\beta_3 < 1$，人均收入越高的家庭储蓄率越高。

（二）模型估计

本文选取20~75岁的样本作为检验数据集，模型（11）和（12）的回归结果如表2所示。文献（如李蕾和吴斌珍，2014；汪伟和吴坤，2019）调整或删除了储蓄率小于–2的观测值，本文删除的数据更少，仅删除了储蓄率<–9的极端值。表2中的自变量依次是户主年龄、家庭人均净资产（百万元）、log［家庭人均收入（元）］、log（家庭人数）、户主文化程度虚拟变量[1]、农村虚拟变量、时间虚拟变量。括号中提供了异方差稳健的标准误。

---

[1] 包括没上过学、小学、初中、高中、中专/职高、大专/高职、本科、硕士、博士，没上过学的作为基准组。

估计结果和预期猜想一致：$\beta_1 < 0$、$\beta_2 > 0$、$0 < \beta_3 < 1$，其他条件相同时，户主年龄越大的家庭消费水平越低，储蓄率越高，这在模型（11）和（12）中均成立。回归模型（12）中β_2不显著但在回归模型（11）中显著，说明使用 log（家庭人均净资产）能更好地刻画消费函数与人均净资产之间的边际关系。控制变量的结果符合预期：在其他条件不改变的情况下，家庭人数越多，人均消费水平越低。这是因为共同居住条件下可以共享住房、家电等耐用品，生活的固定成本被摊薄，人均消费水平更低。在相同的人均收入、人均净资产的情况下，户主文化程度越高，消费水平越高，这是因为户主文化程度越高的个体人力资本越高，未来收入的增长潜力越大，因而人均消费水平越高。生活环境的道理相似，生活在城市的人未来收入增长潜力更大，因而在相同现期收入、现期资产的条件下，人均消费水平更高。此外，2013~2019年家庭消费水平呈现增长趋势，其中包括了部分通货膨胀的因素。

考虑到样本中农村样本的占比过高，需要使用抽样概率的倒数加权来推断总体，因为这是一个非平衡面板，即使连续出现在样本中的家庭在各期中的抽样概率也不同；因此样本的抽样概率在时间层面无法加总，使用2017年的数据集做更细致的稳健性检验。表2中列（4）是2017年数据集根据样本被选中的概率加权回归的结果，能更准确地反映模型在全国家庭总体中的估计结果。比较列（4）和列（3）可见，除人均净资产以外，两者对模型系数的估计结果差异不大。相比简单加权结果，考虑到家庭抽样概率的加权结果中，户主文化程度对家庭消费函数影响系数的估计结果更大，这和样本中城市家庭数量不足是吻合的，城市家庭户主文化程度更高。

表 2　基准模型回归结果

解释变量	被解释变量：log（人均消费支出）				
	（1） 基准回归（12）	（2） 回归（11）	（3） 2017年	（4） 2017年抽样 概率加权	（5） 2017年抽样 概率加权+年龄^2
户主年龄	−0.006*** (0.000)	−0.007*** (0.000)	−0.005*** (0.000)	−0.005*** (0.000)	−0.015*** (0.003)
户主年龄2					9.38e-5*** (2.78e-5)

解释变量	被解释变量：log（人均消费支出）				
	（1）基准回归（12）	（2）回归（11）	（3）2017年	（4）2017年抽样概率加权	（5）2017年抽样概率加权+年龄^2
人均净资产	0.014		0.112***	0.130***	0.131***
	(0.012)		(0.011)	(0.018)	(0.018)
Ln（人均净资产）		0.110***			
		(0.002)			
Ln（人均收入）	0.363***	0.292***	0.350***	0.340***	0.340***
	(0.004)	(0.003)	(0.005)	(0.008)	(0.008)
Ln（家庭人数）	−0.361***	−0.346***	−0.365***	−0.372***	−0.365***
	(0.005)	(0.004)	(0.008)	(0.011)	(0.011)
小学	0.068***	0.044***	0.040**	0.066***	0.069***
	(0.010)	(0.010)	(0.018)	(0.025)	(0.025)
初中	0.148***	0.092***	0.105***	0.120***	0.127***
	(0.010)	(0.010)	(0.018)	(0.024)	(0.024)
高中	0.227***	0.149***	0.177***	0.198***	0.207***
	(0.011)	(0.011)	(0.019)	(0.026)	(0.026)
中专/职高	0.285***	0.201***	0.237***	0.279***	0.279***
	(0.012)	(0.012)	(0.022)	(0.030)	(0.029)
大专/高职	0.345***	0.242***	0.263***	0.296***	0.298***
	(0.012)	(0.012)	(0.021)	(0.029)	(0.029)
本科	0.400***	0.282***	0.291***	0.320***	0.318***
	(0.013)	(0.012)	(0.022)	(0.031)	(0.031)
硕士	0.500***	0.367***	0.359***	0.370***	0.368***
	(0.025)	(0.023)	(0.040)	(0.052)	(0.052)
博士	0.542***	0.421***	0.376***	0.503***	0.506***
	(0.042)	(0.041)	(0.078)	(0.109)	(0.111)
农村	−0.277***	−0.225***	−0.277***	−0.274***	−0.273***
	(0.005)	(0.005)	(0.009)	(0.012)	(0.013)
2015年	0.093***	0.083***			
	(0.006)	(0.006)			
2017年	0.214***	0.213***			
	(0.006)	(0.005)			
2019年	0.428***	0.410***			
	(0.006)	(0.006)			
截距项	6.461***	7.483***	6.797***	6.825***	7.042***
	(0.042)	(0.031)	(0.057)	(0.080)	(0.103)
样本量	114369	111892	33409	33409	33409
R^{2}值	0.485	0.514	0.492	0.473	0.473

注：括号内为估计值的稳健标准误，*、**和***分别代表在10%、5%和1%水平下显著，下同。

2017年样本回归列（3）拟合的储蓄率随户主年龄的变化而变化的情况如图4所示，其中真实值和拟合值均采用年龄±1组别的平均值。储蓄率较低的样本主要集中为户主年龄为20~25岁的家庭，这部分家庭的平均储蓄率小于−0.2，删除储蓄率小于−2的观测值会对样本带来有偏的影响。这说明通过先估计消费函数，再计算储蓄率，相比直接将储蓄率作为因变量更好，可以避免删除过多的样本，能够无偏地用样本推断总体。模型对于家庭储蓄率的预测值恰好能呈现出户主年龄在40~45岁时家庭储蓄率的下降。

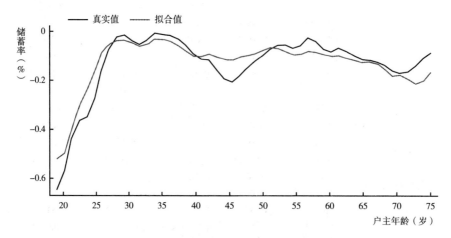

图4　2017年基准模型拟合值与真实值的比较

注：对于每一个年龄的真实储蓄率和拟合储蓄率，均取户主年龄±1组别的平均值。

（三）U型曲线的解释

在消费水平随年龄增大而下降的条件下，为什么家庭储蓄率和户主年龄之间会呈现出中年家庭储蓄率"凹陷"现象？这主要源于中国人均收入随年龄变化而变化的分布特征：人均收入在40~45岁迅速下降，而在45岁之后下降速度趋于平缓。

根据表2回归（3）结果中对参数的估计和图5中人均收入、人均净资产随户主年龄变化而变化的分布情况，可以算出：25~45岁，家庭人均收入下降占主导地位，家庭储蓄率下降；45~55岁，家庭人均收入没有显著变化，年龄效应占据主导地位，家庭储蓄率上升。

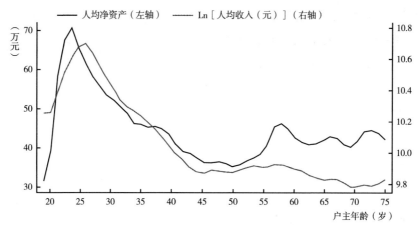

图5　人均净资产、Ln［人均收入（元）］随户主年龄的分布

　　人均收入随年龄变化而变化的分布特征和随年龄增大而下降的消费水平是导致中年户主家庭储蓄率下降的重要原因。而人均收入随年龄变化而变化的分布形态可以用图6来解释。短虚线描述了通常情况（例如经济增长速度不快）下收入随年龄变化而变化的分布情况：在55岁之前由于工作经验的积累，收入上升；在55岁之后由于劳动能力下降，收入下降，这与Chamon和Prasad（2010）所呈现的中国1990年和1995年收入随年龄变化而变化的分布情况是一致的。长虚线是经济增长下各个年龄段劳动力的收入增加，可以看作一种被预期到的人均收入的冲击[①]。两者的叠加构成了实线：总的人均收入在45岁之前迅速下降，在45~55岁基本稳定，在55岁之后进入平缓的下降通道。这就是产生图5中25~75岁人均收入随年龄变化而变化的分布的内在机制。

　　在经济高速发展和经济结构转型的过程中，由过去的生产方式积累的人力资本重要程度下降。市场愿意为年轻人的学习能力和适应新生产方式的潜力支付溢价，因此这一人均收入的冲击表现为年轻人的收入增幅大于中年劳动力的特点。相反，在经济增速缓慢或者经济结构趋于稳定的情况下，工作经验的积累更为重要，"论资排辈"的传统也会造成中

---

　　①　为便于比较，图中长虚线向上移动了9.6个单位。

年人的收入更高。Fang 和 Qiu（2021）比较中国和美国的收入年龄分布曲线，将中国年轻人收入更高分解为三个渠道：新一代人相比老一代人的生产力提高（受教育水平的提高）、人力资本租金价格上升（教育回报率提高）、经验积累的回报率下降。这是人均收入随年龄变化而变化的分布形态改变的内在机制。

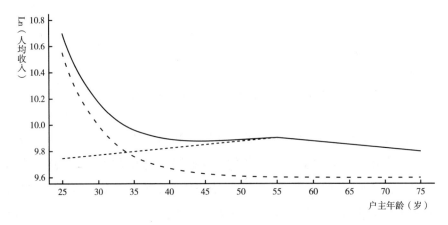

图6　Ln（人均收入）随年龄的分布形态解释

本文模型得到的消费水平随年龄增大而下降的现象具有普适性和持续性。长期来看，长虚线所代表的收入增长的冲击可能会渐渐消退，如果人均收入随年龄变化而变化的分布曲线恢复到中间高、两边低的形态（短虚线）之后，储蓄率的 U 型曲线现象也就会减弱，甚至消失。我们推测，如果其他国家在经济高速增长时期也有这样的特点——年轻人更容易享受到经济增长带来的收入增加，由此带来的收入冲击类似于图6中的长虚线，那么也很有可能出现储蓄率的 U 型曲线。Park 和 Rhee（2005）统计了 1970~2000 年韩国各年龄段的储蓄率，发现储蓄率最高的年龄段是 25~34 岁，储蓄率随年龄的增加而降低，在 50 岁左右到达一个低谷（1999 年和 2000 年除外），这和图4中中国各年龄段的储蓄率有相似之处。这间接佐证了我们这一模型的合理性。

五　稳健性检验与讨论

（一）U型曲线是否可以仅依靠年龄的二次项识别

常见识别非单调关系的方法是加入二次项，如李蕾和吴斌珍（2014）。为此我们在2017年数据集中加入年龄的二次项得到检验结果如表2列（5）所示。年龄的二次项系数显著为正，一次项系数显著为正，检验结果得到的消费函数关于年龄的二次函数的极小值点为户主年龄=80岁，超过了样本户主年龄的最大值75岁。根据式（10），这等价于储蓄率关于年龄的二次函数的极大值点为80岁。这说明加入年龄二次项并不能识别储蓄率关于户主年龄的U型曲线。年龄的二次项显著说明log（人均消费支出）与户主年龄下降的关系并不是线性的，存在一定的曲率，这和模型的猜想并不冲突。

（二）控制潜在的遗漏变量

如果存在遗漏变量同时与户主年龄、家庭人均消费支出有关，这会导致β_1的估计存在偏误，为此，根据文献中对于家庭储蓄率与户主年龄的研究，把潜在的遗漏变量纳入检验方程。2017年CHFS的数据中还有关于家庭位置更详细的分类信息，因此将农村—城镇分类扩展到大城市城区、大城市郊区、城镇、乡镇、小镇、农村这样的分类，其中大城市城区作为基准组。

文献提出的主要影响因素包括医疗、住房、教育负担的增加，即家庭中正在上中学和大学的子女人数、低储蓄率的年轻人（老年人）和中年家庭聚居的现象。此外，还对户主的性别、婚姻状况、工作类型、养老保险情况、购房/建房意愿等可能与户主年龄、家庭人均消费支出同时相关的因素进行了控制。

Chamon和Prasad（2010）认为住房、教育和医疗负担的增加可能是中年户主家庭储蓄率较低的原因之一。陈斌开和杨汝岱（2013）、李雪松和黄彦彦（2015）认为房价上涨推高了储蓄率。Wang和Wen（2012）、赵西亮等（2014）却发现房价上涨本身并不能解释家庭储蓄率的上升。表3中逐个加入医疗［（1）（2）］、教育负担（3）的代理变量和家庭住房的情况［（4）

（5）］，考察基准模型的估计结果是否改变①，控制所有变量的检验结果如表3中列（6）所示。

表3　控制医疗、教育、住房负担下的模型检验

解释变量	被解释变量：log（人均消费支出）					
	（1）	（2）	（3）	（4）	（5）	（6）
户主年龄	−0.008***	−0.009***	−0.005***	−0.005***	−0.005***	−0.008***
	(0.000)	(0.000)	(0.000)	(0.000)	(0.000)	(0.000)
人均净资产	0.116***	0.116***	0.098***	0.111***	0.107***	0.105***
	(0.011)	(0.011)	(0.009)	(0.011)	(0.010)	(0.010)
Ln（人均收入）	0.328***	0.322***	0.334***	0.334***	0.332***	0.320***
	(0.005)	(0.005)	(0.005)	(0.005)	(0.005)	(0.005)
Ln（家庭人数）	−0.327***	−0.325***	−0.386***	−0.335***	−0.341***	−0.376***
	(0.007)	(0.008)	(0.008)	(0.008)	(0.008)	(0.008)
医疗支出占比	0.790***	0.790***				0.884***
	(0.019)	(0.019)				(0.019)
职工医保		0.070***				0.061***
		(0.015)				(0.015)
居民医保		0.037**				0.034**
		(0.017)				(0.017)
新农合		−0.034**				−0.033**
		(0.016)				(0.015)
城乡医保		0.082***				0.081***
		(0.025)				(0.025)
公费医疗		0.072***				0.062**
		(0.028)				(0.027)
教育支出占比			0.691***			0.886***
			(0.026)			(0.026)
有房				−0.071***		
				(0.012)		
1套房					−0.129	−0.132
					(0.126)	(0.146)

① 各个变量的说明如下：医疗支出占比＝上年全年医疗保健消费/家庭消费总支出。职工医保：城镇职工基本医疗保险；居民医保：城镇居民基本医疗保险；新农合：新型农村合作医疗保险；城乡医保：城乡居民基本医疗保险；公费医疗；没有上述保险作为基准组。教育支出占比代表上年教育培训支出占总消费支出的比例。有房：拥有住房的家庭记为1，没有住房的家庭记为0（基准组）。考察拥有多套住房对家庭消费的影响，生成虚拟变量1套房、2套房、3套及以上房，不拥有住房作为基准组。

解释变量	(1)	(2)	(3)	(4)	(5)	(6)
			被解释变量：log（人均消费支出）			
2套房					−0.094	−0.083
					(0.126)	(0.147)
≥3套房					−0.038	−0.034
					(0.126)	(0.146)
截距项	7.104***	7.174***	7.009***	7.096***	7.178***	7.231***
	(0.056)	(0.058)	(0.056)	(0.058)	(0.138)	(0.156)
户主受教育程度	是	是	是	是	是	是
家庭所在地	是	是	是	是	是	是
样本量	33408	33159	33408	33408	33408	33159
R^2值	0.530	0.532	0.511	0.503	0.503	0.548

估计结果和预期猜想仍然一致：$\beta_1 < 0$、$\beta_2 > 0$、$\beta_3 > 0$。控制医疗负担和教育负担对于刻画家庭的消费函数具有显著效应，加入住房负担在提高预测能力方面效果比较弱。保持其他特征不变，医疗支出占比越高，人均消费支出越高。与没有医疗保险的户主家庭相比，除了新农合，拥有其他医疗保险均能提高家庭的消费支出。新农合的影响并不显著。教育支出占比较高的家庭，人均消费支出也较高。医疗和教育负担加重确实会增加家庭总的消费支出，从而降低家庭的储蓄率。拥有住房的家庭，相比没有住房的家庭消费支出更少，储蓄率更高。拥有多套住房的家庭和只拥有1套住房的家庭没有显著差异。因此，住房价格的上升对于不同家庭会有不同的影响，对于有房家庭而言，房价上升导致住房贷款额度增加，由此挤出了购房之后的消费支出。

（三）控制合居现象的检验

控制后代和长辈人数并不能代替户主年龄在解释家庭人均消费支出中的作用，对比结果如表4所示。估计结果表明，在相同的家庭人数条件下，家中有不超过22岁的孩子，会增加家庭的人均消费支出。家中有60岁以上的长辈会降低家庭的人均消费支出。这与汪伟和吴坤（2019）得到的结果是类似的。从显著性水平来看，正在上中学和大学的孩子会增加家庭人均消费支出，而超过23岁的成年子女与父母合居却会降低家庭的人均消费支出。60岁以上的长辈同居，会显著提高家庭的储蓄率。老年人与中年子女合住，一方面通过家庭人数的增加，共享耐用消费品从而减少人均消费支出，提高储蓄率；另一方面家庭人数保持不变时，老年人数量的增加，也会提高储蓄率。家庭结构中，18~22 岁的孩子对家庭消费—储蓄决策的影响最为显著，而他们的父母大多数为 45 岁左右。

与表 3 列（6）相比，新加入的这些控制变量也没有改变原模型中户主年龄、人均净资产、log（人均收入）等变量的显著水平。这说明家庭结构中的合居现象的确有仅靠家庭人数和户主年龄无法捕捉到的影响因素，但是家庭中的合居现象并不能代替年龄项在预测家庭储蓄率方面的作用。图 7 左图显示了表 4 列（2）的预测值，右图显示了表 4 列（1）中的预测值。不带户主年龄项明显高估了低龄户主家庭的储蓄率，而低估了高龄户主家庭的储蓄率，这说明预期猜想中 $\beta_1 < 0$ 是显著而且重要的。

表 4　不同家庭结构下的模型检验

解释变量	被解释变量：log（人均消费支出）	
	（1）	（2）
户主年龄	−0.009***	
	(0.002)	
户主年龄 ^{2}	0.000	
	(0.000)	
人均净资产	0.109***	0.102***
	(0.011)	(0.010)
Ln（人均收入）	0.325***	0.334***
	(0.005)	(0.005)
Ln（家庭人数）	−0.368***	−0.394***
	(0.013)	(0.013)
[0,5] 孩子人数	0.028***	0.074***
	(0.009)	(0.009)
[6,11] 孩子人数	0.008	0.043***
	(0.009)	(0.009)
[12,14] 孩子人数	0.023*	0.058***
	(0.012)	(0.012)
[15,17] 孩子人数	0.037***	0.076***
	(0.012)	(0.012)
[18,22] 孩子人数	0.058***	0.093***
	(0.010)	(0.010)

解释变量	被解释变量：log（人均消费支出）	
	(1)	(2)
[23,30] 孩子人数	−0.020***	−0.017**
	(0.007)	(0.007)
[60,70] 长辈人数	−0.069***	−0.008
	(0.011)	(0.011)
70+长辈人数	−0.061***	−0.030***
	(0.011)	(0.011)
截距项	7.139***	6.608***
	(0.078)	(0.053)
户主受教育程度	是	是
家庭所在地	是	是
医疗支出占比	是	是
医保类型	是	是
教育支出占比	是	是
有房	是	是
样本量	33159	33159
R^2值	0.549	0.541

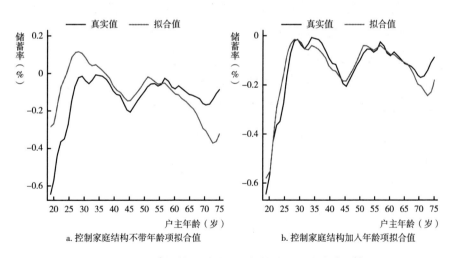

a. 控制家庭结构不带年龄项拟合值　　　b. 控制家庭结构加入年龄项拟合值

图7　控制家庭结构下是否加入年龄项预测结果的比较

六　基于微观模型的预测

Modigliani 和 Brumberg（1955）、Modigliani（1986）等生命周期假说文

献都强调基于微观基础进行宏观预测，通过家庭的储蓄—消费决策加总得到一国住户部门储蓄率的可检验方程。本文沿用这一思想，基于模型（11）在住户层面加总，在时间维度上一阶差分得到模型：

$$\Delta \log Consp_t = \gamma_1 \Delta Age_t + \gamma_2 \Delta \log Asset_t + \gamma_3 \Delta \log Income_t + u_t \qquad (13)$$

现有文献大多关注和解释中国储蓄率为什么高，对于储蓄率从2010年开始出现的下降趋势关注较少，而中国储蓄率大约每年1%的下降速度在经济上具有显著的影响。不少原来用于解释中国储蓄率快速上升的理论难以解释中国储蓄率下降的现象。住户部门的储蓄率未来是否会持续下降？2010年开始的下降趋势只是一个短期波动，还是开启了一个长期趋势？及时了解中国储蓄率从2010年开始出现下降趋势的原因，对未来储蓄率的变化趋势进行预测具有重要意义。

本部分基于微观模型对住户部门储蓄率的变化进行分析。在理解住户部门储蓄率的主要决定因素之后，对于未来5年住户部门的储蓄率进行预测。考虑到这里的参数γ_1、γ_2、γ_3会受到政策或预期变化等因素的影响。这种预测有效的前提是政策没有改变，家庭收入的预期也没有变化，这种探索性分析是较强约束下的结论，在短期内有一定的合理性。

（一）宏观模型的估计

本部分估计模型（13）用到的变量及其数据来源如下。消费支出（亿元）：资金流量表（实物交易）住户部门最终消费；净资产（亿元）：中国居民部门净资产（许伟和傅雄广，2022）；收入（亿元）：资金流量表（实物交易）住户部门可支配总收入；人口年龄中位数Age：联合国《世界人口展望2022》；消费支出$Consp$、净资产$Asset$、收入$Income$均为除以总人口得到的人均变量。数据区间为1985~2019年。在住户部门可支配收入和最终消费的估算中，1985~1991年采用居民人均消费支出和居民人均收入的增速；1992~1999年采用《中国资金流量表历史资料（1992—2004）》中的数据；2000~2019年采用来自国家统计局官网的数据。2017年开始的资金流量表（实物交易）统计口径发生改变，增加了实物社会转移这一项目，满足：可支配总收入+实物社会转移−实际最终消费=总储蓄。2018~2020年收入是指调整后可支配总收入=可支配总收入+实物社会转移。模型

（13）是一个所有变量均处于同一期的静态模型。OLS估计结果如表5所示。

表5　模型（13）的估计结果

变量	ΔAge	$\Delta \log Asset$	$\Delta \log Income$	常数项	样本量	R^2值
$\Delta \log Consp$	-0.088^*	0.021	0.922^{***}	0.047^*	34	0.790
	(0.051)	(0.078)	(0.091)	(0.027)		

注：括号内为估计值的标准误，*、**、***分别表示在10%、5%、1%的水平下显著。

包含一阶滞后项的DF检验表明模型中ΔAge、$\Delta \log Consp$、$\Delta \log Income$均在10%的显著性水平下拒绝了存在单位根的原假设。$\Delta \log Asset$使用不含滞后项的DF检验在10%的显著性水平下拒绝了存在单位根的原假设，说明上述变量均为一阶单整序列。对残差u_t进行DF检验得到t值为-6.750，小于1%的临界t值-3.696，由此可以确定残差是一个均值为0的I（0）过程。因此，上述模型满足协整关系，使用OLS估计得到的参数具有一致性。

上述模型变量系数的估计值符号和我们的预期一致。资产增速、收入增速对消费增速有正向作用，人口年龄中位数有负向作用。资产增速的影响不显著，年龄中位数在10%的水平下显著，这个模型整体是显著的，其F统计量为40.32，对应的p值为0.00。

基于对消费增速（$\Delta \log Consp_t \doteq \dfrac{\Delta Consp_t}{Consp_{t-1}}$近似为消费增速）的估计，可以得到每年消费支出的拟合值，进而得到住户部门的储蓄率。图8显示了上述模型对储蓄率的拟合值，其中拟合值是指根据模型（13）得到的每一年的$\Delta \log Consp$与当年的收入计算得到的储蓄率。图8表明模型的样本内拟合效果比较好，它同时刻画了住户部门储蓄率在2010年之前的上升趋势和2010年之后的下降趋势，和储蓄率的真实值比较吻合。

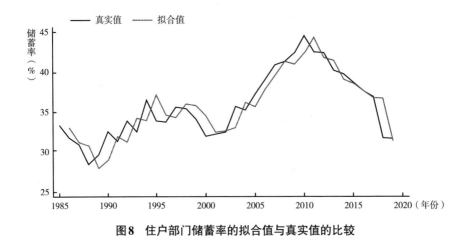

图8　住户部门储蓄率的拟合值与真实值的比较

（二）三种场景下的储蓄率预测

基于模型（13）对2020~2025年的储蓄率进行预测，我们对住户部门可支配收入、净资产进行外生的假定，分析假设情景中的中国住户部门储蓄率。净资产从2020年开始为假设数据：具体假设为资产增速保持2016~2019年的平均增速11.3%。年龄中位数采用联合国《世界人口展望2022》对中国的预测值。根据表6，最主要的影响因素是收入增速。我们假设了悲观、中性和乐观三种情景，进而测算出消费支出和住户部门储蓄率。gIncome1、gIncome2、gIncome3分别表示悲观、中性和乐观预期下的收入增速。根据收入增速与GDP增速在2016~2019年的关系，假设2021~2025年人均可支配收入增速悲观、中性和乐观预期下分别比GDP增速高2个、3个、4个百分点。2020~2023年GDP增速取自IMF《世界经济展望》（2022年7月刊），2024年和2025年gGDP为笔者参考白重恩和张琼（2017）进行的预测。数据如表6所示。

三种场景下得到的消费增速和储蓄率如图9和图10所示。三种场景下消费增速都在7%左右震荡，2020年下探之后，2021年有所回升，预计2022年会有一定程度的下降。储蓄率在三种场景下均呈现出相近的趋势，即在2020年之后处于一种略有上升的趋势。在乐观预期条件下的储蓄率最高，在悲观预期条件下的储蓄率最低。

表6 2019~2025 年三种场景下基本变量的假设值

Year	Asset	Age	Population	gGDP（%）	gIncome1（%）	gIncome2（%）	gIncome3（%）
2019	4100436	36.97	141008	6.100	9.300	9.300	9.300
2020	4564464	37.44	141212	2.200	5.400	5.400	5.400
2021	5081004	37.95	141260	8.100	10.100	11.100	12.100
2022	5655998	38.47	141266.3	3.300	5.300	6.300	7.300
2023	6296063	38.98	141258.8	4.600	6.600	7.600	8.600
2024	7008560	39.48	141223.5	4.800	6.800	7.800	8.800
2025	7801687	39.98	141161.2	5.000	7.000	8.000	9.000

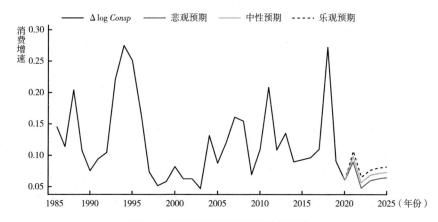

图9 三种情景下消费增速的预测值

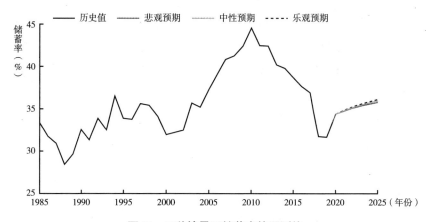

图10 三种情景下储蓄率的预测值

三种场景的预测值差异不大。储蓄率下降，其根本原因在于经济增速下降。收入增速的变动是影响住户部门储蓄率的决定性因素，中国人口老龄化加剧，在收入增速保持不变的情况下，实际上会减少消费支出、提高储蓄率。上述模型表明中国住户部门的储蓄率在 2025 年大概率维持在 35% 左右。

Iwaisako 和 Okada（2012）分析日本储蓄率在 20 世纪 90 年代末快速下降，而 2004 年前后开始有所回升，发现人口老龄化本身并不能解释这一非线性变化，家庭收入增速的快速下降是 90 年代末储蓄率快速下降的主要原因。这与本文对中国住户部门储蓄率在 2010 年以来下降的解释有相似之处。

七 结论与启示

近年来，世界经济和政治形势面临诸多不确定性，党的二十大报告强调要加快构建以国内大循环为主体、国内国际双循环相互促进的新发展格局。畅通国内大循环需要扩大内需，良好的外循环需要平衡国际收支，两者都离不开合理的消费和储蓄结构。因此，理解家庭储蓄行为与家庭人口年龄结构的关系具有重要意义。中国家庭储蓄率的典型事实仍然存在：户主年龄在 40~45 岁的家庭的储蓄率"凹陷"。现有文献基本否定了生命周期模型在解释家庭储蓄率 U 型曲线方面的有效性，转而提出了预防性储蓄动机、金融约束、样本自选择等解释。本文重拾生命周期模型，论证了将经典模型中不符合现实的前提修改之后，刻画的家庭消费—储蓄决策能够识别家庭储蓄率的中年"凹陷"现象并且具有经济上的显著性。新的模型猜想成立的条件是合理且宽松的，对于文献中提出的参数取值和银行定期存款、股票指数、住宅商品房等大类资产的回报率均成立。

通过考察生命周期模型中的消费决策和中国现阶段的收入—年龄分布曲线，本文识别发现：家庭储蓄率 U 型曲线的主要决定因素是中国的收入—年龄分布曲线。这种分布曲线特点是家庭收入在户主年龄为 40~45 岁之前快速下降；收入峰值不是经典模型中的 45~50 岁，而是提前到了 25~35 岁。模型的拟合值反映出中年户主家庭储蓄率"凹陷",其主要原因包括:新劳动力的受教育水平和生产力更高、教育回报率上升、过去的生产方式积累的工作经验带来的回报率下降。控制教育、医疗、住房负担和多代合居等潜在的遗漏变量之后,本文的解释仍然成立。

对于2010年之后居民储蓄率快速下降的主流解释——中国劳动年龄人口占比下降,本文提出了一个新的观点。本文基于对家庭消费决策等式加总、差分得到了在宏观层面可估计的模型,使用中国1985~2019年的宏观数据估计了这一模型,发现收入增速下降是2010年以来储蓄率下降的主因。在对年龄中位数、住户部门人均净资产、住户部门人均收入进行外生假定之后,本文对未来5年中国的消费增速和家庭储蓄率进行了预测。预测结果显示,在悲观、中性、乐观三种预期下的储蓄率差异不大, 2021~2025年住户部门储蓄率相对稳定,维持在35%左右。

本文提出伴随着消费增速的下降,人口老龄化对于扩大内需、畅通国内大循环会产生不利的影响。但对消费和储蓄影响最大的还是收入水平,随着全民受教育水平的提升和城镇化率的提升,人们会因预期收入的上升而增加消费,从而促进经济发展。财富的积累也会带来消费水平的提升。在关注到收入—年龄分布的同时,我们还需要关注收入分配特别是财富分配差距对拉动消费的阻力。从长远来看形成合理的消费储蓄结构,促进储蓄和投资机会相匹配是增强国内大循环内生动力和可靠性、促进国内大循环更加顺畅的关键。

参考文献

[1] 白重恩、张琼,2017,《中国经济增长潜力预测:兼顾跨国生产率收敛与中国劳动力特征的供给侧分析》,《经济学报》第4期。

[2] 陈斌开、杨汝岱,2013,《土地供给、住房价格与中国城镇居民储蓄》,《经济研究》第1期。

[3] 甘犁、尹志超、贾男、徐舒、马双,2013,《中国家庭资产状况及住房需求分析》,《金融研究》第4期。

［4］甘犁、赵乃宝、孙永智，2018，《收入不平等、流动性约束与中国家庭储蓄率》，《经济研究》第 12 期。

［5］胡翠、许召元，2014，《人口老龄化对储蓄率影响的实证研究——来自中国家庭的数据》，《经济学（季刊）》第 3 期。

［6］李蕾、吴斌珍，2014，《家庭结构与储蓄率 U 型之谜》，《经济研究》第 S1 期。

［7］李雪松、黄彦彦，2015，《房价上涨、多套房决策与中国城镇居民储蓄率》，《经济研究》第 9 期。

［8］吕指臣、刘生龙，2021，《人口结构变迁与中国家庭储蓄率：理论与实证》，《学术研究》第 9 期。

［9］汪伟，2017，《人口老龄化、生育政策调整与中国经济增长》，《经济学（季刊）》第 1 期。

［10］汪伟，2010，《经济增长、人口结构变化与中国高储蓄》，《经济学（季刊）》第 1 期。

［11］汪伟、艾春荣，2015，《人口老龄化与中国储蓄率的动态演化》，《管理世界》第 6 期。

［12］汪伟、吴坤，2019，《中国城镇家庭储蓄率之谜——基于年龄—时期—组群分解的再考察》，《中国工业经济》第 7 期。

［13］许伟、傅雄广，2022，《中国居民资产负债表估计：1978—2019 年》，《国际经济评论》第 5 期。

［14］杨继军、张二震，2013，《人口年龄结构、养老保险制度转轨对居民储蓄率的影响》，《中国社会科学》第 8 期。

［15］于淼、高宇宁、胡鞍钢，2021，《中国家庭储蓄率反生命周期之谜——基于竞争性储蓄视角的分析》，《中国人口·资源与环境》第 3 期。

［16］赵西亮、梁文泉、李实，2014，《房价上涨能够解释中国城镇居民高储蓄率吗？——基于 CHIP 微观数据的实证分析》，《经济学（季刊）》第 1 期。

［17］周绍杰、张俊森、李宏彬，2009，《中国城市居民的家庭收入、消费和储蓄行为：一个基于组群的实证研究》，《经济学（季刊）》第 4 期。

［18］Aguiar M., Hurst E. 2013. "Deconstructing Life Cycle Expenditure." *Journal of Political Economy* 121(3): 437–492.

［19］Bernanke B. S. 2005. "The Global Saving Glut and the U.S. Current Account Deficit." Speech, Board of Governors of the Federal Reserve System.

［20］Chamon M., Prasad E. 2010. "Why are Saving Rates of Urban Households in China Rising?" *American Economic Journal: Macroeconomics* 2(1): 93-130.

［21］Chamon M., Liu K., Prasad E. 2013. "Income Uncertainty and Household Savings in

China." *Journal of Development Economics* 105: 164–177.

[22] Choukhmane T., Coeurdacier N., Jin K. 2021. "The One-child Policy and Household Saving." MIT Sloan Working Paper 6138-17.

[23] Curtis C. C., Lugauer S., Mark N. C. 2015. "Demographic Patterns and Household Saving in China." *American Economic Journal: Macroeconomics* 7(2): 58–94.

[24] Curtis C. C., Lugauer S., Mark N. C. 2017. "Demographics and Aggregate Household Saving in Japan, China, and India." *Journal of Macroeconomics* 51: 175–191.

[25] Fang H., Qiu X. 2021. "Golden Ages: A Tale of the Labor Markets in China and the United States." NBER Working Paper 29523.

[26] Ge S., Yang D. T., Zhang J. 2018. "Population Policies, Demographic Structural Changes, and the Chinese Household Saving Puzzle." *European Economic Review* 101: 181–209.

[27] Gourinchas P., Parker J. A. 2002. "Consumption over the Life Cycle." *Econometrica* 70 (1):47–89.

[28] He H., Huang F., Liu Z. et al. 2018. "Breaking the 'Iron Rice Bowl': Evidence of Precautionary Savings from the Chinese State-owned Enterprises Reform." *Journal of Monetary Economics* 94: 94–113.

[29] Iwaisako T., Okada K. 2012. "Understanding the Decline in the Japan's Saving Rate in the New Millennium." *Japan and the World Economy* 24: 163–173.

[30] Imrohoroğlu A., Zhao K. 2018. "The Chinese Saving Rate: Long-term Care Risks, Family Insurance, and Demographics." *Journal of Monetary Economics* 96: 33 - 52.

[31] Imrohoroğlu A., Zhao K. 2020. "Household Saving, Financial Constraints, and the Current Account in China." *International Economic Review* 61(1): 71–103.

[32] Lagakos D., Moll B., Porzio T. et al. 2018. "Life Cycle Wage Growth across Countries." *Journal of Political Economy* 126(2): 797–849.

[33] Modigliani F., Cao S. L. 2004. "The Chinese Saving Puzzle and the Life-cycle Hypothesis." *Journal of Economic Literature* 42(1): 145-170.

[34] Modigliani F., Brumberg R. 1955. "Utility Analysis and the Consumption Function: An Attempt at Integration." *Post Keynesian Economics*. Abingdon, Oxon: Routledge.

[35] Modigliani F. 1986. "Life Cycle, Individual Thrift, and the Wealth of Nations." *American Economic Review* 76(3): 297–313.

[36] Park D., Rhee C. 2005. "Saving, Growth, and Demographic Change in Korea." *Journal of the Japanese and International Economics* (19): 394–413.

[37] Rosenzweig M., Zhang J. 2019. "Housing Prices, Inter-generational Co-residence, and

'Excess' Savings by the Young: Evidence Using Chinese Data." NBER Working Paper 26209.

[38] Solow R. M. 1956. "A Contribution to the Theory of Economic Growth." *Quarterly Journal of Economics* 70(1): 65–94.

[39] Song Z. M., Yang D. T. 2010. "Life Cycle Earnings and Saving in a Fast-Growing Economy." Preliminary Draft.

[40] Wang X., Wen Y. 2012. "Housing Prices and the High Chinese Saving Rate Puzzle." *China Economic Review* 23(2): 265-283.

[41] Wei, S-J., Zhang X. 2011. "The Competitive Saving Motive: Evidence from Rising Sex Ratios and Savings Rates in China." *Journal of Political Economy* 119(3): 511-564.

[42] Yang D. T., Zhang J., Zhou S. 2012. "Why are Saving Rates So High in China?" *Capitalizing China*. Chicago, IL: University of Chicago Press.

（责任编辑：许雪晨）

风险投资对"专精特新"企业培育的影响与作用机制

——来自新三板挂牌小巨人企业的证据

姜　易　邬瑜骏[*]

摘　要：在强调产业链"稳链强链"的背景下，培育"专精特新"企业已成为国家级战略。本文以新三板挂牌"专精特新"小巨人企业为样本，研究风险投资与被投企业成长为"专精特新"小巨人企业之间的作用机制。研究发现，对于制造业中小型科技企业，风投机构投资特别是联合投资和对赌协议有助于提高企业成长为"专精特新"企业的概率。机制分析显示，风投机构投资后，被投企业通过加大研发费用投入能提升成为小巨人企业的概率。异质性分析显示，风险投资与企业成为"专精特新"企业的正向关系在强产业链行业中被削弱，强产业链上下游企业间的融合和相互助力会弱化企业内部资本要素对其成为"专精特新"企业的影响。在较强的外部制度环境下，风险投资在对"专精特新"企业培育中发挥的作用更为显著。本研究有助于揭示风险投资在推动制造业双创企业发展过程中的影响与作用机制。

关键词："专精特新"　风险投资　创新创业　对赌协议

---

* 姜易，助理教授，哈尔滨工业大学（深圳）经济管理学院，jiangyi@hit.edu.cn；邬瑜骏（通讯作者），助理教授，哈尔滨工业大学（深圳）经济管理学院，电子邮箱：wuyujun@hit.edu.cn。本文获得广东省哲学社会科学规划专项课题基金（GD20SQ31）、深圳市高端人才科研启动经费（GA11409010）、哈尔滨工业大学（深圳）人文社会科学发展专项基金（20210049）、哈工大（深圳）大数据会计与决策研究中心基金（KP191001）的资助。感谢匿名审稿专家的宝贵意见，文责自负。

一 引言

中小企业是我国国民经济和社会发展的生力军，在促进经济增长、推动科技创新等诸多方面具有重要作用。2016 年工信部提出要大力提升中小企业创新能力和专业化水平，以此补齐产业生态短板，提升产业链、供应链稳定性和竞争力，助力实体经济特别是制造业做实做强做优，并将"专精特新"（专业化、精细化、特色化、新颖化）作为中小企业转型升级的重要途径，开始大力支持"专精特新"中小企业的发展。2021 年"十四五"规划纲要中将培育"专精特新"企业列为国家级战略。2022 年党的二十大报告提出，必须坚持科技是第一生产力、人才是第一资源、创新是第一动力，深入实施科教兴国战略、人才强国战略、创新驱动发展战略，开辟发展新领域新赛道，不断塑造发展新动能新优势。报告中更是明确指出要支持"专精特新"企业发展。培育发展"专精特新"中小企业逐渐升级为国家经济政策，并被写入党的二十大报告，说明其正成为支撑我国经济高质量发展的重大战略安排。

"专精特新"企业一般是指处于初创期或刚进入成长期的中小科技型企业，它们的发展有鲜明的特色。首先，不同于服务业中小企业，"专精特新"企业主要是制造业中小企业，创业门槛较高，一边要扩大生产，一边要加强研发，企业发展前期对资本的需求较大，因此发展速度往往不快，很多企业需要"多年磨一剑"才能脱颖而出。其次，中小科技型企业发展初期财务信息不够透明、信用记录不足且缺少抵押物，通常达不到银行传统贷款的门槛，导致中小科技型企业早期难以从银行获得债权融资。最后，我国支持中小企业发展的直接融资市场还在发展中，多层次资本市场和 IPO 注册制等建设还处于探索阶段，因此中小科技型企业成长过程中面临的融资问题是重要的约束因素。

风险投资（Venture Capital）作为早期企业获得资本要素的重要渠道之一，其在推动企业发展过程中究竟是发挥监督作用的"帮助之手"还是追求自身利益的"攫取之手"是学术界的重要研究热点。从风险投资对被投企业作用机制的既有研究来看，一些学者认为，风险投资对被投企业产生的作用超越了传统意义上的融资活动，除了向企业输送资金外，还能够给企业带来价值增值，如通过改善公司治理、降低企业面临的信息不对称性从而提高企业未来的绩效（Hellmann 和 Puri，2002；Brav 和 Gompers，1997）。然而，另一些学者却认为，风险投资的最终目的是从被投资企业的退出过程中获得资金回报，自身利益诉求可能使其过于关注投资的短期利益，以推动企业规模快速增长为目的，从而可能会给企业既有长期经营理念带来负面影响，产生道德风险问题（Gompers，1996；Lee 和 Wahal，2004）。风险投资的这一特点体现了"逐名动机"（Grandstanding）假说，即风险投资急于通过自身投资业绩建立行业声誉，快速"催熟"被投企业，通过IPO、转让股权等退出机制保持其自身资本流动性，但对增强被投企业长期竞争力的支持力度有限。

本文认为既有研究存在争议的潜在原因在于，一方面，部分研究中并没有充分考虑到不同类型被投企业的特征，例如有些"互联网+"服务型企业是可以通过不断融资、"花钱烧流量"来实现快速扩张，实证研究较难观察到风险投资对研发、科技创新等长期绩效的影响。另一方面，不同风险投资机构类型，特别是不同风投合约的设计对风投机构在被投企业长期绩效维度起到的作用也可能不相同，因此需要考虑风投机构类型和风投合约在其中扮演的角色。最后，由于风险投资数据的私密性，学术界对风险投资与中小企业创新的实证研究面临一定的数据限制与瓶颈，部分研究的样本数量有限，得出的实证结果可能并不具有普适性。

本文的研究对象为制造业中小企业，以被评为工信部"专精特新"企业（以下简称"'专精特新'企业"）作为中小企业长期创新绩效的代理变量，基于新三板挂牌企业研究风险投资对"专精特新"培育的影响和作用机制。实证研究发现：首先，风投机构注资显著提高了中小制造业企业成长成为"专精特新"企业的概率，这一实证结果经过倾向得分匹配（PSM）、Heckman工具变量二阶段法等稳健性检验后依然保持稳定。其次，风险投资机构的联合投资、风投契约中加入对赌协议等可以有效规避风投机构的短视行为，有利于提升企业家创新动力，推动中小科技企业成长为

"专精特新"企业。再次，对作用机制的研究显示，风险投资进入被投制造业中小企业后，能推动被投企业加大研发费用投入，成为助力企业成长为"专精特新"企业的潜在路径。最后，风险投资与企业成长为"专精特新"企业的正向关系在强产业链产业中被弱化，说明在强产业链融合下，上下游企业间的相互助力可降低企业内部资本要素对长期绩效的影响作用，而风险投资在强外部制度环境中更有利于推动被投企业成长成为"专精特新"企业。

本研究的边际贡献和创新在于：首先，既有风险投资相关研究主要基于 A 股上市公司数据，研究样本为成功上市且混合了不同类型的企业，而本文将新三板挂牌制造业中小企业作为研究样本，新三板公司大多为早期中小企业，规模小且盈利能力不高，此样本更能体现风险资本对抚育初创期企业成长的作用。其次，由于新三板并未禁止对赌协议的使用，本文利用收集的新三板企业风险投资合约数据，进一步探究风险投资类型和风险投资契约（对赌协议）对被投企业的影响，从微观的视角揭示了风险投资对被投企业创新绩效的作用机制，补充了风险投资中对赌协议的经济后果等相关研究文献。再次，部分研究发现风险投资的主要目的之一是推动企业优化短期财务指标，以实现企业上市为核心目标，而本文则以被评为"专精特新"企业作为企业长期创新绩效的代理变量来评价风险投资在企业发展中的作用，拓展了研究风险投资相关经济后果的视角。最后，培育"专精特新"企业主要是为了"稳链强链"，本文从产业链关系和外部市场制度环境两个维度对资本要素与"专精特新"企业之间的关系进行了异质性作用研究，有助于进一步揭示产业链环境和市场环境在制造业企业创新发展中的作用。

本文的研究也有一定的现实意义，一方面，培育"专精特新"企业已成为国家长期战略，通过研究制造业创新企业这类特殊中小企业成长过程中的核心推动因素，可为其他类似科技型中小企业提供借鉴，从而推动更多的制造业中小企业转型升级；另一方面，如何在中小企业发展过程中更好地利用市场化资本要素，特别是早期资本要素是各界关心的问题，本文揭示了风投机构注资对企业成长为"专精特新"企业的影响和作用,以期推动双创类政府引导基金的发展及多层次资本市场的建设。

本文以下部分结构如下:第二部分介绍"专精特新"的内涵和中小企业资本要素市场发展历史;第三部分回顾风险投资理论的相关文献并提出研究假设;第四部分进行研究设计;第五部分介绍本文的实证研究结果,并进行进一步研究;第六部分总结并提出建议。

二 制度背景

(一)"专精特新"企业的内涵

"专精特新"是指企业具有专业化、精细化、特色化、新颖化的发展特征。具体来看,"专",即核心技术的专业化,专注于细分市场,在所处产业链环节居于优势地位。"精",即产品的精致性、工艺技术的精深性和企业的精细化管理。"特",即产品或服务具备独特性、独有性、独家生产特点,难以被同行模仿。"新",即自主创新、模式创新,通过创新形成经济社会效益。"专精特新"注重对在细分领域创新能力、产品竞争力、品牌力强的中小企业的培育,强调与大企业在产业链上补链、强链的协同配合,攻克"卡脖子"领域的技术难点。

我国虽然是全球工业门类最齐全的国家,但产业基础能力建设不足的问题仍然较为突出,尤其是在重点产业的工业"四基"领域(核心基础零部件、先进基础工艺、关键基础材料和产业技术基础)。这既有基础装备和核心技术能力不足的问题,也有产业链上"断点""堵点"较多、缺少具有国际竞争力的"杀手锏"技术的问题,产业链、供应链的不完整是"卡脖子"问题的根源。因此,培育重点产业领域的"专精特新"中小企业,专注于推动在细分市场中主营业务突出、创新能力强、成长性好的中小企业的发展,打造掌握独门绝技的"单项冠军"或者"配套专家",既是解决"卡脖子"问题的重要举措,也有助于推动我国经济高质量发展,为经济转型夯实基础,是实现高质量增长的重要途径。

（二）"专精特新"企业的发展历程

2016年工信部提出将"专精特新"作为中小企业转型升级的重要途径。2018年，工信部办公厅发布《关于开展专精特新"小巨人"企业培育工作的通知》，从国家层面开始评定"专精特新""小巨人"企业。国家级"专精特新""小巨人"企业的评选主要从重点领域、专业化程度、创新能力等多个方面提出申报条件，更强调企业的研发投入、研发人员比例、专利成果等创新方面，具有较强的科技制造业属性（条件详见表1）。2019~2021年，工信部先后公布了三批国家级"专精特新""小巨人"企业，共4922家（第一批2019年5月248家，第二批2020年11月1744家，第三批2021年7月2930家），涵盖了制造业中各个关键细分领域，并主要集中在新一代信息技术、高端装备制造、新能源、新材料、生物医药等中高端产业领域。

2021年1月财政部、工信部发布《关于支持"专精特新"中小企业高质量发展的通知》明确在"十四五"期间，中央财政将通过中小企业发展专项资金累计安排100亿元以上奖补资金，引导地方完善扶持政策和公共服务体系，分三批重点支持1000余家国家级"专精特新""小巨人"企业高质量发展，促进这些企业更好地发挥示范作用。支持"专精特新"中小企业发展政策与解决"卡脖子"问题和补链强链专项行动等国家战略相关联，足以体现国家对"专精特新"企业发展的重视。

综上所述，培育"专精特新"企业是未来我国政策的重点，企业自身要素禀赋、创新潜力是核心基础，而培育的重点主要是从专业人才和资本助力两方面入手，但培育力量不能仅靠政府和产业政策的扶持，更需要来自市场特别是市场化资本要素的助力。

表1 工信部"专精特新""小巨人"企业培养条件

重点领域
"专精特新""小巨人"企业主导产品应优先聚焦制造业短板弱项，符合《工业"四基"发展目录》中所列重点领域，从事细分产品市场属于制造业核心基础零部件、先进基础工艺、关键基础材料和产业技术基础；或符合制造强国战略十大重点产业领域；或属于产业链供应链关键环节及关键领域"补短板""锻长板""填空白"产品；或围绕重点产业链开展关键基础技术和产品的产业化攻关；或属于新一代信息技术与实体及经济深度融合的创新产品

续表

重点领域	
《工业"四基"发展目录》所列重点领域	
①核心基础零部件	②先进基础工艺
③关键基础材料	④产业技术基础
制造强国战略十大重点产业领域	
①新一代信息技术	⑥节能与新能源汽车
②高档数控机床和机器人	⑦电力装备
③航空航天设备	⑧农机装备
④海洋工程装备及高技术船舶	⑨生物医药及高性能医疗器械
⑤先进轨道交通装备	⑩新材料

培养条件		具体细则
基本条件		①在中华人民共和国境内工商注册登记、连续经营3年以上、具有独立法人资格、符合《中小企业划型标准规定》（工信部联企业〔2011〕300号）的中小企业，且属于省级中小企业主管部门认定或重点培育的"专精特新"中小企业或其他创新能力强、市场竞争优势突出的中小企业
		②坚持专业化发展战略，长期专注并深耕于产业链某一环节或某一产品，能为大企业、大项目提供关键零部件、元器件和配套产品，或直接面向市场并具有竞争优势的自有品牌产品
		③具有持续创新能力和研发投入，在研发设计、生产制造、市场营销、内部管理等方面不断创新并取得比较显著的效益，具有一定的示范推广价值
		④重视并实施长期发展战略，公司治理规范，信誉良好，社会责任感强，生产技术、工艺及产品质量性能国内领先，注重绿色发展，加强人才队伍建设，有较好的品牌影响力，具备发展成为相关领域国家级知名企业的潜力
专项条件	经济效益	截至上年末的近2年主营业务收入或净利率的平均增长率达到5%以上，企业资产负债率不高于70%
	专业化程度	截至上年末，企业从事特定细分市场时间达到3年及以上；主营业务收入占营业收入的比例达70%以上；主导产品在细分市场的占有率位于全省前3位，且在国内细分行业中享有较高知名度和较大影响力
	创新能力	企业拥有有效发明专利2项或实用新型专利、外观设计专利、软件著作权5项及以上；自建或与高等院校、科研机构联合建立研发机构，设立技术研究院、企业技术中心、企业工程中心、院士专家工作站、博士后工作站，企业在研发设计、生产制造、供应链管理等环节，至少1项核心业务采用信息系统支撑
	经营管理	企业拥有自主品牌；取得相关管理体系认证，或产品生产执行国际、国内、行业标准，或是产品通过发达国家和地区产品认证

数据来源：中国工信部网站。

（三）　"专精特新"企业与市场化资本

在"专精特新"企业的成长过程中，市场化资本能发挥一定的支撑功能。工信部公布的三批"专精特新""小巨人"企业共有4922家，其中在A股上市的约有300家，曾在新三板挂牌的有760家，包括仍在新三板挂牌的350家、已转板进入北交所的17家及已退市的393家。证监会明确表示要推动健全资本市场服务中小企业创新发展的全链条制度体系，着力打造符合中国国情、有效服务"专精特新"中小企业的资本市场专业化发展平台。新三板分层体系改革和北京证券交易所的设立，不仅可给中小企业后续直接融资提供重要支持，也可以为早期风险投资提供顺畅的退出机制，有利于提高风险投资对科创型中小企业的投资热度，激发其投融资积极性，形成投资闭环。

综上所述，多层次资本市场对科技型中小企业的发展支撑模式正在逐步走向成熟。但一方面，企业在资本市场挂牌上市依然面临一定的门槛，中小企业的早期资本来源和可获得性依然值得关注。另一方面，资本与企业的结合是市场化的，风险投资机构和科技型创业企业间依然存在严重的信息不对称和高代理成本问题，市场化资本，特别是风险资本对早期企业发展的影响作用和实践结果还亟待验证。

三 文献回顾与研究假设

（一）风险投资与"专精特新"企业

风险投资对投资标的企业影响的相关研究显示，风险投资对被投资企业的作用超越了传统意义上的融资活动，Gompers（1995）指出，风投主要通过加强对企业的监管来减少企业代理成本，从而改善企业IPO后的绩效表现。后续研究还显示，风投机构还可以通过改变董事会构成（Brav和Gompers，1997；Bottazzi等，2008）、更替首席执行官和更加专业的监督来改善企业治理，降低企业内部与外部投资人之间的信息不对称，提高企业的绩效（Hellmann和Puri，2002；Cornelli等，2013）。

然而，风险投资也可能对被投资企业产生负面影响。一方面，风险投资的主要目的之一是从企业IPO过程中获得资金回报，在上市后顺利退出。自身利益诉求可能使得风投过于关注短期利益，在追求自身短期利益的同时可能会忽视增强被投资企业的长期竞争力，从而给企业的经营管理带来负面影响，产生道德风险问题（Gompers，1996；Lee 和 Wahal，2004）。另一方面，年轻的风险投资机构渴望建立行业声誉，急于将未成熟的企业推出上市，也会导致有风险投资的企业在上市时和上市后的表现不如没有风投背景的企业。风投的这一特点体现了"逐名动机"（Grandstanding）假说，即风险投资急于通过业绩建立行业声誉，保持较大的流动性，为后续的投资活动做准备。陈工孟等（2011）以香港主板市场上市企业为样本的研究结果也证实了逐名动机假说，即风投机构通过折价上市退出被投企业来建立声誉。他们发现有风投背景企业的上市抑价率显著高于无风投背景的企业。

本文认为既有研究结论差异的部分原因是未能充分考虑外部资本市场环境和被投资企业类型差异的影响。首先，由于海外有类似 NASDAQ 高科技证券市场的存在，海外风险投资特别偏好拥有独有专利和技术的企业（Hellmann 和 Puri，2000；Häussler 等，2012），高科技行业的创新型企业是海外风险投资重点扶持的对象之一。但我国科创板正式成立于 2019 年，而北交所更是在 2021 年才建立，在此之前并不存在支撑高科技企业的资本市场，因此风投机构投资科技型企业在国内的退出机制并不顺畅、预期资本回报受限。其次，即使对于科技型企业的风险投资而言，在我国，风险投资的传统偏好为互联网+服务业（商业模式创新）类科技型企业，如美团、滴滴、B 站等，这类企业往往可以通过不断融资、"花钱烧流量"来快速获得客户和市场份额，即使不考虑盈利，用户数据就足以支撑其在海外获得高估值并在海外资本市场上市。而对于制造业科技型企业，业务规模无法通过利用资本快速扩张、创新研发投入大且回报慢、市场容量有限及退出机制不明确等因素很容易成为风险投资的障碍。最后，如前文所述，国家级"专精特新""小巨人"企业的评选主要从重点领域、专业化程度、创新能力等多个方面规定申报条件，此类标准与以成长性、盈利性和估值等为要求的 IPO 发行上市条件相比差异较大。若代理理论有效，风险投资机构如能更好地与创业者理念一致、对追求长期创新的价值理念趋同，被投企业获得风投资金注入后，可通过缓解融资约束增强创新动能，更有机会成长为"专精特新""小巨人"企业。但如果风投机构由短视动机和逐名动机所驱动，被投企业将被迫更多地追求短期的经济效益，如收入增长、利润率提升等，扩张市场份额的投入对企业长期投资形成挤出效应，从而降低研发投入，企业很可能成为一个规模增长迅速但核心硬科技能力"平庸"的企业，即使成功上市也无法成长为"专精特新""小巨人"企业。

基于以上分析，对于风险投资与企业成长为"专精特新""小巨人"企业之间的关系，本文提出竞争性假设H1：

H1a：在其他条件不变的情况下，受到风险投资的科技型中小企业成长为"专精特新""小巨人"企业的可能性更高。

H1b：在其他条件不变的情况下，受到风险投资的科技型中小企业成长为"专精特新""小巨人"企业的可能性更低。

（二）风险投资类型与"专精特新"企业

进一步来看，不同的风险投资机构类型和风投合约设计对其在被投企业中起到的作用可能不同。首先，知名风投机构由于已有品牌效应，"逐名动机"将得到有效控制，其对成长速度更慢的制造业中小企业的投资动机可能增强。其次，Tian和Wang（2014）发现风投机构对失败的容忍程度是影响企业创新的重要因素。他们用风投机构是否愿意持续投资表现较差的企业来衡量风投机构对失败的容忍程度，发现容忍程度越高的风投机构，被投企业创新能力越卓越。品牌风投机构已构建了充足的投资标的企业池，因此对单个投资标的的失败容忍程度更高，对于被投企业不断创新试错的容忍度也更高。最后，从风投模式对融资企业的影响来看，陆瑶等（2017）和Bubna等（2020）发现风投企业间的相互监督和制衡可以规避其短视行为，联合投资（Syndication Investment）对企业创新有更大的促进作用。基于以上分析，本文提出假设H2：

H2：在其他条件不变的情况下，受到品牌风投机构或受到风投机构联合投资的科技型中小企业成长为"专精特新""小巨人"企业的可能性更高。

（三）风险投资合约与"专精特新"企业

风险投资合约中重要条款的设计也会对企业创新发展产生影响，尤其是风投合约中的对赌协议条款。对赌协议（Valuation Adjustment Mechanism，VAM）是风险投资机构与创业者约定未来事件未达到而索取的赔偿或权利，是其用于转移风险给创业者的重要合约机制。关于对赌协议对目标企业的影响，相关研究有不同的结论。部分研究认为对赌协议对目标企业有正向影响，比如，刘子亚等（2015）通过对创业板企业对赌协议的研究认为，对赌协议对风险投资来说是有效的利益保护条款，在一定程度上帮助企业及时得到融资，但对赌协议的成功也需要联合投资、分阶段投资和风险投资参与管理等；刘子亚等（2016）利用创业板案例分析得出分阶段投资或者对赌协议都与来自被投企业的回报率呈正向关系。

然而，另一部分文献主张对赌协议对目标企业长期发展有一定的阻碍，比如，姚铮等（2011）发现对赌协议会影响目标企业的业务经营，例如估值调整条款对业绩的增长有一定的推动作用，但也有很大的弊端。这类条款一般涉及业绩目标和现金或者股权赔偿，基本上是看短期的业绩，容易使得创业者急功近利，更关注短期利润，推动企业通过用一系列的盈余管理的操作，包括减少研发支出或者给客户提供更多优惠等来达到业绩目标，从而降低企业的竞争力，影响业绩的可持续性。于辉和邓杰（2020）通过理论建模研究也提出，对赌协议扭曲了被投资企业的运营行为，其应该选择与战略目标一致的对赌目标以及适当的目标难易程度。

本文认为，一方面，签订对赌协议有可能推动制造业科技型中小企业的发展，主要原因在于，①签订对赌协议降低了风投机构投资风险，使风投机构愿意注入更多的资金，从而显著削弱企业融资约束。不同于服务型企业的融资目的主要是获客，制造业企业融资的目的主要是进行固定资产投资、扩张团队和加强研发等经营活动。制造业领域企业的竞争中订单服务能力和产品交付质量是关键，较为充足的现金流能使制造业创新企业更好地利用资源开拓业务，持续探索新技术，探索提质增效的创新机会。②具有工匠精神的中小制造型企业的企业家往往会趋于保守，对赌协议能更好地激励企业家设定更高、更明确和清晰的长期发展目标与战略，更好地与技术型创业者形成互补，激发创业者潜力，减少创业者接受投资后的道德风险。基于此，本文提出假设H3a：

H3a：在其他条件不变的情况下，风险投资与创业者签订对赌协议使得目标企业成长为"专精特新""小巨人"企业的可能性上升。

但从另一方面，如果创业者没有完成对赌协议所约定目标，将会触发赔偿机制。从很多对赌案例中可以看出对赌赔偿金额巨大，有些甚至会让创业者失去企业控制权，因此，巨额业绩对赌压力可能会让一个具有工匠精神的创业者变得短视，只注重短期业绩，产生赌徒心理。创新是一个长期价值创造的行为，是需要长期投入的风险项目，签订对赌协议的企业家迫于压力，会选择一些风险相对小但发展潜力一般或者短期内能有较大收益的项目，从而减少创新投入和创新绩效产出（短视主义假说）。基于此，本文提出假设H3b：

H3b：在其他条件不变的情况下，风险投资与创业者签订对赌协议使得目标企业成长为"专精特新""小巨人"企业的可能性下降。

四 研究设计

（一）样本选择和数据来源

鉴于第一批"专精特新""小巨人"企业于2019年5月提出，本文选取2019年之前的所有新三板企业作为样本。截至2022年2月底，共有13495家企业曾经挂牌新三板，其中，有6892家企业现在仍挂牌新三板，86家已成功转板进入北京证券交易所（北交所），剩余6517家企业从新三板退市。截至2022年2月底，工信部公布的三批"专精特新""小巨人"企业共有4922家，其中在A股上市的有300家左右，曾在新三板挂牌的有760家，包括仍在新三板挂牌的350家、已转板进入北交所的17家及已退市的393家，由于未挂牌（上市）的"专精特新""小巨人"企业的数据完整性、及时性、可靠性与可获得性较差，本文的研究样本主要为这760家曾在新三板挂牌的"专精特新"企业。

本文数据来源于东方财富Choice数据库、清科研究中心及手工收集的风险投资对赌协议相关数据。本文对于风投机构注资的判断是通过将每年前十大股东名字与风投机构名称相匹配，从而得到一个被风投注资企业的名单。前十大股东的数据来自东方财富 Choice 数据库，风投机构名称从以下三个途径获取：①从投中数据库（CVSource）获得风投机构及其旗下基金的名称；②从中国证券投资基金业协会的官方网站上获取所有私募机构及其募集的基金名称；③从清科私募通网站上获取战略投资者的名称。通过合并前十大股东和风投名称共获得 12323 起风投机构投资事件，共涉及4792 家新三板企业。关于风投机构的品牌知名度，本文基于清科研究中心历年发布的创业投资机构 100 强名单，通过匹配投资者名称与百强名单来进行确定。

风投机构对赌协议相关信息一般出现在两类文件里，一类是公开转让说明书，另一类是股票发行情况书。首先，找到曾经签订对赌协议的企业。通过在东方财富 Choice 数据库里搜索公告关键词（"对赌""回购""补充协议""估值调整""业绩"）的方法，找到这两类公告中包含这些关键词的文件，再通过逐个文件阅读找出曾经签订对赌协议的企业。通过这一系列的数据筛选，共收集到 1569 家被风投注资的新三板企业签订了对赌协议。其次，通过将风投注资数据与对赌协议数据与本文样本进行逐一匹配，得出 1312 家（7575 个企业年）被风投注资的企业以及 424 家（2303 个企业年）签订对赌协议的企业。为了保证样本的合理性，只保留了与"专精特新"企业在同一行业里的新三板挂牌企业，并计算同行业非"专精特新"企业营业收入与"专精特新"企业营业收入差值的绝对值，并进行排序，将与"专精特新"企业营业收入相近的前五家企业作为控制样本，且保证营业收入之差不大于营业收入的标准差。之所以选择营业收入进行匹配是因为"专精特新"的分类条件中特别提出了营业收入要求。最后，剔除了 Choice 数据库中没有财务信息的企业，为了避免极端值造成回归结果的偏差，本文所有的连续变量都进行了上下 1% 水平的缩尾处理（Winsorize）。获得3066 家新三板企业的 16649 个企业年研究样本，其中有 675 家"专精特新"企业的 3718 个企业年研究样本，2391 家非"专精特新"企业的 12931 个企业年研究样本。

（二）研究模型与变量度量

为了检验研究假设 H1，设置如下实证模型：

$$ZJTX_{it} = \beta_0 + \beta_1 VCInvest_i + \beta_2 Edu_i + \beta_3 Male_i + \beta_4 Age_{it-1} + \beta_5 TopShares_{it-1} +$$
$$\beta_6 Sales_{it-1} + \beta_7 ROA_{it-1} + \beta_8 RDExp_{it-1} + \beta_9 FirmAge_{it-1} + \beta_{10} BadDebt_{it-1} +$$
$$\beta_{11} Intangibility_{it-1} + \beta_{12} Lev_{it-1} + \beta_{13} CashEqui_{it-1} + FixedEffects + \epsilon_{it} \quad (1)$$

其中，被解释变量 $ZJTX$ 是衡量是否为"专精特新"企业的虚拟变量，若企业被工信部认定为"专精特新""小巨人"企业，则赋值为 1，否则为 0。解释变量为 $VCInvest$，为虚拟变量，用于衡量企业是否得到风投机构注资。参考前人关于中小企业成功因素的研究（如 Storey，1994；Davidsson 等，2010），模型（1）加入了创业者层面及企业层面的相关控制变量，创业者层面的控制变量包括创业者受教育程度（Edu）、创业者性别（$Male$）、创业者年龄（Age）；企业层面的控制变量包括企业控股股东持股比例（$TopShares$）、营业收入的自然对数（$Sales$）、资产收益率（ROA）、总研发支出的自然对数（$RDExp$）、企业年龄的自然对数（$FirmAge$）、坏账准备占总资产比例（$BadDebt$）、无形资产占总资产比例（$Intangibility$）、资产负债率（Lev）及现金等价物占总资产比例（$CashEqui$）。

模型（2）用来检验假设 H2 和假设 H3：

$$ZJTX_{it} = \beta_0 + \beta_1 VCInvest_i + \beta_2 GoodVC_i + \beta_3 NumOfVC_i + \beta_4 VAM_i + \beta_5 Edu_i +$$
$$\beta_6 Male_i + \beta_7 Age_{it-1} + \beta_8 TopShares_{it-1} + \beta_9 Sales_{it-1} + \beta_{10} ROA_{it-1} +$$
$$\beta_{11} RDExp_{it-1} + \beta_{12} FirmAge_{it-1} + \beta_{13} BadDebt_{it-1} + \beta_{14} Intangibility_{it-1} +$$
$$\beta_{15} Lev_{it-1} + \beta_{16} CashEqui_{it-1} + Fixed\ Effects + \epsilon_{it} \quad (2)$$

其中，模型（2）中的 $\beta_1 \sim \beta_3$ 是用来检验风投投资及其特征与企业是否被评为"专精特新"企业之间的关系，β_4 是衡量风投机构与企业签订的对赌协议是否阻碍或促进企业成长为"专精特新"企业。由于风投不同特征与是否签订对赌协议呈强相关性，本文在研究该问题时将基于不同研究变量的回归结果分开展示。$GoodVC$ 是虚拟变量，用于衡量企业是否被知名度高的风投机构注资，知名度高的风投机构是指属于当年清科研究中心公布的排名前 100 的风投机构，$GoodVC$ 赋值为 1，否则赋值为 0。样本中有 755

家企业是被知名度高的风投机构注资。*NumOfVC* 用于衡量企业在样本期内被多少家风投机构注资，该变量中位数为2。对赌协议用 *VAM* 虚拟变量来衡量，若企业与风投机构签订对赌协议，则赋值为1，若没有则赋值为0。控制变量与固定效应均与模型（1）类似。

另外，本文以所有被风投机构投资的企业为样本，进一步对假设H2品牌风投机构投资和假设H3对赌协议的作用进行研究。在风投机构投资的1312家企业（7575个企业年）中，有345家企业（1996个企业年）被评为"专精特新"企业，967家企业（5579个企业年）未被评为"专精特新"企业，变量定义详见表2。

表2 变量定义表

变量名称	变量定义
因变量	
ZJTX	企业是否被评为"专精特新"企业，是为1，否为0
自变量	
VCInvest	是否被风投机构投资，是为1，否为0
GoodVC	是否被排名前100的风投机构注资，从清科官网获取
NumOfVC	注资的风投机构数量
VAM	是否与风投机构签订对赌协议，是为1，否为0
控制变量	
Edu	创业者受教育程度，本科以下为0，本科为1，研究生为2，博士或MBA或EMBA为3
Male	创业者性别，男性创业者为1，女性创业者为0
Age	创业者年龄
TopShares	企业控股股东持股比例
Intangibility	无形资产占总资产比例
Lev	资产负债率（总负债除以总资产）
Sales	营业收入的自然对数
FirmAge	企业年龄的自然对数
CashEqui	现金等价物占总资产比例
ROA	资产收益率（营业利润占总资产比例）
RDExp	总研发支出的自然对数
BadDebt	坏账准备占总资产比例
StrongIndChain	企业是否处于强产业链行业，如果是则取值为1，否则为0
StrongMktIndex	企业是否处于制度化环境较好的省份，根据每年王小鲁等（2019）市场化指数中位数将不同省份分为高市场化指数与低市场化指数，若企业所在省份在样本观景期间均为高市场化指数，则该企业所有观测值为高市场化指数，其余企业均被视为处于低市场化指数地区

（三）描述性统计

描述性统计如表 3 所示，全样本有 3066 家企业（16649 个企业年），受到风投注资的有 1312 家企业（7575 个企业年），非风投注资的有 1754 家企业（9074 个企业年），可以发现，全样本中有 22% 的企业（22.3% 的企业年）是"专精特新"企业（ZJTX），在风投注资的企业样本中，有 26.3% 的企业（26.3% 的企业年）是"专精特新"企业（ZJTX），而在非风投注资的企业中只有 18.8% 的企业（19% 的企业年）是"专精特新"企业（ZJTX）。从描述性统计可以看出，风投注资的企业中被评为"专精特新"企业的比例更高，从某种程度上侧面印证了假设 H1。而被风投注资的企业中，有 57.5% 的企业（55.7% 的企业年）被排名前 100 的投资机构投资（GoodVC），平均 3 家投资机构注资同一家企业（NumOfVC），并且有 32.3% 的企业（30.4% 的企业年）签订了对赌协议（VAM），平均投资 7.1% 的企业股份。

表 3 样本描述性统计

样本数（企业年）	全样本企业 (16649)				风投注资的企业 (7575)		非风投注资的企业 (9074)	
变量	P25	中位数	均值	P75	中位数	均值	中位数	均值
ZJTX	0.000	0.000	0.223	0.000	0.000	0.263	0.000	0.190
VCInvest	0.000	0.000	0.455	1.000				
GoodVC	0.000	0.000	0.253	1.000	1.000	0.557		
NumOfVC	0.000	0.000	1.347	2.000	2.000	2.960		
VAM	0.000	0.000	0.138	0.000	0.000	0.304		
Edu	0.500	1.000	1.213	2.000	1.000	1.363	1.000	1.088
Male	1.000	1.000	0.867	1.000	1.000	0.846	1.000	0.885
Age	43.143	48.000	48.271	53.000	48.000	48.013	48.000	48.486
TopShares	0.402	0.537	0.532	0.693	0.499	0.490	0.580	0.566
Sales	8.604	9.188	9.145	9.756	9.336	9.276	9.077	9.035
ROA	0.011	0.052	0.058	0.106	0.056	0.057	0.048	0.058
RDExp	0.000	5.862	4.396	6.655	6.272	5.015	5.525	3.879
FirmAge	2.079	2.485	2.387	2.708	2.485	2.374	2.485	2.397
BadDebt	0.025	0.056	0.068	0.084	0.056	0.068	0.056	0.068
Intangibility	0.002	0.029	0.045	0.067	0.032	0.048	0.025	0.043
Lev	0.316	0.467	0.471	0.616	0.430	0.439	0.499	0.498

样本数（企业年）	全样本企业				风投注资的企业		非风投注资的企业	
	(16649)				(7575)		(9074)	
变量	P25	中位数	均值	P75	中位数	均值	中位数	均值
CashEqui	0.045	0.104	0.194	0.222	0.119	0.216	0.093	0.175
StrongIndChain	0.000	1.000	0.633	1.000	1.000	0.667	1.000	0.605
StrongMktIndex	1.000	1.000	0.807	1.000	1.000	0.810	1.000	0.804

五 实证结果与分析

（一）风险投资与"专精特新"企业

表4报告了研究假设H1基于全样本的回归结果，其中列（1）～（3）利用了Logit回归模型，而列（4）～（6）利用了OLS回归模型。回归模型中分别控制了行业、年度、企业所在城市固定效应，以及年度乘以行业和年度乘以城市固定效应，回归时分别将标准差在城市和行业层面进行了聚类。所有列的回归结果都显示风险投资与被投企业未来成长为"专精特新"企业之间呈正相关关系，VCInvest 变量在所有回归中都在1%水平上显著。列（6）回归结果显示当企业被风投注资后，其被评为"专精特新"企业的概率提高了6.5%（p=0.000），相比于其原本成长为"专精特新"的概率22.3%提高了约29.1%。

表5A报告了研究假设H2和H3的基于全样本的Logit回归结果，具体显示风险投资特征（包括风投机构特征和风投协议特征）与企业成长为"专精特新"企业之间的关系。列（1）～（3）是将风险投资特征变量逐步加入模型（1）中，而列（4）是包含所有风险投资特征变量的模型。回归结果显示，声誉更好的风投机构（GoodVC）的注资会增加企业成长为"专精特新"企业的概率，被更多风投机构联合投资（NumOfVC）的企业会有更高的概率成长为"专精特新"企业，说明风投机构的联合投资对企业成长为"专精特新"企业有正向影响。回归结果也说明对赌协议（VAM）的签订会更好地激励企业，增加其成长为"专精特新"企业的概率。

表4　风险投资与"专精特新"企业（基于全样本）

因变量	Logit 模型 （1） ZJTX	Logit 模型 （2） ZJTX	Logit 模型 （3） ZJTX	OLS 模型 （4） ZJTX	OLS 模型 （5） ZJTX	OLS 模型 （6） ZJTX
VCInvest	0.605***	0.459***	0.447***	0.089***	0.066***	0.065***
	(0.000)	(0.000)	(0.000)	(0.000)	(0.000)	(0.000)
Edu		0.197***	0.195***		0.028***	0.028***
		(0.000)	(0.000)		(0.000)	(0.002)
Male		0.305	0.296		0.040	0.040
		(0.136)	(0.112)		(0.140)	(0.131)
Age		−0.503	−0.498		−0.070	−0.071
		(0.174)	(0.222)		(0.179)	(0.213)
TopShares		−0.432**	−0.405**		−0.058**	−0.055**
		(0.030)	(0.035)		(0.042)	(0.043)
Sales		0.009	0.014		0.001	0.002
		(0.903)	(0.797)		(0.913)	(0.837)
ROA		1.323**	1.285**		0.181**	0.177**
		(0.031)	(0.023)		(0.034)	(0.028)
RDExp		0.071***	0.067***		0.009***	0.009***
		(0.000)	(0.000)		(0.000)	(0.000)
FirmAge		−0.031	−0.026		−0.002	−0.001
		(0.815)	(0.826)		(0.930)	(0.940)
BadDebt		−0.615	−0.607		−0.093	−0.091
		(0.293)	(0.333)		(0.211)	(0.271)
Intangibility		0.610	0.641		0.072	0.075
		(0.397)	(0.208)		(0.466)	(0.304)
Lev		−0.650***	−0.679**		−0.086***	−0.090**
		(0.005)	(0.015)		(0.009)	(0.019)
CashEqui		0.290	0.295***		0.043	0.043**
		(0.116)	(0.009)		(0.139)	(0.017)
行业固定效应	是	是	是	是	是	是
年度固定效应	是	是	是	是	是	是
城市固定效应	是	是	是	是	是	是
年度×行业固定效应	否	否	是	否	否	是
年度×城市固定效应	否	是	否	否	是	否
标准差聚类	无	城市	行业	无	城市	行业
样本量	15600	15141	15488	16649	16649	16649
调整 R² 值	0.131	0.150	0.152	0.157	0.122	0.161

注：*、**、***分别表示在10%、5%、1%的水平下显著，括号内为p值，下同。

由于风投选择的公司可能与未被风投选择的公司有差别，为了更好地展示风投特征影响企业成长为"专精特新"企业的概率，表5B将样本集中于被风投机构投资的企业，再次研究假设H2风投机构类型特征和假设H3风险投资协议特征对被投企业成长为"专精特新"企业的影响，样本总量为6501个企业年，回归结果与表5A基本一致。被排名前100的风投机构投资（GoodVC）、联合投资（NumOfVC）及签订对赌协议（VAM）均对被投企业成长为"专精特新"企业有正向影响。

表5A　风险投资特征与"专精特新"企业（基于全样本）

因变量	(1) ZJTX	(2) ZJTX	(3) ZJTX	(4) ZJTX
VCInvest	0.318***	0.259***	0.371***	0.167***
	(0.000)	(0.000)	(0.000)	(0.008)
GoodVC	0.398***			0.316***
	(0.000)			(0.000)
NumOfVC		0.068***		0.047***
		(0.000)		(0.000)
VAM			0.245***	0.150**
			(0.000)	(0.031)
Edu	0.197***	0.192***	0.196***	0.195***
	(0.000)	(0.000)	(0.000)	(0.000)
Male	0.314***	0.313***	0.296***	0.323***
	(0.000)	(0.000)	(0.001)	(0.000)
Age	−0.497***	−0.467***	−0.487***	−0.469***
	(0.001)	(0.003)	(0.002)	(0.002)
TopShares	−0.396***	−0.372***	−0.393***	−0.370***
	(0.000)	(0.000)	(0.000)	(0.000)
Sales	0.000	−0.012	0.015	−0.015
	(0.999)	(0.696)	(0.627)	(0.638)
ROA	1.295***	1.380***	1.300***	1.372***
	(0.000)	(0.000)	(0.000)	(0.000)
RDExp	0.066***	0.066***	0.068***	0.066***
	(0.000)	(0.000)	(0.000)	(0.000)
FirmAge	−0.027	−0.014	−0.022	−0.016
	(0.632)	(0.803)	(0.693)	(0.781)
BadDebt	−0.568	−0.603*	−0.611*	−0.575*
	(0.102)	(0.082)	(0.078)	(0.098)

续表

因变量	(1) ZJTX	(2) ZJTX	(3) ZJTX	(4) ZJTX
Intangibility	0.675	0.626	0.624	0.651
	(0.101)	(0.127)	(0.127)	(0.114)
Lev	−0.658***	−0.639***	−0.680***	−0.634***
	(0.000)	(0.000)	(0.000)	(0.000)
CashEqui	0.293***	0.283***	0.300***	0.288***
	(0.001)	(0.001)	(0.000)	(0.001)
年度×行业固定效应	是	是	是	是
城市固定效应	是	是	是	是
样本量	15488	15488	15488	15488
调整 R² 值	0.154	0.153	0.153	0.155

表 5B 风险投资特征与"专精特新"企业（基于风投投资企业样本）

因变量	(1) ZJTX	(2) ZJTX	(3) ZJTX	(4) ZJTX
GoodVC	0.490***			0.394***
	(0.000)			(0.000)
NumOfVC		0.084***		0.057***
		(0.000)		(0.000)
VAM			0.341***	0.229***
			(0.000)	(0.001)
Edu	0.219***	0.213***	0.225***	0.215***
	(0.000)	(0.000)	(0.000)	(0.000)
Male	0.195	0.207	0.153	0.220*
	(0.125)	(0.102)	(0.227)	(0.086)
Age	0.114	0.242	0.158	0.222
	(0.634)	(0.312)	(0.507)	(0.354)
TopShares	0.215	0.283*	0.233	0.301*
	(0.167)	(0.070)	(0.135)	(0.055)
Sales	0.029	−0.003	0.059	−0.005
	(0.514)	(0.944)	(0.194)	(0.907)
ROA	−0.214	−0.008	−0.180	−0.047
	(0.557)	(0.983)	(0.622)	(0.898)
RDExp	0.048***	0.048***	0.053***	0.049***
	(0.001)	(0.001)	(0.000)	(0.001)

续表

因变量	(1) ZJTX	(2) ZJTX	(3) ZJTX	(4) ZJTX
FirmAge	−0.203**	−0.174**	−0.182**	−0.183**
	(0.013)	(0.035)	(0.027)	(0.028)
BadDebt	−2.049***	−2.089***	−2.152***	−2.060***
	(0.000)	(0.000)	(0.000)	(0.000)
Intangibility	0.243	0.096	0.104	0.155
	(0.685)	(0.873)	(0.862)	(0.799)
Lev	−0.694***	−0.639***	−0.753***	−0.647***
	(0.000)	(0.001)	(0.000)	(0.001)
CashEqui	0.315***	0.284**	0.322***	0.300**
	(0.008)	(0.017)	(0.007)	(0.012)
年度×行业固定效应	是	是	是	是
城市固定效应	是	是	是	是
样本量	6501	6501	6501	6501
调整R²值	0.137	0.135	0.133	0.141

（二）作用机制检验：风险投资与研发投入

前文研究结果显示企业受到风投机构注资与成长为"专精特新"企业之间具有强相关性，值得进一步探究风险投资对企业成长为"专精特新""小巨人"企业的作用机制。前人文献关注了风险投资对企业创新的作用，但研究结果并不一致。有学者指出风投机构会为被投企业提供战略管理等方面的服务，有利于目标企业引入研发人才、扩大研发团队、获取更多行业经验与资源从而降低创新失败的风险，促进被投企业创新（Kortum 和Lerner，2001；陈思等，2017；王兰芳和胡悦，2017；宋竞等，2021）。但也有学者认为风投机构与被投企业创新水平的正相关来自风投机构的选择能力，而并非其对被投企业创新的促进作用（Engel 和 Keilbach，2007）。Lahr 和 Mina（2016）发现风险投资对被投企业的创新没有显著影响甚至在特定情况下呈现出负面影响。还有一些学者发现风险投资可能还会对初创企业进行价值"攫取"，损害企业创新能力。如温军和冯根福（2018）的研究认为，投资活动通常有很多，投资收益与企业的价值之间并不是完全呈正向相关。在投资期内，风投机构可能会将企业的创新思想"贩卖"给其他利益相关者，榨取企业的创新价值。他们的研究结果表明风险投资损害了中小企业的创新能力，虽然风险投资在传统意义上能够起到监督等作用，但这些正向作用带来的企业创新能力的提高程度低于风投机构对企业创新能力的损害程度。

本文认为既有研究结论的差异可能是由研究样本及研究变量设定差异引起的。首先，对于部分行业而言，例如服务业，创新本身并不是推动企业发展的核心要素，因此混合多行业样本企业的计量回归结果可能不显著。其次，将专利数作为创新的代理变量和风险投资之间也可能具有一定的内生性，例如，风险投资机构对专利产出水平较高的企业兴趣更大，因此可能偏向于投资拥有更多专利的企业。最后，将成熟上市公司作为研究对象会很难区别企业被投资后创新绩效的来源，例如专利产出究竟是源于风投注资后企业的研发，还是企业融资后购买的外部专利。

因此，本文通过检验风投注资后是否增加真实研发投入来检验风投注资对企业被评为"专精特新"企业的潜在作用机制。本文基于所有被风投注资的企业来检验这一作用机制，研究变量 $VCInvest\_Post$ 是用来衡量风投注资之后的年份的虚拟变量，其正向显著说明企业被风险注资之后，真实研发投入与被投资前相比显著增加。控制变量为企业相关财务变量，回归模型中还控制了公司及年份的固定效应。表6报告了实证回归结果。$VCInvest\_Post$ 在1%水平上显著为正，显示风险注资后被投资的中小制造业企业的研发投入增加，进而增加了其被评为"专精特新"企业的概率。

表6 风险投资注资后的研发投入（作用机制）

因变量	(1)	(4)
	RDExp	RDExp
VCInvest_Post	0.629***	0.180*
	(0.000)	(0.090)
TopShares		−0.164
		(0.789)

因变量	(1)	(4)
	RDExp	RDExp
Sales		1.158***
		(0.000)
ROA		−2.005***
		(0.000)
FirmAge		0.700
		(0.108)
BadDebt		−0.739
		(0.236)
Intangibility		1.366
		(0.156)
Lev		−0.720***
		(0.009)
CashEqui		−0.009
		(0.948)
年度固定效应	是	是
公司固定效应	是	是
标准差聚类	公司	公司
样本量	7575	7575
调整 R^2 值	0.449	0.482

（三）作用异质性分析：产业链属性的分组检验

"专精特新"企业的特殊性还在于其核心价值体现在产业链中。"专精特新"企业往往承担着重要的"补链"和"强链"功能，因此如果产业链上下游关系比较紧密，属于强产业链行业，那么上下游企业对于标的企业的助力会更大。例如下游核心企业可以通过供应链融资来缓解中小企业面临的融资约束，供应商和企业之间可形成长期稳定的供应商—企业订单关系，降低企业的经营风险，并可能弱化风投对企业而言的价值。因此，本文预测在不同紧密程度的产业链中，风险资本对于企业成长为"专精特新"企业的影响有显著差异。基于工信部重点产业链目录，将上下游包含3个（含）以上不同类型行业部门的汽车、船舶和航空航天制造、集成电路、消费电子、装备制造、农用物资机械、医药制造等行业定义为强产业链行业，将上下游包含不足 3 个不同类型行业部门的行业定义为弱产业链行业，并基于样本公司所处的行业将其归类到强（弱）产业链行业中。①表 7 是将企业所处行业分为强产业链行业与弱产业链行业后，通过分组回归研究产业链紧密程度对前文回归结果的异质性影响。

从表 7 的结果可见，风险投资变量 *VCInvest* 在弱产业链行业分组中的结果要显著强于在强产业链行业分组中的结果，列（2）的回归系数为 0.631，显著高于列（1）的回归系数 0.368，组间系数检验的结果也在 5% 的水平上显著。基于产业链强弱的异质性分析的结果显示风险投资与企业成长为"专精特新"企业之间的正向关系在强产业链产业中被削弱，说明在强产业链融合下，上下游企业间的相互助力会降低企业自身要素特征对其发展的影响，研究结果显示了产业链紧密融合对于"专精特新"企业发展的重要性。

表 7　风险投资与"专精特新"企业——基于行业产业链强弱程度分组结果

因变量	强产业链行业	弱产业链行业
	（1）	（2）
	ZJTX	*ZJTX*
VCInvest	0.368***	0.631***
	(0.000)	(0.000)
Edu	0.178***	0.160***
	(0.000)	(0.000)
Male	0.306***	0.276*
	(0.007)	(0.085)
Age	−0.766***	−0.248
	(0.000)	(0.457)
TopShares	−0.282**	−1.007***
	(0.015)	(0.000)
Sales	0.121***	−0.174***
	(0.002)	(0.007)
ROA	0.563*	3.196***
	(0.079)	(0.000)

---

① 限于篇幅，产业链分类的具体名单可联系通讯作者获得。

因变量	强产业链行业 (1) ZJTX	弱产业链行业 (2) ZJTX
RDExp	0.040***	0.122***
	(0.001)	(0.000)
FirmAge	−0.100	0.170
	(0.162)	(0.127)
BadDebt	−0.659	−1.124
	(0.122)	(0.150)
Intangibility	1.316***	1.301*
	(0.010)	(0.097)
Lev	−1.311***	−0.099
	(0.000)	(0.670)
CashEqui	0.254***	0.390*
	(0.010)	(0.078)
年度×行业固定效应	是	是
城市固定效应	是	是
样本量	9681	4634
调整 R^2 值	0.156	0.207
VCInvest 差值（2）-（1）(P值)	0.263** （0.040）	

注：*、**、***分别表示在10%、5%、1%的水平下显著。组间系数检验"P值"用于检验假设变量组间系数差异的显著性，基于似无相关模型（SUR）检验得到，下同。

（四）作用异质性分析：制度环境的分组检验

李梦雅等（2021）发现完善的地区制度环境能够对风险投资的创新产出增值作用进行一定的筛选和甄别，矫正风险投资对企业发明专利产出的不利影响，提高企业创新产出质量；随着地区制度环境的不断发展与完善，风险投资支持对企业发明专利和非发明专利的经营绩效均能产生提升作用。本文参考王小鲁等（2019）的市场化指数来衡量企业所在省份的制度环境，该指数已经更新到2019年，即本文研究样本的截止时间，因此，本文直接使用王小鲁等（2019）市场化指数来衡量企业所处制度化环境，若企业所在地当年市场化指数超过当年全国中位值，说明该地区外部制度环境相对较好，取值为1，反之为0。

从表8的结果可见，风险投资变量*VCInvest*在强制度化环境中的结果要显著强于在弱制度化环境中的结果，列（1）*VCInvest*的回归系数为0.574，显著高于列（2）的回归系数−0.039，组间系数检验的结果也在1%水平上显著。该结果与预测结果相符，说明当企业在制度化环境好的地区运营时，风投机构的投入会得到更好的保障，也能更好地监督被投资企业，更有利于风投机构推动企业成长为"专精特新"企业，风投机构对被投资企业成长为"专精特新"企业的正向作用更大。

表8 风险投资与"专精特新"企业——基于制度环境分组结果

	强制度环境省份	弱制度环境省份
	（1）	（2）
因变量	*ZJTX*	*ZJTX*
VCInvest	0.574***	−0.039
	(0.000)	(0.719)
Male	0.200***	0.123**
	(0.000)	(0.024)
Age	0.220**	0.493***
	(0.025)	(0.008)
TopShares	−0.769***	1.063***
	(0.000)	(0.008)
Sales	−0.449***	−0.810***
	(0.000)	(0.000)
ROA	0.004	0.054
	(0.918)	(0.436)
RDExp	1.265***	1.175*
	(0.000)	(0.056)
FirmAge	0.068***	0.091***
	(0.000)	(0.000)
BadDebt	−0.075	0.286**
	(0.225)	(0.044)

	强制度环境省份	弱制度环境省份
	（1）	（2）
因变量	*ZJTX*	*ZJTX*
Intangibility	−0.670*	−1.010
	(0.093)	(0.205)
Lev	0.195	3.362***
	(0.675)	(0.001)
CashEqui	−0.499***	−1.307***
	(0.001)	(0.000)
年度×行业固定效应	是	是
城市固定效应	是	是
样本量	12637	2573
调整 R² 值	0.134	0.143
VCInvest 差值（1）−（2）（P值）	0.613*** (0.000)	

注：*、**、***分别表示在10%、5%、1%的水平下显著。组间系数检验"P值"用于检验假设变量组间系数差异的显著性，基于似无相关模型（SUR）检验得到。

（五）稳健性检验与内生性处理

接下来通过多种方式进行稳健性检验，具体包括：①保留2016年之后的观测值进行回归分析，由于"专精特新"的评定是2019年开始的，保留近期的样本会使结果更具代表性；②删除2014年前的风投投资样本，因为时间太久远的投资可能会减弱风投对企业成长为"专精特新"企业的影响；③去除平均营业收入不足5000万元的公司，因为营收低的企业被评为"专精特新"企业的概率较小①。稳健性分析结果显示风投特征 *VCInvest*、*GoodVC*、*NumOfVC* 和 *VAM* 回归系数符号和显著性与主结果保持一致，说明本文结论较为稳定。

---

① 对于上年度营业收入不足5000万元参评"专精特新""小巨人"的企业，需要同时满足近2年内新增股权融资额（实缴）8000万元（含）以上，且研发投入经费3000万元（含）以上，研发人员占上年职工总数比例50%（含）以上，创新成果属于"二、重点领域"细分行业关键技术，并有重大突破。

表9A　风险投资特征与"专精特新"企业（保留 2016 年之后的样本）

因变量	(1) ZJTX	(2) ZJTX	(3) ZJTX	(4) ZJTX
VCInvest	0.395***	0.289***	0.248***	0.304***
	(0.000)	(0.000)	(0.006)	(0.000)
GoodVC		0.351***		
		(0.000)		
NumOfVC			0.057***	
			(0.004)	
VAM				0.292***
				(0.004)
年度×行业固定效应	是	是	是	是
城市固定效应	是	是	是	是
控制变量	是	是	是	是
样本量	7462	7462	7462	7462
调整 R² 值	0.171	0.172	0.172	0.172

注：*、**、***分别表示在10%、5%、1%的水平下显著，下同。

表9B　风险投资特征与"专精特新"企业 （删除 2014 年之前的风投投资样本）

因变量	(1) ZJTX	(2) ZJTX	(3) ZJTX	(4) ZJTX
VCInvest	0.452***	0.322***	0.310***	0.369***
	(0.000)	(0.000)	(0.000)	(0.000)
GoodVC		0.411***		
		(0.000)		
NumOfVC			0.058***	
			(0.002)	
VAM				0.295***
				(0.001)
年度×行业固定效应	是	是	是	是
城市固定效应	是	是	是	是
控制变量	是	是	是	是
样本量	12568	12568	12568	12568
调整 R² 值	0.157	0.159	0.158	0.158

表9C　风险投资特征与"专精特新"企业（去除平均营收不足5000万元的公司）

	（1）	（2）	（3）	（4）
因变量	ZJTX	ZJTX	ZJTX	ZJTX
VCInvest	0.488***	0.321***	0.279***	0.426***
	(0.000)	(0.000)	(0.000)	(0.000)
GoodVC		0.497***		
		(0.000)		
NumOfVC			0.073***	
			(0.000)	
VAM				0.213***
				(0.004)
年度×行业固定效应	是	是	是	是
城市固定效应	是	是	是	是
控制变量	是	是	是	是
样本量	12884	12884	12884	12884
调整R²值	0.165	0.168	0.167	0.165

　　本文的实证结论可能面临样本选择偏差问题，为此参考张学勇和张叶青（2016）使用的倾向得分匹配法（PSM）来控制企业被风投机构投资的概率来解决这一问题。首先，本文使用VCInvest哑变量作为被解释变量，创业者特征、公司规模、盈利能力、资产负债率和公司年龄等作为解释变量，以及行业乘以年份及城市的虚拟变量进行Logit回归，计算倾向得分值。然后，根据倾向得分值，按照最近邻匹配1∶1、1∶2、1∶3和1∶5等方法进行匹配，将匹配后结果进行回归分析，匹配后的样本都通过了平衡性检验要求①。

　　在使用倾向得分匹配法后，对匹配样本再次回归的结果列示在表10中，其中列（1）～（4）中VCInvest变量依然保持正向显著，显示本文的研究结论在控制样本选择偏差后依然保持稳健。

---

① 由于篇幅有限，关于倾向得分匹配法的平衡性检验结果未在正文中详细呈现，有需要者可以联系通讯作者获得。

表10　风险投资与"专精特新"企业（倾向得分匹配法）

因变量	1:1匹配	1:2匹配	1:3匹配	1:5匹配
	(1)	(2)	(3)	(4)
	ZJTX	ZJTX	ZJTX	ZJTX
VCInvest	0.435***	0.423***	0.463***	0.449***
	(0.000)	(0.000)	(0.000)	(0.000)
年度×行业固定效应	是	是	是	是
省份固定效应	是	是	是	是
控制变量	是	是	是	是
样本量	6516	9565	11194	12821
调整 R^2 值	0.162	0.157	0.156	0.154

注：*、**、***分别表示在10%、5%、1%的水平下显著。

风险投资和企业被评为"专精特新"企业之间的正相关关系还可能面临内生性问题，即由于风投机构选择投资标的企业的专业性，其投资标的企业本身就可能有更高的概率被评为"专精特新"企业。因此，参考张学勇和张叶青（2016）、华岳等（2019）的做法，使用工具变量法来解决潜在的内生性问题。利用被投企业投资年份所在省份成立的风投机构数量（VCNumber）作为工具变量，一方面，当地省份成立风投机构数量与企业是否被风投注资概率之间应呈显著正相关，符合工具变量的相关性要求，而另一方面，省份成立风投机构数量不会对企业被评为"专精特新"企业的概率有直接影响，满足工具变量的外生性要求。

第一阶段模型中被解释变量为是否受到风投注资，是一个哑变量，故使用 Heckman 二阶段方法来进行回归。参考张学勇和张叶青（2016）使用的企业被投资当年数据进行回归分析，利用 Probit 模型来估算出样本公司被风投机构选择的可能性，以被投企业投资当年的财务数据作为控制变量，并控制了行业和城市的固定效应。在第一阶段回归结果如表11中列（1）所示，当地省份年度成立的风投机构数量（VCNumber）与企业是否被投资的概率之间呈显著正相关（p=0.037），满足工具变量的相关性要求。在第二阶段回归中，加入第一阶段计算的 Inverse Mills Ratio（IMR）并使用 Logit 模型进行回归，第二阶段回归结果如表11中列（2）所示，加入 IMR

之后，*VCInvest* 变量回归系数为 0.396，显著为正（p=0.003），显示风投机构注资对企业被评为"专精特新"企业的正向影响在控制住内生性问题后依然存在，风投机构注资对中小制造业企业的长期创新绩效具有正向影响。

表 11　风险投资特征与"专精特新"企业（工具变量法）

	（1）	（2）
	第一阶段	第二阶段
因变量	*VCInvest*	*ZJTX*
VCNumber	0.106**	
	(0.037)	
VCInvest		0.396***
		(0.003)
IMR		0.451
		(0.353)
年度×行业固定效应	是	否
行业固定效应	是	是
城市固定效应	是	是
控制变量	是	是
标准差聚类	城市	城市
样本量	2824	2666
调整 R² 值	0.222	0.190

注：*、**、***分别表示在 10%、5%、1%的水平下显著。

六　结论与建议

强化科技创新和产业链供给链韧性是中国发展"内循环"的基础，培育重点产业领域的"专精特新"中小企业，打造掌握独门绝技的"单项冠军"或者"配套专家"，是解决产业链"卡脖子"问题的重要举措，培育"专精特新"企业将是我国长期的政策导向。既有研究考察了风险投资对上市企业财务决策等的影响，但鲜有学者将研究对象聚焦到中小制造业企业，探究风险投资对推动中小制造业企业成为创新型企业的影响。通过利用收集的新三板企业风险投资数据，本文深入研究了风险投资在推动企业成长为"专精特新"企业中的作用，并进一步探究风险投资类型和风险投资契约（对赌协议）对推动中小企业成长为创新型企业的影响。

本文主要发现：第一，风险投资，特别是风投机构联合投资和风投对赌协议有助于提高企业成长为"专精特新"企业的概率；第二，进一步的作用机制研究显示，风险投资通过增加企业研发投入来推动企业成长为"专精特新"企业；第三，风险投资与企业成长为"专精特新"企业之间的正向关系在强产业链产业中被弱化，强产业链会弱化企业自身资本要素对其被评为"专精特新"企业的作用；第四，风险投资在强制度环境中对企业成长为"专精特新"企业的作用更为显著。本文的结果在经过一系列的内生性和稳健性检验后依然保持稳定。

我国政府出台了一系列举措来鼓励培养更多的"专精特新"企业，着力激发中小制造业企业创新和创造活力，提高自主创新水平，实现高质量发展。基于本文研究结果，提出如下建议。

第一，优化社会资本特别是充分发挥风险投资在培育中小制造业企业方面的作用。风险资本是企业早期融资的主要来源，但风险投资机构自身也面临来自出资人（有限合伙人LP）的业绩要求，因此一方面可以鼓励更多不同类型的长期投资资金作为LP进入PE/VC领域，使风投机构资金来源多元化，另一方面可以促成"募投管退"的良性循环，特别是发挥多层次资本市场的作用，激发投资动力。

第二，加强新三板和北交所多层次资本市场对科创型中小企业的支持。新三板通过分层改革后在吸引投资方面已经取得了一定成效，但是融资功能弱、交易流动性欠佳依然是困扰挂牌企业的问题。北交所IPO注册制、转板机制和多元化上市标准等相关改革措施，有助于大大激发投资者的投资热情和提升企业的上市积极性，交易所在投资者门槛设定、信息披露和公司治理等方面需要结合中小科技企业的特色予以定制化的安排。

第三，推动银行类金融机构在中小制造业企业融资方面进行更多的产品创新，丰富融资渠道。金融机构在中小制造业企业早期发展中也应更主动地多做"雪中送炭"的工作，推出一些基于创业团队个人信用、企业专利或专有技术的授信产品，加快培养熟悉相关制造业行业或相关技术的人才，对企业的风险进行合理评估，通过差异化定价来控制风险。总体而言，只有推动多种渠道的市场化资本要素共同助力培养出一批又一批的"专精特新""小巨人"企业，才能对我国经济高质量发展形成支撑。

参考文献

[1] 陈工孟、俞欣、寇祥河，2011，《风险投资参与对中资企业首次公开发行折价的影响——不同证券市场的比较》，《经济研究》第5期。

[2] 陈思、何文龙、张然，2017，《风险投资与企业创新：影响和潜在机制》，《管理世界》第1期。

[3] 郝晨、张卫国、李梦雅，2022，《风险投资、国际化战略与企业创新绩效——基于中国创业板上市公司的研究》，《科研管理》第4期。

[4] 华岳、唐雅琳、成程，2019，《风险投资如何影响城市创新——基于政府引导基金的工具变量分析》，《产业经济评论》第1期。

[5] 李梦雅、严太华、郝晨，2021，《风险投资、创新产出质量与企业绩效——基于地区制度环境的调节作用》，《科研管理》第8期。

[6] 刘莉亚、何彦林、王照飞、程天笑，2015，《融资约束会影响中国企业对外直接投资吗？——基于微观视角的理论和实证分析》，《金融研究》第8期。

[7] 刘子亚、张建平，2016，《风险投资对企业实施契约控制的条款分析——基于访谈结果和对创业板的实证研究》，《技术经济与管理研究》第6期。

[8] 刘子亚、张建平、裴丽，2015，《对赌协议在创业板的实践结果》，《技术经济与管理研究》第1期。

[9] 陆瑶、张叶青、贾睿、李健航，2017，《"辛迪加"风险投资与企业创新》，《金融研究》第6期。

[10] 宋竞、胡顾妍、何琪，2021，《风险投资与企业技术创新：产品市场竞争的调节作用》，《管理评论》，第9期。

[11] 王兰芳、胡悦，2017，《创业投资促进了创新绩效吗？——基于中国企业面板数据的实证检验》，《金融研究》，第1期。

［12］王小鲁、樊纲、胡李鹏，2019，《中国分省份市场化指数报告（2018）》，社会科学文献出版社。

［13］温军、冯根福，2018，《风险投资与企业创新："增值"与"攫取"的权衡视角》，《经济研究》第2期。

［14］姚铮、王笑雨、程越楷，2011，《风险投资契约条款设置动因及其作用机理研究》，《管理世界》第2期。

［15］于辉、邓杰，2020，《零售商股权融资"对赌协议"的运营模型分析》，《中国管理科学》第2期。

［16］张学勇、张叶青，2016，《风险投资、创新能力与公司IPO的市场表现》，《经济研究》第10期。

［17］Arvanitis S., T. Stucki. 2014. "The Impact of Venture Capital on the Persistence of Innovation Activities of Start-Ups." *Small Business Economics* 42(4): 849–870.

［18］Bottazzi L., M. R. Da, T. Hellmann. 2008." Who are the Active Investors? Evidence from Venture Capital. " *Journal of Financial Economics* 89(3): 488–512.

［19］Brav A., P. A. Gompers. 1997. "Myth or Reality? The Long-run Underperformance of Initial Public Offerings: Evidence from Venture and Nonventure Capital-backed Companies." *The Journal of Finance* 52(5): 1791–1821.

［20］Bubna A., S. R. Das, N. Prabhala. 2020. "Venture Capital Communities." *Journal of Financial and Quantitative Analysis* 55(2): 621–651.

［21］Cornelli F., Z. Kominek, A. Ljungqvist. 2013. "Monitoring Managers: Does it Matter?" *The Journal of Finance* 68(2): 431–481.

［22］Davidsson P., L. Achtenhagen, L. Naldi. 2010. "Small Firm Growth." *Foundations and Trends in Entrepreneurship* 6(2): 69–166.

［23］Engel D., M. Keilbach. 2007. "Firm-level Implications of Early Stage Venture Capital Investment: An Empirical Investigation." *Journal of Empirical Finance* 14(2): 150–167.

［24］Gompers P. A. 1995. "Optimal Investment, Monitoring, and the Staging of Venture Capital." *The Journal of Finance* 50(5): 1461–1489.

［25］Gompers P. A. 1996. "Grandstanding in the Venture Capital Industry." *Journal of Financial Economics* 42(1): 133–156.

［26］Häussler, C., Harhoff, D., Müller, E. 2012. "To be Financed or not…The Role of Patents for Venture Capital-financing." *ZEW-Centre for European Economic Research Discussion Paper*, (09-003).

［27］Hellmann T., M. Puri. 2000. "The Interaction between Product Market and Financing Strategy: The Role of Venture Capital." *The Review of Financial Studies* 13(4): 959–984.

［28］ Hellmann T., M. Puri. 2002. "Venture Capital and the Professionalization of Start‐up Firms: Empirical Evidence." *The Journal of Finance* 57(1): 169−197.

［29］ Kortum S., J. Lerner. 2001. "Does Venture Capital Spur Innovation? In Entrepreneurial Inputs and Outcomes: New Studies of Entrepreneurship in the United States. "Emerald Group Publishing Limited.

［30］ Lahr H., A. Mina. 2016. "Venture Capital Investments and the Technological Performance of Portfolio Firms." *Research Policy* 45(1): 303−318.

［31］ Lee P. M., S. Wahal. 2004. "Grandstanding, Certification and the Underpricing of Venture Capital Backed IPOs." *Journal of Financial Economics* 73(2): 375−407.

［32］ Storey D. J. 1994. *Understanding the Small Business Sector.* London: Routledge.

［33］ Tian X., T. Y. Wang. 2014. "Tolerance for Failure and Corporate Innovation." *The Review of Financial Studies* 27(1): 211−255.

（责任编辑：李兆辰）

地方择校竞争、高教发展与县域经济增长

——来自全国新建本科校区（院校）的证据

焦银亿　彭箫慧[*]

摘　要： 地方政府正不断探索增强当地经济发展活力的方式，包括鼓励高校新建校区，以校促建。本文以1999~2019年全国县级层面新建本科校区（院校）为研究对象，利用多期双重差分法（DID）、工具变量等因果推断方法进行经验分析，发现与未启用新校区的县相比，启用新校区显著提高了县域人均国内生产总值（GDP）水平，并促进产业结构调整。理论与机制分析表明，启用新校区能给当地经济带来暂时性增长效应和可持续增长效应。一方面，启用新校区引致的人口迁入刺激了对本地商品和服务的需求。另一方面，新校区的要素集聚优势使得当地的金融可用性和利用程度显著提升，创新创业水平提高，并加速了高技术产业集群发展。此外，本文证据也显示地方政府可能将建设新校区视作土地资本化的"马前卒"。

关键词： 地方竞争　新建校区　要素集聚　创新创业　经济增长

一　引言

党的二十大报告指出，教育、科技、人才是全面建设社会主义现代化国家的基础性、战略性支撑。相比于其他参与经济活动的主体，高等院校针对上述三种要素产生的聚合效应更加突出。特别是随着硅谷和波士顿128

---

[*]　焦银亿，博士研究生，山东大学经济研究院，电子邮箱：jiaoyinyi@163.com；彭箫慧（通讯作者），博士研究生，山东大学经济研究院，电子邮箱：pengxiaohui9816@163.com。感谢匿名审稿专家的宝贵意见，文责自负。

号公路等地高科技集群的崛起，具有人力资本生产与知识创造两大功能的高等院校越来越被视为推动地方经济发展的引擎（Jaffe，1989；Abel 和 Deitz，2012；Wang 和 Tang，2020）。中央一直高度重视高等教育，并在 2022 年启动了新一轮"双一流"建设，以增强高等教育系统活力，促进高校学科创新发展。而在经济理论层面，高等教育发展与经济增长之间的相互关系也一直是经济增长理论的研究主题。传统人力资本理论已将较高水平的人力资本与人口和就业增长，以及工资、收入的增长相联系（Glaeser 等，1995；Simon，1998）。而随着内生增长模型与熊彼特式创新增长模型的重要性凸显，一个地区较高的人力资本水平与其较高的生产力相关已毋庸置疑。新近的集聚经济理论则更加强调了人力资本在区域内的集中将有利于加速知识溢出，从而进一步提高生产力、推动创新和促进经济增长（Cermeño，2019；Kerr 和 Robert-Nicoud，2020；Moretti，2021）。因此，作为高等教育的主要载体、人口密集的经济区域和参与市场活动的主体，高等院校校区将在拉动内需、吸引生产要素集聚等方面发挥重要作用。

从现实情况来看，地方政府似乎普遍认同，吸引高校入驻、提升毕业生留省就业率是向现有经济注入活力的有效途径。[①]这催生了地方之间有关新建高校或者校区的竞争。各地通过提供越来越慷慨的资助，包括建设用地、建设资金和人才引进补贴等，吸引优质高校在本地新建分校、校区或研究院（本文将泛化校区的概念，用以指代任何用于本科生或研究生培养的校园）。例如，总投资 64 亿元的山东大学青岛校区，一期工程便获得青岛市 20 亿元的资金支持，而二期工程则由青岛市整体出资代建。济南市和章丘区则通过提供 7800 余亩建设用地和 105 亿元的投资，以将山东大学规划的最大校区（龙山校区）设在章丘区。临汾市与太原市也在山西师范大学主校区的选址上展开了竞争。在临汾市为其提供 2000 余亩建设用地的新校区即将建成之际，山西师范大学于 2021 年通过接收太原市提供的两个已有校区和约 900 亩建设用地后整体搬迁至太原市。尽管难以确定这些补贴在高

---

① 在疫情前，辽宁省对高校毕业生留省就业率有硬性考核指标，黑龙江、吉林、山东等地也对留省就业率提出了要求，但随着疫情冲击、经济下行等因素叠加，毕业生就业压力增大，这一要求被淡化。

校新建校区选址中所起的作用，但就目前而言，高校新建校区而不获得某种形式的当地补贴的情形已十分罕见，越期待发展高等教育的地区通常会越积极地制定补贴政策。①

尽管理论和现实情况都表明，高等学校在推动地方经济发展方面具有独特的优势，但在经验上识别新建校区的经济增长优势存在一定的困难，这也使得目前的经验研究相当局限。首先，校区的位置是内生的。高校本身会基于一些可观测或不可观测的因素来决定新建校区的选址问题。同时，经济发展水平较高的地区通常给予高生产力的高校更多的支持和优惠。②其次，直接以校区为单位来衡量高等教育发展水平的研究仍然处于探索阶段。大多数有关高等教育对经济增长的影响的文献依赖于受教育年限、人力资本产出率和高校创新产出（Abel 和 Deitz，2012）。Valero 和 Van Reenen（2019）采用人均大学数量对这一维度进行了扩展。但这些指标内生于经济发展过程中，难以识别其因果关系。

因果推断方法的引入为评估高等教育与经济发展之间的关系创造了条件。具体地，Liu（2015）、Bonander 等（2016）、Cantoni 和 Yuchtman（2014）以及 Pfister 等（2021）分别使用 DID、PSM-DID 和合成控制法等方法研究了莫里尔赠地法案、历史上新大学的建立和学院升级为研究型大学对区域经济发展和创新的影响。国内的研究则主要集中在宏观测算层面。例如，王征宇等（2011）利用 2001~2007 年全国省份面板数据测算了教育对东中西部地区经济增长的贡献率差异，发现东部受过高等教育的劳动力的作用最为显著，而中部的贡献率却低于西部。王弟海等（2017）利用类似跨省面板数据，在控制了人力资本在公私部门间配置结构的变化后发现，我国教育水平的提高显著促进了经济增长，并且认为我国教育对经济增长的贡献率与其他国家相比差异不大。最近的研究则将劳动力的受教育程度引入增长核算框架，测算其对劳动生产率的影响（陈梦根和侯园园，2021）。仅有部分

---

① 笔者通过数据整理发现，早期新建校区的大部分资金是由老校区的资产置换而来。
② 尽管可以举很多反例，但这一担忧仍然存在。异地校区的反例如中国石油大学（北京）克拉玛依校区，而同城新建校区的反例表明更多的是因为城市功能区规划而非各区县经济发展水平。

研究探讨了高等教育对经济的因果影响，并广泛使用"高校扩招"作为教育冲击（Che和Zhang，2018；Zhao和Wu，2020；方森辉和毛其淋，2021；Kong等，2022）。然而"高校扩招"政策更多的是影响人力资本培养时间长度和个体受教育机会，同时受制于高校毕业生的频繁空间流动，很难确定这一冲击的本地化效应。Wang和Tang（2020）利用大学城设立这一自然实验，研究了大学城建设对地级市城市扩展的影响。他们发现高校的集聚能够促进人口和产业的集聚。然而大学城通常位于市辖区或者开发区，同时，仅高等教育资源集中的地区才会设立大学城，因而可能存在多种事件冲击的叠加影响。

本文与陈东阳等（2021）、赵冉等（2022）的研究相似。他们分别使用10个大城市的区县数据和广东省地级市数据研究了同城校区搬迁或高校引进对本地经济发展的影响。然而这些地区本身经济发达，高等学校众多，因而较难具有代表性。同时，使用市辖区和地级市层面数据难以解决内生性问题，因为新校区建设通常由地级市政府推动，而市辖区政府也具有更多话语权。他们的研究试图说明大学或者校区是如何对当地经济发展产生作用的。本文从数据代表性、模型设置和因果推断方法、机制识别等方面对他们的研究进行了拓展。首先，本文使用1999~2019年全国县市层面的新建本科校区数据，利用多期DID、事件研究法和工具变量等因果推断方法，发现与未启用新校区的县相比，启用新校区能显著提高县域人均GDP水平，并促进产业结构调整。其次，借鉴Krugman（1991）和Helpman（1999）的新经济地理模型，本文构建了与校区相关的经济模型用以解释校区启用带来的暂时性增长效应和可持续增长效应。一方面，校区冲击引致的人口迁入激发了对本地商品和服务的需求，促进了就业结构调整。另一方面，校区的要素集聚优势使得当地的金融可用性和利用程度显著提升，创新创业水平增强，并加速了高技术产业集群发展，从而形成促进本地经济发展的良性循环。此外，地方政府也可能将推进新校区建设作为其土地资本化、实现"以地生财"的"马前卒"。大量文献验证了土地财政在地方经济增长中发挥的独特作用。最后，异质性分析表明，南北方校区呈现下沉和集聚的不同扩散方向可能为南北经济分野提供一种潜在的解释。

本研究涉及大量关于高等教育发展与经济增长之间关系的文献。相比于这类文献，本文可能存在以下创新：第一，现有实证研究主要集中在国家、省或地级市层面（邵宜航、徐菁，2017；赵冉等，2022），部分研究涉及区县（陈东阳等，2021），但也仅选取部分大城市的区县进行分析。本文则首次对全国县级层面的新建本科院校或校区进行实证分析。第二，本文将教育问题融入新经济地理模型来探讨校区可能带来的暂时性增长效应和可持续增长效应。在经验层面，将样本限制在新建校区时该地区属于县或县级市区域，并使用多期 DID 和工具变量两种因果推断方法，较好地解决了内生性问题。高校新建校区多是由地级市政府推动的，同时市辖区多为高新技术开发区，且在行政级别和优惠政策上具有优势。因此，不包含市辖区的县级数据能够较好地满足外生性条件，这一层级的政府通常对新建校区施加的影响较小。第三，本文对高等教育促进经济发展的渠道进行了更深入的分析。多数研究认为大学是人力资本和知识的生产部门，对经济增长的作用主要体现为知识溢出与创新。然而大学还是与家庭类似的劳动力生产部门和产品的最终消费部门。大学也在吸引物质资本、培育社会资本、促进高技术产业集群等方面发挥了重要作用。

本文后续内容组织如下。第二部分为研究背景与理论分析；第三部分为研究设计；第四部分为实证回归结果；第五部分为机制分析与异质性效应；第六部分为结论与政策建议。

二 研究背景与理论分析

（一）研究背景

高校开辟新校区办学是教育系统地理多元化转变的一种形式（Rossi 和 Goglio，2020），并与办学所在地的经济环境密切相关。我国高等教育史上经历了三次较为重要的地理多元化过程。一是 1931~1945 年，受抗战影响，100 余所东部高校内迁至西南、西北地区（余子侠，1995）。二是 1952~1957 年，为逐步改变当时高校集中于少数大城市的状况，几十所高校根据国民经济发展布局进行院系调整，部分高校从沿海迁往内地，锻造了以西安交通大学为代表的"西迁精神"。三是1965~1975年，一批位于沿海省份的重点大学科系根据国家"三线建设"需要，内迁至中西部地区创建分校。这三次地理迁徙为促进西部地区的高等教育发展、支持国家经济建设发挥了重要作用。

然而，改革开放后高等学校的地理多元化则是由城市化和高校自身发展规律所驱动的。特别是1999年高等教育扩招政策实施以后，各地为了缓解学生人数陡然增加与学校"老、小、破"之间的突出矛盾，纷纷采取多种方式缓解校园拥挤问题，促进校区更新。一种方式是利用原有优秀高校资源吸引社会资金办学，举办国有民办二级学院。2003年后，依据教育部印发的《关于规范并加强普通高校以新的机制和模式试办独立学院管理的若干意见》，二级学院逐渐转设为独立学院。此外，根据出资方式的不同，独立学院可能与母校共用校区或者新建校区。独立学院作为高等教育快速供给的一种有效方式，在当时发挥了重要作用。另一种方式是推进原有高校在城市近郊或县市新建校区或者分校，也包括异地办学。两种方式共同塑造了今天的校区分布格局。值得注意的是，受到资金支持、同级行政分割和纵向行政审批权的限制，高校新校区的修建多是由地级市以上政府推动的。例如山东大学青岛校区规划建设时选址即墨市（后撤市设区），但其资金来源、建设协调等工作主要是由青岛市政府负责并推动的。陈东阳等（2021）也认为由于市级政府通常在多个区县备选新校区，县级政府对新校区的建设不具有决定权。[①]从这一意义上讲，对于县级政府而言，是否能够引进高校新校区受到许多自身难以干预的因素影响，因而可以认为新校区进入对县级经济区（特别是排除市辖区以后）的经济发展是一个相对外生的事件冲击。

基于新校区启用在促进县域经济发展方面的独特优势，本文以教育部公布的截至2021年9月的全国1270所本科院校为样本（其中，849所公办院校，412所民办院校，9所合作办学），从各高校官网收集整理了1999~2021

---

① 陈东阳等（2021）提供了另外的证据，西南交通大学新建犀浦校区选址时在成都市的郫县（今郫都区）和新都区之间备选，广州小谷围大学城在规划时也在番禺区和花都区之间备选。校区的最终选址还需经过市级政府的反复论证和考察才能确定。

年新建校区数据（见图1）。数据显示，在这一样本期内，已有869所高校在203个地级市（含直辖市）的469个区县启用了1079个新校区。此外，仍然有110个校区正处于施工建设阶段。从发展趋势来看，受高校扩招政策影响，2001~2005年为高校启用新校区的高峰期。同时，这一时期的高校新建校区数量明显大于新建校区的区县数量，这表明校区在某些区县进行了集聚，这与Wang和Tang（2020）的数据相对应。他们统计发现这一时期是中国大学城设立的高峰期。在随后10年的发展过程中，高校启用新校区数量进入了平稳期，而随着"双一流"建设的推进，[①]2016年启用新校区数量呈现上升趋势。

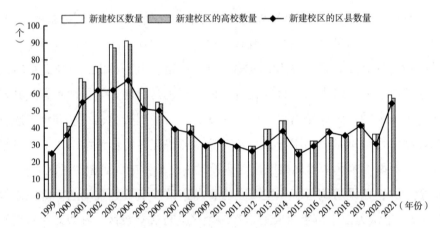

图1 1999~2021年全国新建本科院校（校区）变化趋势

数据来源：根据各高校官网及网络公开资料收集整理。

（二）理论分析与研究假设

Krugman（1991）和Helpman（1999）开发的经济地理模型解释了地区间资源差异如何造就经济发展的路径依赖。Bleakley和Lin（2012）将他们的模型拓展到对交通基础设施的讨论中。基于此，本文假设经济体中存在两个经济区域L_1和L_2，并将大学校区视作类似住房和基础设施投入的地方

---

① 2015年10月，国务院印发《统筹推进世界一流大学和一流学科建设总体方案》，进而拉开了新一轮高校竞争的序幕。同时，在教育部公布的《第五轮学科评估工作方案》中，明确把支撑学科发展的平台资源作为考核指标，这可能是各高校继续扩展校区的一种诱因。

资产。此经济中存在 N 个个体，个体可以在 L_1 和 L_2 之间自由迁移。假定个体偏好用以下 Cobb‑Douglas 效用函数表示：

$$U = c^\alpha d^{1-\alpha} \tag{1}$$

其中，c 表示个体对校区所提供服务的消费；d 表示对异质产品（differentiated products）的消费，其表达式为 CES 函数形式：

$$d = \left[\int_0^n x_j^{\frac{(\delta-1)}{\delta}} dx_j \right]^{\frac{\delta}{(\delta-1)}} \quad \delta > 1 \tag{2}$$

其中，n 表示异质产品种类，x_j 表示个体对第 j 类产品的消费量。δ 既表示各类产品之间的替代弹性，也表示商品的需求价格弹性。

制造业部门生产异质产品，每个企业都是对称的，并用工资 w 雇用唯一的投入要素劳动力进行生产，即成本函数为 $l_i = \beta x_i + b$，其中 x_i 表示 i 地企业的产品产量，l_i 是劳动力投入量，β 是边际成本，b 是企业的固定成本。因此，地区 i 的企业的利润为 $\pi = p_i x_i - w_i(b + \beta x_i)$。则根据需求价格弹性与产品替代弹性相等，厂商的利润最大化条件意味着：

$$p_i\left(\frac{\delta-1}{\delta}\right) = \beta w_i \tag{3}$$

此外，均衡时的零利润条件为：

$$p_i x_i = (b + \beta x_i) w_i \tag{4}$$

联立式（3）和式（4）意味着两地区生产的产品数为常数，且相等：

$$x = \frac{(\delta-1)b}{\beta} \tag{5}$$

根据成本函数 $l = \beta x + b$ 可知，地区 i 的总劳动力需求等于 $(b + \beta x)n_i$，其中，n_i 表示在 i 地生产的产品种类。均衡时，劳动力市场出清，每个地区的劳动力总需求等于劳动力总供给 $[(b + \beta x)n_i = N_i]$，则联立式（5）可得：

$$\delta b n_i = N_i \tag{6}$$

由于地区间贸易存在冰川成本，则 i 地居民购买本地所生产产品的价格为 p_i，购买 j 地所生产产品价格为 tp_i，t 是冰川成本。令 E_i 为 i 地居民的总收入。根据个体偏好、冰川成本结构和式（5），可以得到在 L_1 地生产的产品的供需相等条件：

$$\frac{(\delta-1)b}{\beta} = \frac{p_1^{-\delta}}{n_1 p_1^{1-\delta} + n_2 (tp_2)^{1-\delta}} (1-\alpha)E_1 + \frac{t(tp_1)^{-\delta}}{n_1 (tp_1)^{-\delta} + n_2 (p_2)^{1-\delta}} (1-\alpha)E_2 \quad (7)$$

等号左边为总产出，右边第一项是 L_1 地居民对 L_1 地生产的产品的总需求，第二项是 L_2 地居民对 L_1 地生产的产品的总需求。对称地，可以得到 L_2 地产品的条件。

每一个居民花费 α 比例的收入用于校区消费。因此，i 地居民对校区的总支出为 αE_i。同时校区的收入最终归于家庭，则总支出等于总收入，总收入由劳动收入 $\sum_i w_i N_i$ 和从校区获得的收入 $\alpha(\sum_i w_i N_i)/(1-\alpha)$ 构成。假设每个人都可以从校区中均等获益，则 i 地的居民从校区中获得的收入的比例为 N_i/N。因此，i 地居民的预算约束条件为：

$$E_i = w_i N_i + \frac{\alpha N_i}{(1-\alpha)N} \sum_i w_i N_i \quad (8)$$

校区为当地提供固定服务 C_i，则对校区的人均消费量等于 C_i/N_i。另外，异质产品的人均花费等于 $(1-\alpha)E_i/N_i$。因此，居住在 i 地的个体的效用水平等于：

$$u_i = \left(\frac{C_i}{N_i}\right)^{\alpha} \left[\frac{(1-\alpha)E_i}{N_i P_{di}}\right]^{1-\alpha} \quad (9)$$

其中，P_{di} 是 i 地差异产品的价格指数，可表示为：

$$P_{di} = \left[\int_0^n p_i^{1-\delta} di\right]^{\frac{1}{(1-\delta)}} = \left[n_i p_i^{1-\delta} + n_j (tp_j)^{1-\delta}\right]^{\frac{1}{1-\delta}} \quad j \neq i \quad (10)$$

将产品定价条件式（3）、劳动力出清条件式（6）和预算约束式（8）代入式（9）可计算 L_1 地居民的相对效用函数 $V = u_1/u_2$，即

$$V = \left(\frac{C_1}{C_2}\frac{N_2}{N_1}\right)^{\alpha}\left[\frac{N_2}{N_1}\frac{E_1}{E_2}\frac{P_{d2}}{P_{d1}}\right]^{1-\alpha}$$

$$= \left(\frac{C_1}{C_2}\frac{1-f}{f}\right)^{\alpha}\left[\frac{(1-\alpha)q+\alpha(fq+1-f)}{1-\alpha+\alpha(fq+1-f)}\right]^{1-\alpha}\left[\frac{fq^{1-\delta}+(1-f)t^{1-\delta}}{f(tq)^{1-\delta}+1-f}\right]^{\frac{1-\alpha}{\delta-1}} \quad (11)$$

其中，$f = N_1/N$ 表示在 L_1 地居住的个体比例，$q = p_1/p_2 = w_1/w_2$ 表示相对价格，同时也表示相对工资［等号来自式（3）］。

考虑一类特殊情形，即不存在冰川成本，$t \to 1$。在这一情形下，$p_1 = p_2$，相对价格 q 恒等于1。因此，相对效用函数可简化为：

$$V = \left(\frac{C_1}{C_2}\frac{1-f}{f}\right)^{\alpha} = \left(\frac{C_1}{C_2}\frac{N_2}{N_1}\right)^{\alpha} \quad (12)$$

式（12）意味着间接效用函数 $V(f)$ 由校区提供服务的相对价值 C_1/C_2 和居住在两地的相对人口比例 f（等价地取决于 N_2/N_1）决定。由于校区提供的相对服务是固定的，则间接效用函数 V 的形状仅取决于 f，即人口在 L_1 的集聚程度。在均衡状态下，L_1 和 L_2 两地居民的间接效用相等，个体没有迁移动机。然而，L_1 启用新校区将冲击两地校区服务的初始均衡，从而将吸引更多居民迁入 L_1 地。根据新经济地理理论，人口集聚会带来拥堵成本和集聚经济。个体迁移决策将取决于对这两种效应的权衡，并对 L_1 地的经济发展路径产生不同影响，正如 Bleakley 和 Lin（2012）在交通基础设施建设情景下所讨论的，受制于这两种效应，模型将会出现多重均衡并具有不同的演化路径。这意味着启用校区的经济效应在模型中是模糊的，这取决于具体的迁移动机和各地塑造集聚经济的能力。

首先，新校区启用后，出于上学、工作和创业等动机，边际个体会认为 L_1 的效用更高，并从 L_2 迁入 L_1，从而推高 L_1 的人口规模。随着人口的不断迁入，L_1 地的拥堵成本逐渐增加，迁移居民的边际效用逐渐降低，直到达到新的均衡点，人口不再迁入。因此，新校区的启用将导致 L_1 地人口和城市规模的永久性增长，但可能只是一次性的，除非有新的校区冲击发生。表1的渠道1和渠道2总结了新校区启用促进经济暂时性增长的潜在路径，主要表现为人口迁入引致的人力资本生产和消费创造两个方面，因此得到假设H1：

H1：拥堵成本的存在导致个体迁移效用降低，新校区启用只能暂时促进经济增长。

其次，由于规模经济和集聚溢出效应的存在，边际个体会认为L_1地人口集聚的效用大于拥堵成本，并从L_2迁出，从而继续扩大L_1的城市规模。同时，迁移个体也会适应拥堵成本的变化，在L_1地附近调整居住位置，从而导致当地居民居住的边际效用非减，形成良性增长循环。而随着校区的人力资本生产和知识创造两大功能逐渐融入本地经济，以及基础设施的不断完善，人口密度提高和高校知识溢出带来的集聚经济优势将会进一步推动这一增长循环，从而造成人口、生产力和GDP的持续增长。表1的渠道3和渠道4总结了新校区启用后因集聚经济而促进经济增长的潜在路径，主要表现为劳动力、资本和技术的持续集聚，因此得到假设H2：

H2：集聚经济收益将抵消拥堵成本，新校区启用带来的收益会持续增加，形成可持续增长效应。

式（12）还表明，即使同样新建校区的县，由于校区所提供的服务C_i的相对差异，也会影响个体的迁移动机。这种差异至少来自两个方面，一方面，新校区所提供的服务是否能满足本地的教育需求；另一方面，新校区融入当地经济的程度，越具包容性和市场性的地方，校区发挥的集聚经济效应越大。因为这些地区让校区功能更高效地融入本地经济，同时其产生的人口集聚优势也更强，因此得到假设H3：

H3：新校区发挥的集聚经济效应可能存在区域异质性。

为测试这一理论框架，本文使用多期DID方法分析新校区启用对当地人均GDP的影响。若结果表明新校区启用导致了该地区人均GDP增长，同时促进了生产要素的持续集聚和知识溢出，则可以认为新校区启用带来的集聚经济效应大于拥堵成本（H2）；但是，如果未带来人口、资本和技术的集聚，仅导致了人均GDP的暂时性增长，便意味着需要采取更多措施来促进高等学校发挥集聚经济效应（H1）。

表1 新建校区促进经济增长的潜在渠道

渠道	具体途径
1.刺激商品和服务需求，增加就业机会	①吸引学生或游客将其自身或家庭创造的财富用于本地的一般性商品和服务消费，这些财富很多是非本地创造的 ②激发当地对知识密集型服务的需求，如技能培训
2.提升当地人力资本水平	①由于榜样的力量或录取机会的增加，新校区将增加当地年轻人接受高等教育的机会 ②面向社会的技能培训将鼓励更广泛的人群提高自身技能
3.促进生产要素集聚	①地理邻近优势将促进高校毕业生进入当地就业市场 ②吸引公共资本和私人资金，并使土地要素资本化等 ③基于老校区与社会、企业和政府之间的社会关系将有利于增加本地社会资本 ④获得政府关注，制定更多政策，改善基础设施
4.激发当地创新创业活力	①高校的知识溢出、研发成果转化将提高企业的人力资本水平、创新能力和产品竞争力 ②鼓励本地创业 ③人口集聚增加了"face-to-face"式学习机会，促进了更广泛的社会创新

三 研究设计

（一）回归策略

由于不同的区县启用校区的时间和启用校区的数量存在差异，本文使用多期DID方法，将启用新校区的县的结果变量与完全没有启用新校区的县的样本进行比较，以识别新建校区带来的经济效应，具体模型设定如下：

$$Y_{ct} = \alpha + \beta_1 new\_campus_{ct} + \gamma X_{ct} + \omega_{pt} + \delta_c + \mu_t + \varepsilon_{ct} \qquad （13）$$

其中，Y_{ct}是与县域经济发展相关的结果变量，包括人均GDP对数、第一产业增加值占比、第二产业增加值占比和第三产业增加值占比。new_campus_{ct}表示c县在t时启用的新校区数量，即在新校区启用前为0，启用之后等于已启用新校区数量。因此，β_1代表了相对于控制组而言新校区启用导致的结果变量的变化。由于新校区建设通常是由地级市层面推动的，本文还控制了地级市与时间的交互固定效应ω_{pt}，δ_c是县固定效应，μ_t是年份固定效应。X_{ct} 是县级层面时变的控制变量，包括中学在校生人数（对数）、人口密度（对数），用以捕捉当地对高等教育的需求程度；也包括一般公共预算支出，用以捕捉政府对教育等公共服务的重视程度；[①]另外由于县级市与撤县设区的县在经济发展条件、政策优势等方面存在差异，本文还控制了两个县域行政差异虚拟变量：在 t 时是否为区和是否为县级市。

然而，β_1 的显著性并不一定意味着因果关系。包括 Liu（2015）、Kantor 和 Whalley（2014，2019）在内的大部分文献都反映了对新大学选址的非随机性担忧。显然，无论是出于更多的补贴还是更好的发展空间的考虑，与经济发展落后的县相比，发展前景较好的县可能对高校新建校区更有吸引力。这使得本文的实证设计可能存在自我选择偏差，从而影响估计系数 β_1 的有效性。Liu（2015）、Kantor 和 Whalley（2019）在他们的研究框架下认为，莫里尔赠地法案对大学的土地赠予主要来源于非经济因素，如种族平等。陈东阳等（2021）也提出同城校区搬迁能够解决内生性问题。然而，他们仍然通过事前平行趋势检验、构造合成控制组或提供 IV 策略来解决潜在的内生性问题。

本文通过将样本限制在校区启用时非市辖区的县级区域，并将控制组设定为存在受处理的县的地级市内的其他县，以让控制组和处理组尽可能在统计上相似，正如前面所讨论的，县级行政区对于是否在本地新建校区具有较弱的干预能力。[②]我们对控制组的限定可能会引发对估计偏误的担忧，特别是最近有关交错 DID 的讨论（Goodman-Bacon，2021）表明缩小从未受处理组的样本量会使得早处理组成为晚处理组的"不当控制"的比重增加。Goodman-Bacon（2021）提出使用 Goodman-Bacon 分解来识别估计偏误的来源和程度。然而该方法并不适用于非平衡面板数据。Baker 等（2022）建议，当 Goodman-Bacon 分解不可用时，可以报告从未处理组的占比。他们发现，从未处理组的百分比越大，TWFE 交错 DID 回归的估计偏误越小。在删除从未新建校区的地级市的所有县后，本文使用的 1261

---

① 教育支出是最直接的测度指标，但在县级层面该数据暂时不可得。

② 我们也进行了不删除从未新建校区的地级市的所有区县数据的回归，这使得观测值增加，回归结果与基准结果类似。感谢审稿专家的建议，结果留存备索。

个县中，仍有85%的县从未启用新校区。这意味着本文为寻找更好的控制组所采取的策略，并未显著增大估计偏误。另外，根据 Cermeño（2019），本文也提供了IV策略。选取各县清代进士密度作为大学新建校区的工具变量。数据来源于CNRDS。CNRDS数据库将《明清进士题名碑录索引》中历代进士信息数字化并匹配到当前行政区域。首先明清的进士密度深刻反映了当地居民对教育的重视程度，以及政府对教育基础设施的提供情况。Chen等（2020）发现，进士密度显著影响了1947年和2010年的大学数量，并且其影响程度大于对小学和中学的，这满足工具变量的相关性条件。其次，进士密度由历史环境所决定，当前经济发展情况不会反作用于进士数量，因而满足外生性条件。最后，科举制度废黜以后，出现辛亥革命、战争和社会主义改造等多次社会变革，由科举制度缔造的财富和权利的沿袭路径被阻断，因而进士数量最有可能通过影响当地的教育环境来影响当地的经济发展，满足排他性约束要求。

（二）数据来源、定义与描述性统计

本文所使用区县层面社会经济数据主要来源于《中国县域统计年鉴》（1999~2019年），并用各地级市统计年鉴数据进行补充，删除不设区县的地级市：中山市、东莞市、嘉峪关市和儋州市。

正如前文讨论的，新校区启用通常由地级市政府决定，地级市内的区县社会经济特征相似，从未建新校区的县能够成为较好的控制组，而不同地级市之间区县的异质性则可能更大。为了让控制组与处理组更加相似，本文删除了样本期间未新建校区的地级市的所有区县数据，最终得到1261个县级单位，其中191个县在样本期内新建校区。应该说明的是，即使我们对控制组进行如上约束，仍然有85%的区县从未启用新校区，这并未加剧最近有关交错DID估计偏误的担忧。新校区启用数据根据各学院官网、校史等公开资料收集整理而得。主要变量定义、来源和描述性统计见表2。

表 2　主要变量定义及描述性统计

变量	定义	数据来源	均值	标准差	观测值
因变量					
pgdp	人均GDP（对数）	《中国县域统计年鉴》	9.576	1.044	23255
first_ratio	ln（第一产业增加值/GDP）		−1.662	0.744	23230
second_ratio	ln（第二产业增加值/GDP）		−0.946	0.421	23230
three_ratio	ln（第三产业增加值/GDP）		−1.099	0.287	23227
night_light	平均夜间灯光值（对数）	青藏高原科学数据中心	−2.544	1.841	24598
核心解释变量、控制变量与工具变量					
new_campus	ln（1+新校区启用数）	各高校官网、校史资料等	0.124	0.558	25884
secondary	中学在校生数（对数）	《中国县域统计年鉴》	10.004	0.796	25299
pop_density	ln（户籍人口/行政区面积）		5.474	1.125	25801
expenditure	一般公共预算支出（对数）		11.401	1.285	25778
saving	每万人储蓄存款余额（对数）		9.117	1.082	25593
qu	是否为市辖区	全国行政区划信息查询平台	0.060	0.238	25884
shi	是否为县级市		0.209	0.407	25884
jinshi	进士密度	CNRDS	0.008	0.019	25801
机制变量					
每万人社会消费品零售总额（对数）		中经网统计数据库	8.488	1.074	20278
第一产业就业人口比		《中国县域统计年鉴》	−10.080	0.345	16761
第二产业就业人口比			−2.645	0.764	22251
第三产业就业人口比			−1.988	0.594	8445
银行分支机构数（对数）		中国银保监会官网	3.577	0.874	25809
新增银行分支机构数（对数）			0.595	0.856	25884
每万人金融机构各项贷款余额（对数）		《中国县域统计年鉴》	8.945	1.156	25616
土地出让金（万元/公顷，对数）		土地市场网	5.844	1.581	23468
新增企业数（对数）		工商注册数据	4.573	1.328	22044
新增高新技术企业数（对数）			1.020	1.052	13049
万元GDP发明专利申请量（对数）		"中国知网"专利检索与分析系统	0.538	0.991	23255
万元GDP发明专利授权量（对数）			0.259	0.593	23255
万元GDP实用新型专利申请量（对数）			0.726	1.157	23255
万元GDP外观设计专利申请量（对数）			0.469	0.903	23255

四 实证回归结果

（一）基准回归结果

表3报告了式（13）所示的DID估计结果。该表显示了1999~2019年新建校区的县与未被处理的县在人均GDP、第一产业占比、第二产业占比和第三产业占比等经济发展方面的差异。第（1）列仅进行了固定效应控制，用于捕捉与新校区建设和经济发展水平相关的不可观测因素。第（2）列进一步控制了县域的行政差异，第（3）列报告了完整的式（13）的回归结果，该列DID估计量的大小表明，平均而言，新建校区的县的人均GDP比对照组县在整个样本期间增长了2.22%（$= e^{0.022} - 1$）。同时，新校区修建也促进了县域的产业结构调整，第一产业和第二产业占比分别下降了6.61%和2.83%，而第三产业占比提高了3.05%。这与赵冉等（2022）的结论相似，他们基于广东省主要地级市的样本研究发现引进高校促进了产业结构的高级化。

尽管本文将样本设定为县市一级以更好地降低迁入地对新建校区的影响，但我们无法控制高校对迁入地的偏好，也无法完全排除县级政府在吸引新校区入驻方面所作的努力等因素。一方面，高校可能更喜欢经济发展水平高的县市，这可以为学校提供更多的产学研合作机会，同时也可以为学校毕业生提供更多的就业机会。另一方面，县级政府可能会作出各种努力，包括与意向高校的初步接洽、向地级市政府游说等。为了缓解这类担忧，本文在表4中报告了IV估计结果。与OLS回归相比，新建校区的影响更大，平均而言，比未新建校区的县人均GDP提高了3.2%。这表明工具变量捕捉到了除校区以外的与人均GDP相关的变异，例如更高的处理前人力资本。虽然OLS估计量与IV估计量存在一定的偏差，但新校区建设对当地的经济影响方向是一致的，从而支持了OLS回归的主要结论。

表3　新校区对县域经济发展的基准回归结果

变量	(1)	(2)	(3)	(4)	(5)	(6)
	pgdp	pgdp	pgdp	first_ratio	second_ratio	three_ratio
new_campus	0.028***	0.023***	0.022***	-0.064***	-0.028***	0.030***
	(0.008)	(0.008)	(0.008)	(0.019)	(0.010)	(0.010)
secondary			0.003	0.051**	-0.046**	0.030**
			(0.009)	(0.023)	(0.022)	(0.014)
pop_density			0.443***	-0.172***	0.189***	-0.040
			(0.011)	(0.055)	(0.050)	(0.025)
expenditure			0.274***	-0.180***	0.138***	-0.094***
			(0.011)	(0.026)	(0.022)	(0.019)
qu		0.155***	0.139***	-0.108***	0.028	-0.003
		(0.021)	(0.019)	(0.031)	(0.023)	(0.018)
shi		0.027	0.006	-0.097**	-0.010	0.051
		(0.030)	(0.027)	(0.040)	(0.036)	(0.031)
年份固定效应	是	是	是	是	是	是
县域固定效应	是	是	是	是	是	是
地级市#年份固定效应	是	是	是	是	是	是
观测值	20714	20714	20153	22458	22458	22455
Adjusted R²	0.969	0.969	0.974	0.931	0.804	0.748

注：括号内为县级层面聚类标准误。*、**、***分别表示在10%、5%、1%的水平下显著。

表4　工具变量估计

变量	(1)	(2)	(3)	(4)
	pgdp	first_ratio	second_ratio	three_ratio
new_campus	0.032**	-0.249***	-0.048**	0.036**
	(0.014)	(0.060)	(0.019)	(0.017)
第一阶段回归				
jinshi	0.023***	0.048***	0.048***	0.048***
	(0.006)	(0.008)	(0.008)	(0.008)
控制变量	是	是	是	是
县域行政差异	是	是	是	是
年份固定效应	是	是	是	是
县域固定效应	是	是	是	是
地级市#年份固定效应	是	是	是	是
观测值	11728	13152	13152	13151
F 值	16.456	32.905	32.905	32.905

注：括号内为县级层面聚类标准误。*、**、***分别表示在10%、5%、1%的水平下显著。

（二）新校区启用的持久影响

为进一步观察新校区启用对县域经济发展的动态影响，利用事件研究法来考察随时间变化而变化的新校区启用影响，具体设置如下：

$$Y_{ct} = \alpha + \sum_{k=-4}^{4+}\beta_k new\_campus_{ct}^k + \gamma X_{ct} + \omega_{pt} + \delta_c + \mu_t + \varepsilon_{ct} \tag{14}$$

其中，被解释变量、控制变量和固定效应的设置与式（13）一致，但式（14）中的核心解释变量 $new\_campus_{ct}^k$ 是在不同时间点定义的一系列县市是否启用新校区的虚拟变量，即新校区启用前4年和启用后4年的虚拟变量。因此，$new\_campus_{ct}^k$ 的一系列估计系数 $\beta_k(k \in [-4, 4])$ 测度了新校区启用前后第 k 年的启用新校区和未启用新校区的县域经济发展差异。当 $k < 0$ 时，β_k 的系数均不显著，则说明新校区启用前处理组与控制组不存在经济发展上的系统性差异。此外，该方法还能进一步说明新校区启用的动态影响，确定新校区启用的长期效应。

图2展示了事件研究法的结果。其中横轴代表距离新校区启用的年份，启用当年为0，负数代表启用前，正数代表启用后。纵轴表示回归系数。图2显示，在新校区启用前的系数均不显著，表明与新校区启用前一年相比，两组样本在处理前的经济发展水平没有显著差异。

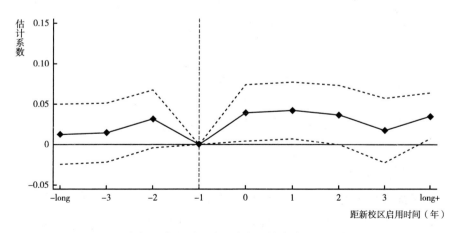

图2　新校区启用对县域经济发展的事件研究法结果

（三）稳健性检验

1.替换被解释变量

本文用卫星夜间灯光亮度的平均值来代表县域经济发展水平，徐康宁等（2015）利用不同估计方法均发现灯光亮度与GDP之间存在显著的正向关系，因而认为夜间灯光亮度是经济发展水平的良好替代变量。本文所使用的夜间灯光数据来自国家青藏高原科学数据中心，并进行式（14）的稳健性事件研究，结果如图3所示。相较于人均GDP数据，新校区启用对夜间灯光数据的影响更明显，系数更大，除了数据本身的差异外，卫星灯光数据能够捕捉到更多非市场的商品和服务，如家务劳动，因而更能反映县域经济发展情况。从动态效应看，新校区启用前的系数较小且均不显著，新校区启用后系数呈现逐渐增强的趋势。这一定程度上反映了新校区逐渐融入本地经济发展，并进一步在人口、资本等方面产生了经济集聚效应。

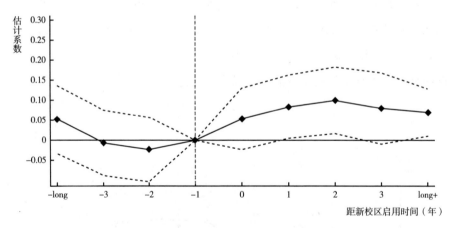

图3 稳健性检验：夜间灯光替换被解释变量

2.子样本估计

在基准回归中，我们将新建本科院校或校区定义为新校区启用。但是在这些校区中存在一类特殊的样本，即独立学院。这些学院通常和自己的母体学校存在多种联系，例如共用校区、招生关联等，这将会高估县市新建校区的频率。因此剔除独立院校或独立院校转设高校的校区，重新计算各县市新启用校区的情况，并在表5的列（1）和列（2）报告了相关回归结果。与基准回归系数相比，剔除独立学院后估计系数增大。独立学院复杂的管理结构使其在融入地方经济发展中存在困难。数据显示，自出现独立学院设立高峰以来已有多所独立学院因质量问题而停办。因此，当从样本中剔除独立学院后，平均处理效应会变大。

另外，民族自治县具有不同的经济发展政策，将其作为控制组或者处理组样本都可能存在异质性。因此在基准回归的样本中剔除了民族自治地方样本，但从回归结果来看，结果变化不大。直辖市所属县市大多调整为市辖区且与非直辖市的县相比管理层级更加扁平。因此也在表5列（4）中报告了剔除直辖市样本的回归。与基准回归相比，回归系数略有增大。总之，表5的回归结果表明本文的基准结果是稳健的。

表5　稳健性检验：子样本估计

变量	剔除独立院校或独立院校转设高校		剔除民族自治地方样本	剔除直辖市样本
	（1）	（2）	（3）	（4）
new_campus	0.052**	0.046**	0.022***	0.026***
	(0.023)	(0.022)	(0.008)	(0.008)
控制变量	否	是	是	是
县域行政差异	是	是	是	是
年份固定效应	是	是	是	是
县域固定效应	是	是	是	是
地级市#年份固定效应	是	是	是	是
观测值	17800	17329	18911	18550
Adjusted R^2	0.968	0.973	0.973	0.974

注：括号内为县级层面聚类标准误。*、**、***分别表示在10%、5%、1%的水平下显著。

3.安慰剂检验

前文提供了多个稳健性检验的证据来检验基准估计结果的有效性和一致性，但是依然可能存在遗漏变量以及随机因素对估计结果的影响。为了减少遗漏变量问题，本文还在基准回归中进行了丰富的固定效应控制，但是仍然可能存在县级层面某些随时间和地点变化而变化且难以观测和控制的因素，这些遗漏因素将会导致估计偏误。因此，本文通过随机设定各县市校区启用时间对处理效果进行安慰剂置换检验（Tang等，2020）。图4呈现了1000次随机分配的安慰剂处理效应分布的散点图。可以看出，安慰剂的估计结果集中于0附近，且均远小于竖线所代表的基准估计系数0.022。这意味着新校区启用的确存在处理效应，而非观测到的偶然结果。

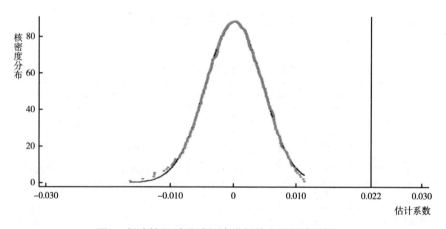

图4　新建校区对县域经济增长的安慰剂检验结果

注：黑色曲线为估计系数的核密度分布，竖线为基准回归中的估计系数。置换安慰剂检验的p值是安慰剂估计值的绝对值大于基准估计值的比例。

五　机制分析与异质性效应

（一）机制分析

理论分析表明，新校区建立能给当地经济带来暂时性增长效应和可持续增长效应。暂时性增长效应主要是因为新校区作为资源冲击打破了原有高等教育供给平衡，增加新建校区所在地区的间接效用，从而吸引包括学生、求职者和创业者在内的人口迁入，进而促进本地常住人口增长，刺激对本地商品和服务的消费，促进经济增长。但人口增加通常会带来拥堵成本，如交通拥堵、房价上升和物价上涨等，人口迁移的边际效用逐渐降低，从而达到新的均衡点。因此新校区的设立仅为当地带来了一次性的人口增加，是暂时性经济增长。然而，人口增加所带来的集聚经济对促进生产要素集聚、知识溢出和创新具有重要作用（Davis和Dingel，2019），特别是增加了"face-to-face"的机会，依据内生增长理论和熊彼特式创新增长模型，这通常会带来经济的长期增长。表1详细阐述了新校区在促进经济暂时性增长和长期增长方面的可能渠道。受制于县域数据的可得性，本文对其中的部分路径进行验证。

1.内需驱动与劳动力转移

对当地而言，新校区启用以后最早也是最直接的变化是常住人口[①]增加，以及随之而来的商品和服务结构调整，这通常会带来劳动力结构变化，生产和服务业从业人员占比将上升。我国长期以来的人口统计口径以户籍人口为主，县级层面的常住人口数据不可得。因此从消费和劳动力结构的角度来检验新校区促进经济短期增长的渠道。表6报告了相关结果。其中消费用每万人社会消费品零售总额测度，数据来源于中经网统计数据库。就业结构数据来自《中国县域统计年鉴》。回归结果显示，与控制组相比，平均而言，新建校区的县的每万人社会消费品零售总额增加了4.5%。这可以归因为新校区启用带来的以学生为代表的常住人口增长，很难归因为原处理组个体突然更加偏好消费。

[①] 常住人口包括新校区的师生、校区周围的商业活动参与者等。例如，西安交通大学中国西部科技创新港建成后，有万余名学生入住。

表6 机制分析：消费与劳动力视角

变量	(1) 每万人社会消费品零售 总额（对数）	(2) 第一产业就业 人口比	(3) 第二产业就业 人口比	(4) 第三产业就业 人口比
new_campus	0.045***	−0.017***	0.073**	0.008
	(0.016)	(0.006)	(0.031)	(0.035)
控制变量	是	是	是	是
县域行政差异	是	是	是	是
年份固定效应	是	是	是	是
县域固定效应	是	是	是	是
地级市#年效应	是	是	是	是
观测值	19878	16051	22162	8435
Adjusted R^2	0.980	0.931	0.587	0.753

注：括号内为县级层面聚类标准误。*、**、***分别表示在10%、5%、1%的水平下显著。

从劳动力的就业结构看，新校区启用后第一产业就业人口比下降，第二产业就业人口比上升，第三产业就业人口比受到的影响为正值但不具有统计显著性。数据缺失可能是不显著的主要原因，相比于其他产业就业数据，第三产业就业人口比的观测值仅有8435，且2013年以前的数据完全缺失，很难完整观测到新校区对第三产业就业人口比的影响。劳动力结构的变化可能有两种原因，一是更多的耕地被征用以及新的就业机会的出现，使得农业就业人口向第二、第三产业转移；二是外地劳动力的进入以及毕业生的本地就业，并更多分布于第二、第三产业。但受制于数据结构和可用性，该原因目前难以准确获悉，留待于未来数据的增加以及估计方法的改进。总之，表6的结果表明，新校区建立的确刺激了本地商品和服务需求，并加速了劳动力向更高附加值的产业转移，从而促进了当地经济的暂时性增长。

2.生产要素集聚

式（12）表明，新校区带来的人口迁入会产生两种效应：拥堵成本和集聚经济。当集聚经济的作用大于拥堵成本时，将形成本地经济的良性循环，从而实现可持续经济增长。经济集聚主要表现为生产要素的集聚和知识溢出强度的增加。本文从三个方面考察了新校区建设对资本要素的影响：

一是货币资本的可用性及其使用量，二是土地资本化，三是新企业的进入。

尽管资本市场正在不断发展和完善，但我国企业的主要融资方式仍然是银行贷款。本文用银行分支机构数据表征县域层面银行贷款的可用性。李志生等（2020）认为银行分支机构的增多会加剧银行间竞争，从而能够从形式和实质两方面缓解企业面临的融资约束。同时，银行也会对公司潜在的过度投资等道德风险行为形成制约，最终提高企业的投资效率。本文从中国银保监会官网上收集整理了金融许可证信息中的银行类金融机构，并根据机构成立时间统计了每一区县的年度银行分支机构数和年度新增银行分支机构数。①此外，本文还用每万人金融机构各项贷款余额表征地区货币资金的使用量。表7中的列（1）~（3）报告了相关结果。平均来看，与未新建校区的县相比，新建校区的县的银行分支机构数增加了4.1%，新增银行分支机构数提高了4.5%。同时，从资金使用情况看，新建校区的县平均提高了6.2%，且在统计上是强显著的。列（1）~（3）回归中均增加了每万人储蓄存款余额的控制，用以缓解银行分支机构或贷款余额的变化是由本地储蓄率提高而引起的担忧。总之，列（1）~（3）的结果共同表明，新建校区能够促进银行业务的地理集中和货币资本的区域集聚，从而为资本要素融入企业生产、增加区域经济产出创造金融条件。

此外，分税制改革以后，土地财政在地方政府收入中占有较大份额。因此，为增加地方收入，地方政府可能有更强的"售地冲动"（邹琳华和钟春平，2022）。大学作为一种公共服务供给形式和资源集聚的平台可能会充当地方政府"以地生财"的"马前卒"。例如大学通常会配套医院、附属学校等优质公共服务资源，再加上其本身的优美环境和便利交通，将会吸引居民在校区附近买房，这将推高周围商服和住宅土地的交易价格。Wang和Tang（2020）基于中国大学城建设的框架分析发现了类似的证据。本文利用土地市场网的土地出让公告数据检验新校区建设是否也存在土地资本化效应，特别是在县市层面。具体地，本文选取了2000~2019年公告的商服和

---

① 2022年，中国银行保险监督管理委员会网站发布了退出机构信息。本文的年度银行分支机构数据中剔除了每年退出的银行分支机构，因此与前人文献相比更能够反映银行服务的可用性。

住宅用地记录，并在县市层面汇总土地出让均价数据。表 7 中列（4）汇报了相关结果。平均而言，启用新校区的县每公顷地的出让金提高了 11.6%。这一证据表明，地方政府在引入优质高校或者推动已有高校新建校区上的动机可能并不完全出于提升本地公共服务水平，特别是在官员晋升激励的假设下。

企业是市场经济活动中的主体。在以 GDP 考核为主的官员晋升锦标赛环境下，各地方政府均把招商引资作为重要的考核指标，而招商引资的主要形式是新建企业。更广泛地说，衡量一个地区市场活力的重要指标就是新企业的进入情况。吴晗和段文斌（2015）、Hombert 等（2020）、Barrios 等（2022）分别从融资约束、金融保险和不确定性等角度探讨了企业创业的影响因素。在本文的研究框架下，新校区建立吸引了大批劳动力迁入，银行分支机构的增加也降低了企业获得创业贷款的门槛，因此可能激发地区的创业活力，吸引企业进入。本文利用县级层面汇总的企业工商注册数据，并在表 7 中列（5）评估了这一影响。结果显示，平均而言，新建校区的县的新增企业数提高了 2.1%（尽管是弱显著的）。

表 7　机制分析：资本引力效应

变量	（1）银行分支机构数（对数）	（2）新增银行分支机构数（对数）	（3）每万人金融机构各项贷款余额（对数）	（4）土地出让金（万元/公顷，对数）	（5）新增企业数（对数）
new_campus	0.041**	0.045**	0.062***	0.110***	0.021*
	(0.018)	(0.019)	(0.014)	(0.040)	(0.012)
每万人储蓄存款余额（对数）	0.101***	0.080***	0.584***		
	(0.024)	(0.021)	(0.053)		
控制变量	是	是	是	是	是
县域行政差异	是	是	是	是	是
年份固定效应	是	是	是	是	是
县域固定效应	是	是	是	是	是
地级市#年效应	是	是	是	是	是
观测值	24988	24838	24830	18612	21850
Adjusted R^2	0.857	0.577	0.956	0.611	0.916

注：括号内为县级层面聚类标准误。*、**、***分别表示在 10%、5%、1% 的水平下显著。

3.知识溢出效应

高等学校是重要的知识创造和传播部门，新校区启用后，由于教育供给的增加，本地的知识溢出效应会增强，特别是当人口集聚在校区周围时。人口接触频率的增加会产生本地化知识溢出效应，这已经在理论和经验上被广泛检验（Iaria等，2018）。一些基于专利引用数据的实证研究也表明大城市内部存在广泛的知识溢出效应（Combes等，2012；Head等，2019），特别是在高科技集群地区（Kerr和Robert-Nicoud，2020）。Moretti（2021）也发现，在美国的高科技产业集群中，发明家倾向于引用来自同一个州或同一个都市区的顶尖发明家的专利。

除了创造人口集聚以外，高校校区至少能够在以下两个方面使自身的知识创造和创新能力融入当地经济活动。一是无论是对外的商业性培训还是毕业生的本地就业，都有助于提高本地的人力资本水平。二是与企业开展的产学研合作，能够有效促进高校的科研成果转化。第一条路径对于大部分的新校区都是适用的，因为人力资本培养是学校的基本功能，特别是适应本地发展需求的人才。第二条路径则可能更显见于研究型大学（Pugh等，2022）。

然而，从数据上捕捉知识溢出的过程是困难的，对知识溢出结果的衡量也是不全面的，因为交流中新想法的产生难以被记录和量化。现有研究试图从专利的申请和授权的角度来部分捕捉知识溢出产生的创新结果（Abel和Deitz，2012；Hausman，2022）。遵循这一做法，本文从地区的创新水平和高技术企业集聚两个方面来度量这一效应。专利数据来源于国家知识产权局，并依照专利申请地址将数据汇总到县级层面。本文将各类型专利申请量除以GDP用以衡量专利产出效率。表8中列（1）~（4）报告了对应的回归结果，所有的控制结构与基准回归类似。从回归结果来看，新校区的建立使得地区万元GDP发明专利申请量提高了22.1%、授权量提高17.5%，万元GDP实用新型专利和外观设计专利的申请量也显著提高。此外，高新技术企业作为知识密集型行业的重要载体通常是集聚经济的主要受益者，Moretti（2021）发现美国的高科技企业的研发部门存在明显的空间集聚现象。本文用新增企业数来度量地区集聚能力。表8中列（5）的回归结果显示，启用新校区的县的新增高新技术企业数提高了7.7%，具有一定的集聚优势。这回应了Lee（2021）有关韩国蔚山国家科学技术研究所的成立促进了本地相关专业的新企业建立的证据。总之，表8中列（1）~（5）的回归结果共同表明启用新校区后能够提高地区的创新水平，并促成高新技术企业的集聚。

表8 机制分析：知识溢出与高技术企业集聚

变量	（1）万元GDP发明专利申请量（对数）	（2）万元GDP发明专利授权量（对数）	（3）万元GDP实用新型专利申请量（对数）	（4）万元GDP外观设计专利申请量（对数）	（5）新增高新技术企业数（对数）
new_campus	0.221*** (0.034)	0.175*** (0.025)	0.217*** (0.034)	0.136*** (0.028)	0.077*** (0.021)
控制变量	是	是	是	是	是
县域行政差异	是	是	是	是	是
年份固定效应	是	是	是	是	是
县域固定效应	是	是	是	是	是
地级市#年效应	是	是	是	是	是
观测值	22459	22459	22459	22459	12048
Adjusted R^2	0.877	0.861	0.899	0.835	0.781

注：括号内为县级层面聚类标准误。*、**、***分别表示在10%、5%、1%的水平下显著。

（二）异质性效应

1.校区扩散差异与南北经济差距

国际金融危机发生以来出现的南北经济空间分野受到了学术界的广泛关注。在本文的研究框架内，我们发现南北地区校区启用的扩散方向存在明显差异，①即南方地区高校新校区分布表现为下沉效应，而北方则表现为集聚效应。所谓下沉效应是指校区由中心城区（中心城市）向外围县市（外围城市）扩散；而集聚效应则是指中心城市的外围县市（外围城市）向中心城区（中心城市）集聚，也包括同城区新建。具体而言，在全国启用

---

① 北方省份包括北京、天津、河北、山西、内蒙古、辽宁、吉林、黑龙江、山东、河南、陕西、宁夏、甘肃、青海、新疆，其余省份为南方省份。

新校区的469个区县中，南方省份有293个，而北方则仅有176个。[①]在南方的这些校区中，24.6%的新建校区在县市一级，而北方该比例则为21.5%，如果考虑南北新建校区的基数差异，则南方省份在县市一级的新建校区数量更大。[②]这意味着南方地区在县市层面获得更多的高校溢出效应。基于前文关于新校区启用对县域经济发展及其影响渠道的分析，本文认为南北校区扩散差异特别是在考虑集聚经济以后，可能在南北经济分野中发挥了一定的作用，为此，本文引入了南方地区虚拟变量与新建校区年数交互，用以考察其在南北方的异质性效应，其中某区县属于南方省份则为1，反之为0。表9汇报了相关结果。所有的回归系数都是正的，且具有统计显著性。这表明南方地区新校区启用的经济效应更为明显。进一步地，列（3）~（4）的回归呈现了南北地区新校区启用对机制变量的影响。回归结果表明，尽管对新增银行分支机构数的作用是弱显著的，但南方地区的新校区相较于北方地区的新校区在吸引银行分支机构和新企业进入方面更为有效。从创新方面来看，南方地区的新校区将知识创造融入地方发展进程的效果更为明显，如与北方地区相比，南方地区的新校区启用后万元GDP发明专利授权量提高了16.6%，新增高新技术企业数提高了8.3%。这与黄少安和李亚飞（2022）的证据一致。他们发现南北方在创新能力上存在差异。值得注意的是，由于校区数据是在县域层面汇总的，依然不能将这一异质性完全归因于南北地区校区扩散的下沉与集聚效应之别，这有待后续研究予以检验。

---

① 关于南北方新建校区数量差异的一种担忧是，20世纪90年代以前我国的高等学校多集中分布在北方，随着南方经济的发展，其建设高校的需求更为迫切。本文统计了教育部截至1981年确定的99所重点大学的位置，发现南方有50所，北方有49所，分布相对均衡。因此高校区域分布差异并非南北新建校区数量差异的主要原因。

② 北方大学也有更多的向省会城市集聚的案例，例如2018年泰山医学院与山东省医学科学院合并组建山东第一医科大学，从而开启从泰安到济南的办学之路；2019年山西农业大学合并山西农业科学院后开始从晋中市向太原市扩展；2021年山西师范大学整体从临汾迁至太原市；河南大学将注册地由开封市转为郑州市。南方这种情况则少见。

表9 异质性分析：校区启用对南北方的异质性

变量	(1) pgdp	(2) 新增银行分支机构数（对数）	(3) 新增企业数（对数）	(4) 万元GDP发明专利授权量（对数）	(5) 新增高新技术企业数（对数）
new_campus* 南方	0.055*** (0.010)	0.035* (0.020)	0.052*** (0.015)	0.166*** (0.029)	0.083*** (0.025)
控制变量	是	是	是	是	是
县域行政差异	是	是	是	是	是
年份固定效应	是	是	是	是	是
县域固定效应	是	是	是	是	是
地级市#年效应	是	是	是	是	是
观测值	20349	24838	21850	22459	12048
Adjusted R^2	0.951	0.580	0.916	0.860	0.781

注：括号内为县级层面聚类标准误。*、**、***分别表示在10%、5%、1%的水平下显著。

2.已有校区的异质性影响

理论上，已有校区可能对新校区的进入产生两种影响。一方面，新校区可以通过与已有校区进行合作，发挥教育集聚效应，如课程共享、师资交流和科研合作等。另一方面两者也可能存在竞争。一些竞争可能有利于发挥教育集聚效应，如在科研项目考核指标或人才培育标准上的竞争；而另一些竞争可能引发进入者博弈，例如围绕民间教育捐赠和政府教育支出等的竞争。基于理论的模糊性，本文通过引入交互项 new_campus*已有校区，以检验县市已有校区是否对新校区效用的发挥存在异质性，其中若1999年以前该县市存在大学校区则已有校区取1，否则取0。[①]

---

① 我们更细致地比较了两种新建校区类型的异质性：0-n型与n-m型，即从无到有型和从有到集聚型。结果与表10类似，n-m型新建校区发挥了集聚优势，其经济影响更为显著。感谢审稿人的建议，结果留存备索。

表10　异质性分析：已有校区对新校区影响的异质性

变量	（1） *pgdp*	（2） 新增银行分支机构数（对数）	（3） 新增企业数（对数）	（4） 万元GDP发明专利授权量（对数）	（5） 新增高新技术企业数（对数）
new_campus[*] 已有校区	0.065*** (0.013)	0.058*** (0.022)	0.048*** (0.016)	0.190*** (0.041)	0.067** (0.026)
控制变量	是	是	是	是	是
县域行政差异	是	是	是	是	是
年份固定效应	是	是	是	是	是
县域固定效应	是	是	是	是	是
地级市#年效应	是	是	是	是	是
观测值	20349	24838	21850	22459	12048
Adjusted R^2	0.951	0.580	0.916	0.860	0.780

注：括号内为县级层面聚类标准误。*、**、***分别表示在10%、5%、1%的水平下显著。

表10报告的相关证据支持了教育集聚效应，与不存在已有校区的县市相比，存在已有校区的县市人均GDP提高了6.5%。表10中列（2）~（5）进一步表明已有校区的存在有利于新校区提高当地金融的可获得性、激发城市创业活力和创新水平，并促进高技术企业集聚。除了校区间合作的影响，这一结果也可能是因为已有校区的县市擅长与高校开展合作，从而使得新校区更高效地融入当地经济发展。此外，我国的高校管理体制也可能有益于缓解校区间的不良竞争，例如高校的办学资金主要来源于政府支出而非民间捐赠。

六　结论与政策建议

高等教育如何促进经济发展一直是发展经济学和教育经济学的经典议题。地方政府仿佛也普遍认为新建或引入高校在本地办学能够显著激发本地市场活力，因而纷纷加入新建校区的选址竞争中。基于此，本文利用1999~2019年全国本科院校新建校区的数据，通过对各县市人均GDP、产业结构增加值占比等经济发展指标进行多期DID回归分析，实证检验了新校区建设对县域经济增长的影响。为了避免可能的内生性问题，将样本限制在新建校区时为县或者县级市的县级区域内，并将控制组限定为所在地级市启用过新校区的其他未受处理的县。同时，本文也用各县市到省政府所在区县的距离作为工具变量来补充主要结果。实证结果发现，平均而言，启用新校区的县人均GDP提高了2.22%，并促进了产业结构调整，第二、第三产业占比上升。基于理论模型和数据限制，本文从暂时性增长和长期增长两个视角检验了新校区促进县域经济增长的渠道。短期来看，人口迁入刺激了本地商品和服务消费，改变了劳动力就业结构。新校区启用带来的集聚经济效应是长期经济增长的主要机制，具体而言，新校区启用提高了本地的金融可获得性和创业活力。同时基于校区本身知识溢出的作用，新校区的启用也提高了当地的创新水平并促进了高技术企业集聚。本文认为南北校区扩散方面的差异可能是对南北经济分异的一种潜在的解释。

本文的研究为理解高等教育服务地方经济发展提供了一些启示。一方面，新校区融入地方经济发展进程是一个长期的过程。一些地方把新建校区作为推进城镇化、推行土地财政的"马前卒"，新校区启用后"引而不培"，从而造成新校区"水土不服"，难以让人才、资本和技术等生产要素集聚，从而减弱其可持续增长效应。因此，新校区启用后，政府应继续在财政投入、平台构建、政策引领和产学研合作等方面提供支持，使其更快更好地融入本地经济发展。另一方面，发挥高校在资源集聚和创新方面的独特作用。要完善公共服务和创业环境，让因新校区而来的学生、求职者和创业者愿意留、长久住。要将城市功能区与高校集聚区深度融合，避免出现东部创新集聚区、西部大学城的空间错配现象。要引导企业与高校合作，实现产学研一体，促进创新成果快速转化。

参考文献

[1] 陈东阳、哈巍、叶晓阳，2021，《高校与区县经济增长——基于主要城市新建校区的实证分析》，《北京大学教育评论》第3期。

[2] 陈梦根、侯园园，2021，《中国行业劳动投入和劳动生产率：2000—2018》，《经济研究》第5期。

[3] 方森辉、毛其淋，2021，《人力资本扩张与企业产能利用率——来自中国"大学扩招"的证据》，《经济学（季刊）》第6期。

［4］黄少安、李亚飞，2022，《计划推动型创新 vs 市场引导型创新与中国南北创新能力差距——基于创新体制、创新能力对中国南北经济拉大的解释》，"山东大学南北经济差异的制度分析"研讨会工作论文。

［5］李志生、金凌、孔东民，2020，《分支机构空间分布、银行竞争与企业债务决策》，《经济研究》第10期。

［6］邵宜航、徐菁，2017，《高等教育扩张的增长效应：人力资本提升还是信号干扰》，《财贸经济》第11期。

［7］王弟海、陈理子、张晏，2017，《我国教育水平提高对经济增长的贡献——兼论公共部门工资溢价对我国教育回报率的影响》，《财贸经济》第9期。

［8］王征宇、姜玲、梁涵，2011，《受高等教育劳动力对经济增长贡献的区域差异研究》，《教育研究》第10期。

［9］吴晗、段文斌，2015，《银行业市场结构、融资依赖与中国制造业企业进入——最优金融结构理论视角下的经验分析》，《财贸经济》第5期。

［10］徐康宁、陈丰龙、刘修岩，2015，《中国经济增长的真实性：基于全球夜间灯光数据的检验》，《经济研究》第9期。

［11］余子侠，1995，《抗战时期高校内迁及其历史意义》，《近代史研究》第6期。

［12］赵冉、郭成、柴佳琪，2022，《地方引进高校推动了区域经济发展吗》，《重庆高教研究》第3期。

［13］张立贤、任浙豪、陈斌、宫鹏、付昊桓、徐冰，2021，《中国长时间序列逐年人造夜间灯光数据集（1984—2020）》，国家青藏高原科学数据中心，DOI：10.11888/Socioeco.tpdc.271202. CSTR：18406.11.Socioeco.tpdc.271202。

［14］邹琳华、钟春平，2022，《饥饿供地，还是售地冲动——基于地级以上城市土地出让及房价数据的实证分析》，《财贸经济》第3期。

［15］Abel J. R., Deitz R. 2012. "Do Colleges and Universities Increase Their Region's Human Capital?" *Journal of Economic Geography* 12(3)：667–691.

［16］Baker A., Larcker D. F., Wang C. 2022. "How Much Should We Trust Staggered Difference-in-Differences Estimates?" *Journal of Financial Economics* 144(2)：370–395.

［17］Barrios J. M., Hochberg Y. V., Yi H. L. 2022. "Launching with a Parachute：The Gig Economy and New Business Formation." *Journal of Financial Economics* 144(1)：22–43.

［18］Bleakley H., Lin J. 2012. "Portage and Path Dependence." *The Quarterly Journal of Economics* 127(2)：587–644.

［19］Bonander C., Jakobsson N., Podestà F., Svensson M. 2016. "Universities as Engines for Regional Growth? Using the Synthetic Control Method to Analyze the Effects of Research Universities." *Regional Science and Urban Economics* 60(9)：198–207.

［20］ Cantoni D., Yuchtman N. 2014. "Medieval Universities, Legal Institutions, and the Commercial Revolution." *The Quarterly Journal of Economics* 129: 823-887.

［21］ Cermeño A. 2019. "Do Universities Generate Spatial Spillovers? Evidence from US Counties Between 1930 and 2010." *Journal of Economic Geography* 19(6): 1173-1210.

［22］ Che Y., Zhang L. 2018. "Human Capital, Technology Adoption and Firm Performance: Impacts of China's Higher Education Expansion in the Late 1990s." *The Economic Journal* 128(9): 2282-2320.

［23］ Chen T., Kung J. K., Ma C. 2020. "Long Live Keju! The Persistent Effects of China's Civil Examination System." *The Economic Journal* 130(631): 2030-2064.

［24］ Combes P. P., Duranton G., Gobillon L., Puga D., Roux S. 2012. "The Productivity Advantages of Large Cities: Distinguishing Agglomeration from Firm Selection." *Econometrica* 80(6): 2543-2594.

［25］ Davis D. R., Dingel J. I. 2019. "A Spatial Knowledge Economy." *American Economic Review* 109(1): 153-170.

［26］ Glaeser E. L., Scheinkman J. A., Shleifer A. 1995. "Economic Growth in a Cross-Section of Cities." *Journal of Monetary Economics* 36: 117-143.

［27］ Goodman-Bacon A. 2021. "Difference-in-Differences with Variation in Treatment Timing." *Econometrics* 225 (2): 254-277.

［28］ Hausman N. 2022. "University Innovation and Local Economic Growth." *The Review of Economics and Statistics* 104 (4): 718-735.

［29］ Head K., Li Y. A., Minondo A. 2019. "Geography, Ties, and Knowledge Flows: Evidence from Citations in Mathematics." *The Review of Economics and Statistics* 101(4): 713-727.

［30］ Helpman E. 1999. *The Size of Regions.* Cambridge: Cambridge University Press.

［31］ Hombert J., Schoar A., Sraer D., Thesmar D. 2020. "Can Unemployment Insurance Spur Entrepreneurial Activity? Evidence from France." *Journal of Finance* 75: 1247-1285.

［32］ Iaria A., Schwarz C., Waldinger F. 2018. "Frontier Knowledge and Scientific Production: Evidence from the Collapse of International Science." *The Quarterly Journal of Economics* 133(2): 927-991.

［33］ Jaffe A. B. 1989. "Real Effects of Academic Research." *The American Economic Review* 79 (5): 957-970.

［34］ Kantor S., Whalley A. 2014. "Knowledge Spillovers from Research Universities: Evidence from Endowment Value Shocks." *Review of Economics and Statistics* 96: 171-188.

［35］ Kantor S., Whalley A. 2019. "Research Proximity and Productivity: Long-Term Evidence from Agriculture." *Journal of Political Economy* 127(2): 819–854.

[36] Kerr W. R., Robert-Nicoud F. 2020. "Tech Clusters." *Journal of Economic Perspectives* 34 (3): 50–76.

[37] Krugman P. 1991. "Increasing Returns and Economic Geography." *Journal of Political Economy* 99(3):483–499.

[38] Kong D., Zhang B., Zhang J. 2022. "Higher Education and Corporate Innovation." *Journal of Corporate Finance* 72(2): 1–31.

[39] Lee J. 2021. "The Role of a University in Cluster Formation: Evidence from a National Institute of Science and Technology in Korea." *Regional Science and Urban Economics* 86 (1):1–13.

[40] Liu S. 2015. "Spillovers from Universities: Evidence from the Land-Grant Program." *Journal of Urban Economics* 87(5): 25–41.

[41] Moretti E. 2021. "The Effect of High-Tech Clusters on the Productivity of Top Inventors." *American Economic Review* 111(10): 3328–3375.

[42] Pfister C., Koomen M., Harhoff D., Backes-Gellner U. 2021. "Regional Innovation Effects of Applied Research Institutions." *Research Policy* 50(4): 1–19.

[43] Pugh R., Hamilton E., Soetanto D., Jack S., Gibbons A., Ronan N. 2022. "Nuancing the Roles of Entrepreneurial Universities in Regional Economic Development." *Studies in Higher Education* 47(5): 964–972.

[44] Rossi F., Goglio V. 2020. "Satellite University Campuses and Economic Development in Peripheral Regions." *Studies in Higher Education* 45(1): 34–54.

[45] Simon C. J. 1998. "Human Capital and Metropolitan Employment Growth." *Journal of Urban Economics* 43: 223–243.

[46] Tang C., Zhao L., Zhao Z. 2020. "Does Free Education Help Combat Child Labor? The Effect of a Free Compulsory Education Reform in Rural China." *Journal of Population Economics* 33(2): 601–631.

[47] Valero A., Van Reenen J. 2019. "The Economic Impact of Universities: Evidence from Across the Globe." *Economics of Education Review* 68(2): 53–67.

[48] Wang Y., Tang W. 2020. "Universities and the Formation of Edge Cities: Evidence from China's Government-Led University Town Construction." *Papers in Regional Science* 99 (1): 245–265.

[49] Zhao R., Wu B. 2020. "Scientific Personnel Reallocation and Firm Innovation: Evidence from China's College Expansion." *Journal of Comparative Economics* 48(3): 709–728.

（责任编辑：张容嘉）

中欧班列开通与城市出口竞争力

李 佳 王 函[*]

摘 要： 党的二十大报告指出，高质量发展是全面建设社会主义现代化国家的首要任务，要坚持社会主义市场经济改革方向，坚持高水平对外开放。作为一项新型开放式运输通道，中欧班列已成为打造高水平对外开放平台的重要抓手，其能否提升城市出口竞争力也具有重要的研究意义。本文基于2005~2019年中国地级市数据，将中欧班列开通信息与地级市数据信息相匹配，构建多期双重差分模型，探讨了中欧班列开通对城市出口竞争力的影响。研究表明，中欧班列开通显著提升了城市出口竞争力，该结论在一系列稳健性检验后依旧成立。机制检验发现，创新推动、金融发展和贸易开放是中欧班列开通提升城市出口竞争力的主要机制。异质性检验表明，在东部地区和中心城市区域，中欧班列开通对提升城市出口竞争力能够发挥更大的促进效应，同时中欧班列也能与自由贸易试验区、"一带一路"等实现联动，以共同提升城市出口竞争力。进一步分析表明，中欧班列的高质量发展亦能对提升城市出口竞争力产生正向效应，该结论也验证了中欧班列具有充分的可持续、高质量发展前景。本文的研究对于深入理解中欧班列的经济效应、助力国家进一步制定高质量出口和开放政策具有一定参考价值。

关键词： 中欧班列 城市 出口竞争力

---

* 李佳（通讯作者），教授，山东师范大学经济学院，电子邮箱：lijiacufe@sina.com；王函，硕士研究生，山东师范大学经济学院，电子邮箱：wh17860508494@163.com。本文获得山东省社科规划研究项目"金融支持山东深度融入'一带一路'建设的优化路径研究"（No.21CJJJ31）的资助。感谢匿名审稿专家提出的宝贵意见，文责自负。

一 引言

伴随中国对外开放水平不断提升与出口贸易结构持续优化，如何进一步提高出口贸易核心竞争力，不仅是发展高质量对外贸易的必经之路，也是实现产业结构升级与加快经济增长方式转变的重要渠道。党的二十大报告指出，高质量发展是全面建设社会主义现代化国家的首要任务，要坚持社会主义市场经济改革方向，坚持高水平对外开放。作为深化与"一带一路"沿线国家经贸合作的重要载体和推进"一带一路"建设的重要抓手，中欧班列势必担负着新时代建设贸易强国的重要使命，并且作为联通欧亚大陆的重要陆上交通设施，中欧班列的发展不仅提高了中国内陆沿线城市的对外开放水平（方行明等，2020），更成为促进城市出口增长的重要引擎（周学仁和张越，2021），同时新冠肺炎疫情的全球蔓延也凸显了跨境基础设施的重要性，在此要求下，中欧班列开通也对高附加值产品出口做出了重要贡献（张梦婷和钟昌标，2021）。因此，一个值得深入探讨的问题是，作为一项新型开放式运输通道与促进城市出口增长的重要引擎，中欧班列开通能否进一步提升城市出口竞争力？若上述问题成立，中欧班列将通过何种机制对城市出口竞争力产生影响？中欧班列开通对城市出口竞争力的影响是否存在异质性特征？厘清上述问题，对于畅通国内国际"双循环"和实现对外贸易稳定增长、加快建设新时代贸易强国具有重要的理论与现实意义。

综观现有文献，与本文相关的主要文献有三类：一是"一带一路"倡议与出口贸易。鉴于中欧班列已成为"一带一路"的标志性建设成果，"一带一路"与出口贸易的关系是本文需要梳理的第一类文献。现有研究指出"一带一路"倡议凭借其贸易畅通理念促进了参与国内部的贸易往来（Baniya等，2020），在此基础上，洪俊杰和詹迁羽（2021）认为作为深化中国对外开放的重要举措，"一带一路"倡议不仅促进了沿线国家和地区之间的互联互通，也通过降低贸易成本带动了企业出口增长；张俊美和佟家栋（2021）指出"一带一路"沿线国家之间"国际人才网络"的构建不仅能够带动企业出口增长，也增加了企业出口产品种类，并认为"一带一路"沿线国家铁路联通水平的提高也有利于扩大出口；卢盛峰等（2021）基于微观企业数据证明"一带一路"倡议提高了国内沿线城市企业的出口产品质量，即显著推动了中国企业的高质量出口。

二是中欧班列开通的经济效应。一直以来，交通运输方式变革对贸易发展具有举足轻重的作用，大规模交通基础设施建设不仅增加了企业出口规模和概率（吴群锋等，2021b），也提升了企业出口产品质量（吴群锋等，2021a），还能够增强运输成本优势，为推动企业出口提供助力（盛丹等，2011；王永进和黄青，2017）。作为一种新型开放式运输通道，中欧班列开行数量和载货规模逐年攀升，其"干支结合、枢纽集散"的集货方式使各枢纽节点连接成网，极大地拓展了中欧贸易辐射版图，不仅提高了国内沿线城市的贸易开放度（方行明等，2020），也通过缩短时空距离和降低运营成本等为班列开通城市进出口贸易增长提供了内生动力（周学仁和张越，2021）。在此基础上，学术界也以创新、产业升级、全要素生产率、企业利润等为切入点，详细剖析了中欧班列开通的经济效应，比如 Redding 和 Venables（2004）发现企业借助中欧班列开通扩大了出口规模，提高了利润；王雄元和卜落凡（2019）利用微观企业数据，以出口贸易为中介，发现中欧班列开通有效促进了企业创新，并认为参与中欧班列的企业更能维持较强的创新活动；李佳等（2020）认为中欧班列开通显著提升了城市创新水平，并指出创新系统的完善是中欧班列开通影响城市创新的重要机制；李佳等（2021）指出中欧班列显著推动了开通区域的产业结构升级，并且该效应在中西部地区、中心地区、运输廊道和内陆自贸区更大；张建清和龚恩泽（2021）发现中欧班列开通能够对城市全要素生产率产生积极影响，其辐射范围为200~300公里。

三是针对出口竞争力的相关研究。目前学术界针对出口竞争力的研究大致可分为宏观、中观和微观三个层面。在宏观层面，已有文献认为发达国家独资企业所占比重、区域性开放策略、直接投资、产业结构变迁和数字经济发展是提升出口竞争力的重要因素（文东伟等，2009；Sawant，2014；李琛等，2020；姚战琪，2022）。在中观层面，诸多研究证明技术升级和创新能够有效提升出口竞争力（鲁晓东，2014），并且在可持续发展背景下，环境规制对行业出口竞争力的影响也成为学术界关注的焦点（董敏杰等，2011）。同时，Wilson等（2005）、Francois和Manchin（2013）、Duranton等（2014）以不同国家的交通基础设施建设为样本，发现交通基础设施的改善能够显著提高出口竞争力。在微观层面，赵永亮等（2011）、王恕立和吴楚豪（2020）、李宏等（2021）、Eck和Huber（2014）分别认为企业内部治理机制的改善、制造业企业"服务化"趋势、专利质量的提升与跨国公司OFDI逆向技术溢出是提高企业出口竞争力的重要因素。

以上文献深入探析了"一带一路"倡议与出口贸易的关系，从不同视角分析了中欧班列开通带来的经济效应，并对影响出口竞争力的主要因素进行了多方位解读，但文献主要基于行业或企业视角对出口竞争力进行剖析，极少有文献在城市层面探讨出口竞争力的影响因素，并且现有研究不仅未对中欧班列开通与城市出口竞争力之间的内在关系给予正面回应，更缺乏对交通基础设施与出口竞争力关系的系统梳理。既然"一带一路"倡议有效促进了中国高质量出口，中欧班列的开通又能对城市对外贸易、创新水平和产业升级等产生正面影响，那么作为"一带一路"重要抓手的中欧班列能否提高城市出口竞争力，进而推动对外贸易高质量发展？这是本文需要解决的首要问题。

2016年，作为中欧班列的首个顶层设计文件，《中欧班列建设发展规划（2016—2020年）》颁布出台，为中欧班列长期可持续发展做出了详细规划。目前，在畅通国内国际"双循环"和深入推动"一带一路"高质量发展背景下，中欧班列保持蓬勃发展态势，开行十年来安全稳定运行，发展势头迅猛。截至2021年底，班列开通城市已逾百个，通达23个国家的175个城市，这为研究中欧班列开通对城市出口竞争力的影响提供了一项天然的准自然实验场景，原因在于：一方面，中欧班列的开通取决于政府决策，并有各级政府保障实施，具有一定的外生性特征；另一方面，虽然开通班列城市数量逐年攀升，但从全国范围来看，仍有大部分城市并未开通，这自然为本文提供了开通与未开通两个组别，与准自然实验针对处理组和控制组的分组要求极为契合。基于以上条件，本文收集了截至2019年底中欧班列开通的城市信息、开通时间及其他信息因素，并将其匹配于城市特征信息，同时按照是否开通班列将城市划分为处理组和控制组两个组别，采用时点不一致的多期DID模型，实证考察了中欧班列开通对中国城市出口竞争力的影响。相比既有研究，本文可能的边际贡献在于：第一，作为一项"依托陆桥、向陆而生"的新型开放式运输通道，中欧班列的开通打造了亚欧国际运输新格局、开创了国际运输合作新局面，在此基础上，现有文献已经初步论证了中欧班列开通如何影响对外贸易、区域创新、产业升级与全要素生产率等，本文以"城市出口竞争力"为切入点，聚焦中欧班列开通如何影响城市出口竞争力这一具体问题，力求延伸中欧班列开通的影响效应的研究视域，以进一步凸显这项新型开放式运输通道研究的学术价值。第二，综观现有文献，学术界针对出口竞争力的研究主要集中在行业和企业等领域，但在当前"优化区域开放格局"是推动区域协调发展的重要内容，并且在"扩大高水平对外开放，以高水平开放促进深层次改革"的要求下，出口竞争力俨然已成为衡量城市开放质量的主要指标，在此背景下，研究城市层面的出口竞争力具有重要的理论与现实意义，为此，本文以中欧班列开通为一项准自然实验，探讨城市出口竞争力的变化，不仅从城市层面拓展了出口竞争力影响因素的研究视域，也以交通基础设施建设为视角补充了出口竞争力影响因素的研究文献。第三，本文在机制分析层面细致检验了中欧班列开通可能对城市出口竞争力产生影响的渠道，同时基于区位差异、"中心—外围"与政策支持等因素展开异质性分析，并在高质量发展背景下进一步验证了中欧班列开通与城市出口竞争力的关系，从不同角度揭示了中欧班列开通对于提升城市出口竞争力的重要作用，力求为政府部门实现中欧班列的可持续、高质量发展提供政策启示。

本文剩余部分结构安排如下：第二部分是制度背景与影响机制；第三部分是样本选择、模型设计与变量说明；第四部分是中欧班列开通对城市出口竞争力影响的基本实证结果及分析（涵盖政策外生性检验和稳健性检验）；第五部分为中欧班列开通对城市出口竞争力的影响机制；第六部分为中欧班列开通影响城市出口竞争力的异质性分析；第七部分是拓展性分析；第八部分是结论与政策建议。

二 制度背景、理论分析与假设提出

（一）中欧班列开通的制度背景及其与城市出口竞争力的基本关系

自"一带一路"倡议提出以来，"五通"建设取得了显著成效，其中"设施联通"作为重要一环，为中国与沿线国家或地区的"贸易畅通"提供了有力支撑。为践行"十四五"规划提出的"实行高水平对外开放，开拓合作共赢新局面"，中欧班列在共建"一带一路"的背景下发展势头节节攀升，为中国参与国际合作、推动贸易便利化，实现更大范围、更宽领域、更深层次的对外开放提供了新的契机。一方面，2011年3月，首趟中欧班列从重庆开出（重庆"渝新欧"），驶向德国杜伊斯堡，此后，武汉、长沙、成都等城市也相继成为中欧班列始发站点，自此，中欧班列在全国如"雨后春笋"般兴起，开行数量与货物运载量不断提升，比如2021年底中欧班列已铺画专用运行线路73条，通达23个国家的175个城市，成为"'一带一路'扎实落地最成熟的典范"[1]。另一方面，中欧班列以1/3的海运时间、1/5的空运价格，以及"三大通道、五大口岸[2]、五个方向、六大线路"为特点的基本格局极大地降低了货物运输成本，并通过"适铁"货源[3]的分流和运输资源的有效整合等渠道，不仅优化了海陆空国际运输分工，更有利于各城市之间依托自身交通优势积极展开多式协作联运［比如"西安—罗斯托克港（德国）—维罗纳（意大利）"的铁海联运、"乌鲁木齐—连云港—新德里（印度）"的公铁海联运等］，加速实现了内陆地区的"口岸化"，有效提高了内陆乃至全国范围的贸易输出能力，推动了丝绸之路经济

---

① 引自王德荣，2019，《中欧班列：共建"一带一路"倡议落地的典范》，《经济导刊》第11期。

② 相比之前"四大口岸"的提法，由于2018年新增绥芬河口岸，本文统一称为"五大口岸"。

③ 理论上看，海运适用于运输体量大、周期敏感性低的货物，对于价值和周期敏感性高的货物，若是小件则可选择空运，但关于大件的运输方式仍无最优解。因此，在空运和海运之外，存在一个"真空"地带，即具有较高附加值但不足以选择空运、对运输时效有一定要求但不敏感，同时又具有一定规模的商品，这类商品是中欧班列运输货物的主攻方向，被称为"适铁"货源。

带的串联与畅通。

政策制度的大力支持也是中欧班列迅速发展的重要动力。2016年，作为中欧班列的首个顶层设计文件，《中欧班列建设发展规划（2016—2020年）》的颁布，为中欧班列长期可持续发展做出了详细规划，并为中欧班列有效服务于"一带一路"建设，实现发展质量和综合效率的提升做出了系统部署。同年，中欧班列统一品牌正式启用，标志着班列发展进入常态化。2019年，《推进中欧班列高质量发展公约》（以下简称《公约》）在北京签署，为中欧班列在市场化运行、区域协调、政府合作、数字化服务等高质量发展方面提供了坚实的保障。2020年，国家发改委下拨专项资金，以支持郑州、重庆、成都、西安、乌鲁木齐等5个枢纽节点城市开展中欧班列集结中心示范工程建设。在多重政策指引与各级政府的保障落实下，中欧班列运输通道的经济效应不断显现，并逐渐成为带动沿线国家经济发展和经贸合作的重要"生命通道"，在此推动下，中欧班列开通也更能有效发挥出口促进效应、更好地服务于经济社会发展大局。

自2011年首趟中欧班列开通以来，班列累计开通城市已逾百个，累计开通班列数量也达到了12400多列，相应的货物运输经五大口岸分散到欧亚大陆23个国家，为开通城市出口增长做出了重要贡献。比如，2018年，中欧班列（西安）和中欧班列（郑州）出口运输的货值占城市整体出口额的比重分别为5.810%和8.370%；中欧班列（"湘欧快线"，长沙）2019年和2020年出口运输的货值占城市总出口额的比重分别为7.050%和8.380%；中欧班列（"渝新欧"，重庆）2019年和2020年出口运输的货值占比更是分别达到13.500%和21.490%。可见，中欧班列运输的货物价值占城市总出口额的比重不断上升，这也说明凭借着低廉的运输成本与高效的运输时间，中欧班列逐步成为城市出口企业货物的首要运输选择。并且随着城市出口贸易不断增加，搭乘中欧班列走出国门的货物种类也更加多样化，除开通初期占据出口绝大比重的服装与日用品之外，电子产品、传感器、机电产品和医疗器械等技术密集型产品已逐步成为出口货物的主力军。以东莞、合肥为例，开通初期的中欧班列仅运输服装、厨房用品和工艺品等低附加值产品，而目前光生伏特、传感器、机器人、轻工业产品和电子产品等技术密集型产品与高附加值产品已占据中欧班列运输货物的绝大比重（见表1）。由此可见，经由中欧班列的出口货物经历了由产业链低端向高端迈进、从劳动密集型向资本与技术密集型转变的过程，这也说明中欧班列运输产品的竞争力不断提升。此外，对物流时间与成本要求较高的冷链产品和水果肉类等产品也逐步搭乘中欧班列出口至欧洲，侧面反映了中欧班列的运输效率也在显著提升。

表1　主要城市运行情况

代表城市	开通时间	2020年开行总量（列）	主要出口产品种类	
			开通初期	当前
郑州	2013	1106	轮胎、高档服装、文体用品、工艺品等	电子产品、机电产品、高档服装、医疗器械、冷链产品、水果肉类等
东莞	2013	133	服装、厨房用品等劳动密集型产品	轻工业产品和电子产品等
义乌	2014	1399	日用小商品、服饰、箱包等	电子产品、汽车和船舶配件、五金工具、日用品等
合肥	2014	568	服装、工艺品等轻工业产品	光生伏特、传感器、机器人等技术密集型产品

资料来源：据海关总署（http：//www.customs.gov.cn/）、国家铁路局（http：//www.nra.gov.cn/）、中国一带一路网（https：//www.yidaiyilu.gov.cn/）等官网资料整理得到。

进一步地，本文考察中欧班列开通（以每年班列累计开通城市数进行衡量）与城市出口竞争力（用每年城市出口竞争力的平均值来表示，城市出口竞争力的度量方式详见本文第三部分）的变化趋势（首趟班列开通时间为2011年，由于初期只有少数城市开通，中欧班列开通的经济效应无法有效显现，并且在开通初期也存在无序的运营体系与分散的货源组织等情况，仅考察2013~2019年中欧班列开通与城市出口竞争力的变化趋势），可以看到，2013~2019年，中欧班列累计开通城市数与城市出口竞争力的均值逐年递增（虽然2017年的中美贸易摩擦使城市出口竞争力出现了小幅下降，但并未改变其上升的趋势），两者之间表现出显著的正相关关系如图1（a）所示。图1（b）也显示自2013年以来，中欧班列开通城市出口竞争力的均值持续提升，而未开通城市的出口竞争力变化趋势较为平缓，并且综合表1信息也可以判断，中欧班列开通似乎与城市出口竞争力的提升存在紧密关系。因此本文认为作为"一带一路"重要基础设施，有必要从理论上深入剖析中欧班列开通与城市出口竞争力的关系，并且对该问题的回答也能够为推动城市发展融入全球经贸合作、实现经济增长方式转变提供借鉴。

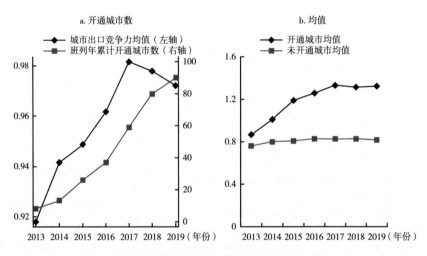

图1　中欧班列年累计开通城市数及城市出口竞争力

（二）理论分析与假设提出

新经济地理学认为运输成本的降低能够加速经济要素在空间的流动、聚集和分布，尤其是推动经济要素向中心区域聚集（Krugman，1991），现有研究证明，高昂的运输成本制约了地区出口贸易发展（黄玖立和徐旻鸿，2012），而大规模交通基础设施建设能够有效降低贸易运输成本，以实现区域内市场一体化，并对扩大企业出口贸易规模与增强出口竞争优势提供助力（吴群锋等，2021b）。再者，交通基础设施建设将推动经济要素在中心区域的集聚，进一步强化该中心的比较优势，并吸引知识、技术和资金等后发资源流入，从而增强产品的贸易竞争力（吴杨伟和李晓丹，2021）。在此基础上，诸多文献以新经济地理学为框架，从公路建设（白重恩和冀东星，2018）、高铁发展（唐宜红等，2019）等维度深入分析了交通基础设施建设对提升出口竞争力的促进作用。

相比国内未开通中欧班列的城市，班列开通城市在地理区位和资源禀赋等方面具有比较优势，并通过降低运输成本来不断吸引周边资源流入，因此积累了雄厚的经济资源，在参与对外贸易中也更具竞争力。同时，班列开通城市雄厚的经济基础为金融发展也提供了良好的环境，使开通城市内的企业相比未开通城市内的企业能够利用更充足的融资资源，提高产品技术复杂度和国际竞争力。中欧班列目的国多数为西欧发达国家，发达国家市场对进口产品严格的"门槛"要求将"倒逼"国内企业增强创新能力，以提高产品技术含量（王雄元和卜落凡，2019）。相比境外目的地城市并不完善的集散方式和短缺的回程货源，国内充足的货源支撑、高效的通道网络和有力的政策支持，使以重庆、西安、成都等为首的中欧班列开通城市迅速拓宽了向西开放的通道，提高了城市贸易开放度（方行明等，2020），为增强出口竞争力提供了有力支撑。上述分析预示着相比国内其他城市和国外相关城市，中欧班列可能是提升开通城市出口竞争力的重要因素。接下来，本文通过创新推动、金融发展和贸易开放等路径，具体探讨中欧班列开通对城市出口竞争力的影响机制。

第一，中欧班列开通为促进创新要素向中心区域集聚提供了条件，并通过提升城市创新水平增强了出口竞争力。中欧班列开通使区域之间的地理距离逐步缩短，便利了知识、技术、资金等创新要素向枢纽节点区域的流入与集聚，并且创新要素的不断流入又将通过累计循环效应强化枢纽区域的创新优势（李佳等，2020），这印证了新经济地理学的"中心—外围"理论。同时，区域创新理论认为区域创新水平取决于能力、激励与机会（万千，2017）。首先，中欧班列开通有利于中心区域的产业集聚，从而吸引新企业入驻和外部直接投资增加，该过程将伴随高科技人才和知识技术资源的流入，以推动创新要素和资源在中心区域的积累，为城市提高创新能力奠定基础。其次，中欧班列背后的政策支持提升了市场主体创新的积极性，加之中欧班列目的国多数为西欧发达国家，发达国家对产品严苛的入市要求将倒逼借助中欧班列运输的企业加大研发投入，以提高自主创新能力（王雄元和卜落凡，2019）。最后，中欧班列的开通增进了国内企业与发达国家在先进创新资源方面的沟通与交流，逆向溢出效应也为国内企业提供了学习发达国家先进技术和管理经验的便捷渠道，这不仅增强了区域内企业的创新能力，也提高了城市创新水平（李佳等，2020）。现有研究认为，出口产品质量及竞争力与创新水平休戚相关（洪俊杰和詹迁羽，2021）。在对外贸易高质量发展趋势下，出口企业加大研发投入、增强自主创新能力是提升出口产品竞争力的重要路径，同时企业创新能力的提升最终将带动城市创新水平的增长，并且城市较强的创新能力也是优化出口结构与提升出口技术复杂度的重要基础。鉴于此，本文认为中欧班列开通对城市创新的正向作用是提升城市出口竞争力的重要渠道。

第二，资金支持是推动中欧班列迅速发展的重要力量，诸多搭乘中欧班列运输的产品也在大量资金的助力下走出国门。虽然从2018年起财政部对各地补贴标准设定了限额，但大部分城市仍未取消对班列的补贴，这为中欧班列发挥长远的经济效应提供了支撑。与此同时，金融体系也对中欧班列的开通与发展做出了积极响应，比如中国人民银行西安分行、国家外汇管理局陕西省分局出台相关文件，提出13条金融政策支持中欧班列（西安）集结中心建设，并且为了对"一带一路"和中欧班列等开放平台提供支持，不仅银行等金融机构提高了对相关企业的授信额度，资本市场也对相关企业和项目的发展提供了大量融资支持，有效降低了融资约束与融资成本（徐思等，2019），可以看到中欧班列的开通吸引了大量资金涌入，并促使金融体系加大了针对诸多开放式项目和企业的资金支持力度，不仅扩张了金融服务规模，更通过多种渠道深化了金融服务层次、提升了金融服务效率（李佳等，2020），即中欧班列开通显著提升了城市金融发展水平。现有研究认为，企业引入先进技术、改进生产模式、提高产品质量和竞争力及进行出口贸易皆需要资金支持，在此过程中，关键在于缓解企业的融资约束（孔祥贞等，2013；徐思等，2019）。当前，在银行主导型金融体系格局下，企业融资严重依赖于银行贷款，银行分支机构的扩张能够有效减轻企业外源融资压力，提升出口产品附加值率（盛斌和王浩，2022），并且金融发展水平的提升也能够极大改善企业外部融资环境，以减少融资约束对出口的抑制效应（杨连星等，2015；曹珂，2018），显著提升出口产品的核心竞争力（陈琳和朱子阳，2019）。为此本文认为，中欧班列开通将通过提升金融发展水平对提高城市出口竞争力产生积极影响。

第三，中欧班列开通也能够通过提升城市贸易开放度，实现出口竞争力提高。一方面，作为一种新型开放式运输通道，中欧班列在"一带一路"沿线各国政府的通力协作下建成运营，相比海运的高风险性，各国铁路、海关和检疫部门的合作使中欧班列更加安全、稳定，由此吸引了大批出口货源。另一方面，由于价格低廉、运输量大，海运一直在国际贸易运输中占据垄断地位，这使中国东部沿海城市坐拥发展对外贸易的有利条件，而中欧班列作为深化"一带一路"向西开放的重要交通基础设施，为广大内陆城市"出海"搭建了桥梁，并带动中西部地区大量产品走出国门。与此同时，随着中欧班列经济效应逐步凸显，加之财政政策的倾斜，诸多东部城市也纷纷加入开通中欧班列站点的行列。可见，在中欧班列开行数量逐步增加的趋势下，城市对外贸易规模和对外贸易开放度不断增加（方行明等，2020）。理论上看，贸易开放对出口增长及竞争力提升的作用不言而喻，贸易开放程度的提升不仅有效推动了要素资源的互通与流动，加速了国际分工和专业化生产，促进了出口贸易增长，也加快了信息技术传播，通过压缩企业创新成本增强了出口产品的竞争力（Grossman 和 Helpman，1990），对于转型国家而言，较高的贸易开放度更有助于贸易增长，从长期来看，贸易开放度的提升也能够提高国内出口产业的国际竞争力。因此本文认为，城市贸易开放度的提升也是中欧班列开通促进出口竞争力提高的机制之一。

综合上述分析，本文认为中欧班列开通对城市创新水平、金融发展和贸易开放度等产生的有利影响将成为提升城市出口竞争力的重要机制，因此本文提出基准研究假设（H1）。

假设（H1）：在保持其他条件不变的情况下，中欧班列开通显著提升了城市出口竞争力。

三　研究设计

（一）样本选择与数据来源

本文选取的研究区间与样本为 2005~2019 年的地级市数据，并对这段时间发生撤市和设市的样本（巢湖市、三沙市和莱芜市等）予以剔除，同时考虑到大量信息缺失对研究可能造成的不利影响，本文样本亦不囊括西藏、中国台湾、中国香港和中国澳门等地区，最终收集到 283 个地级市的 4245 个观测值。本文地级市数据来源于国家统计局、《中国区域经济统计年鉴》、《中国城市统计年鉴》以及各省份统计年鉴等。中欧班列相关信息主要来自"一带一路"官网、中铁集装箱网站、中国铁路各地铁路局集团网站、各地市政府官网以及新闻报道等。

（二）模型设定

在本文样本区间内，各地区开通中欧班列的时间不尽相同，为了精准地评估中欧班列开通对城市出口竞争力的影响及机制，本文采用时点不一致的多期 DID 模型进行研究，基准模型设定如下：

$$ECI_{i,t} = \alpha_0 + \alpha_1 CRE_{i,t} + \alpha_2 \sum Controls_{i,t} + \delta_i + \mu_t + \varepsilon_{i,t} \qquad (1)$$

式中，$ECI_{i,t}$ 是城市出口竞争力（下标 i 和 t 分别代表城市和年份，下同）。α_0 为截距项，核心解释变量为 $CRE_{i,t}$，代表城市 i 在 t 年是否开通中欧班列，未开通的年份取值为 0，开通当年及之后的年份取值为 1。$Controls$ 是一系列控制变量；为避免遗漏变量和不可观测因素对估计结果造成的偏差，本文标准误的估计为修正异方差的 White 稳健标准误估计，并在模型中引入了城市固定效应（δ_i）和年份固定效应（μ_t），$\varepsilon_{i,t}$ 为随机扰动项。

1. 被解释变量：城市出口竞争力

由于经济发展水平不同以及海运在国际贸易运输中的主导地位，中国不同区域城市在发展出口贸易的先天性条件上存在较大差异，尤其是东部沿海港口的便利化运输条件为邻近地区的出口发展做出了突出贡献，再加上地区出口贸易发展与经济发展水平紧密相关，在中国这样地域辽阔、东西部地区经济发展水平悬殊的国家，仅采用出口额衡量城市出口竞争力有失偏颇。基于上述考虑，本文借鉴严兵（2006）的做法，采用出口竞争力指数（ECI）作为城市出口竞争力的衡量方式，具体计算公式如下：

$$ECI_{i,t} = \frac{export_{i,t} \Big/ \sum_{i=1}^{n} export_{i,t}}{gdp_{i,t} \Big/ \sum_{i=1}^{n} gdp_{i,t}} \tag{2}$$

式中，$export_{i,t}$ 是城市 i 在第 t 年的出口额，$gdp_{i,t}$ 是城市 i 在第 t 年的国内生产总值，n 是各省份的城市数量，可以看到，ECI 指标是用城市出口的相对规模与经济发展水平的相对规模之比来衡量城市的出口竞争力。

2.解释变量：中欧班列开通

中欧班列开通以来最初的线路安排为始发城市—内陆口岸—中亚/欧洲国家，国内段不经停，但随着班列的经济带动作用日益凸显及物流需求不断增加，发展势头旺盛的城市附近也相继开通中欧班列，便出现了像"蚌西欧"这样的经停线路（班列从蚌埠始发，到达西安港后，搭乘中欧班列长安号驶向目的国），本文将中转和直达城市统一设定为处理组，其余未开通班列的城市设定为控制组。在时间设定上，有些城市不止开设了一条班列线路，本文将城市开设第一条线路的时间作为班列开通时间，因此，为了精准识别中欧班列开通对城市出口竞争力的影响，参考蒋灵多等（2021）的研究思路，按照城市受冲击月份占全年的比例对首次开通当年的 CRE 进行取值，往后年份 CRE 的赋值为 1，否则为 0。例如郑州第一趟中欧班列开通时间为 2013 年 7 月，那么 2013 年的 CRE 取值 1/2，2013 年以后 CRE 赋值为 1。

3.控制变量

由于部分城市发展因素会对中欧班列开通与城市出口竞争力产生影响，为了得到系数 α_1 的无偏估计，本文在基准回归模型中加入了一系列反映城市特征的控制变量，具体参考李琛等（2020）、蒋灵多等（2021）的做法，选取变量如下：第一，为控制不同地区创新环境差异对出口竞争力的影响，引入城市研发水平变量（rd），具体采用科研事业费用投入占 GDP 之比进行表示。第二，考虑到政府行为变化在一定程度上能够决定当地是否开通中欧班列，因此引入政策支持环境变量（policy），具体为政府财政支出占GDP之比。第三，外部资金流入（或外商直接投资）与城市出口行为紧密相关，故引入对外开放水平变量（open），具体用实际利用外资额占GDP之比表示。第四，为了避免城镇化进程对城市出口贸易发展的影响干扰，本文引入城镇化水平变量（urban），具体用城市建设用地面积占行政区区域面积的比重表示。第五，地区产业结构也能够对城市出口贸易结构产生影响，因此引入产业结构变量（is），即用城市第三产业增加值与（第一产业增加值+第二产业增加值）之比表示。第六，城市基础设施建设也有可能对出口贸易产生影响，因此引入基础设施建设水平变量（facility），具体用固定资产投资占GDP之比进行衡量。表2为主要变量的描述性统计结果。

表2 主要变量描述性统计结果

变量	变量名称	变量定义	观测值	均值	标准差	中位数	最大值
ECI	城市出口竞争力	城市出口的相对规模/经济发展水平的相对规模	4245	0.961	1.059	0.696	7.4401
CRE	中欧班列开通	中欧班列开通城市×中欧班列开通时间	4245	0.061	0.233	0.000	1.000
rd	城市研发水平	科研事业费用投入/GDP	4242	0.002	0.003	0.001	0.063
$policy$	政策支持环境	政府财政支出/GDP	4242	0.196	0.216	0.148	6.041
$open$	对外开放水平	实际利用外资额/GDP	4051	0.108	0.035	0.115	0.168
$urban$	城镇化水平	城市建设用地面积/行政区区域面积	4243	0.018	0.046	0.007	0.869
is	产业结构	第三产业增加值/第一、第二产业增加值之和	4235	0.675	0.372	0.587	5.817
$facility$	基础设施建设水平	固定资产投资/GDP	4244	0.709	0.641	0.610	13.522

四 基准实证结果与分析

（一）平行趋势检验与基准回归结果

使用DID模型进行基准回归之前，需要判断处理组和控制组是否满足平行趋势，即评估在政策冲击之前，处理组和控制组的变化趋势能否一致，具体到本文，即分析开通城市和未开通城市的出口竞争力变化趋势是否一致。由于各城市班列开通时间不一致，本文借鉴华岳等（2022）的思路，采用事件研究法进行平行趋势检验，构造模型如下：

$$ECI_{i,t} = \beta + \beta_h T_{i,t}^h + \theta Controls_{i,t} + \delta_i + \mu_{i,t} + \varepsilon_{i,t} \qquad (3)$$

其中，$T_{i,t}^h$（h= −7，⋯，4 且 $h \neq -1$）是政策冲击和一系列年份虚拟变量的交互项。若城市 i 开通班列的年份为 y_i，则 $h = t - y_i$；当 $h \leqslant -7$ 时，$T_{i,t}^{-7} =$ 1，否则为0；依此类推，当 h= − 6，⋯，4 时，相应的 $T_{i,t}^h = 1$，否则为0；当 $h \geqslant 4$ 时，$T_{i,t}^4 = 1$，否则为0，其他变量与式（1）一致。为避免多重共线性，本文剔除了政策冲击前1期，β_h 汇报了处理组和控制组在班列开通第 h 年的出口竞争力是否存在显著差异，若在班列开通之间，β_h 系数均显著为零，则证明处理组和控制组满足平行趋势假设。图2显示 β_h 系数在政策冲击之前均不显著异于0，可见处理组和控制组并无显著差异，图2中结果也显示中欧班列开通对出口竞争力的促进效应在开通第三年才开始发挥。图2结果意味着在班列开通之前，处理组和控制组变化趋势相同，本文模型通过了平行趋势检验。

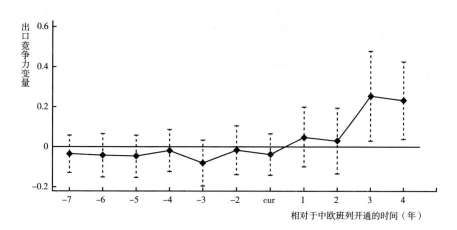

图2 平行趋势检验

表3为中欧班列开通对城市出口竞争力影响的基准结果，第（1）列为未加入控制变量和固定效应的结果，第（2）~（4）列为依次加入城市控制

变量、年份固定效应和城市固定效应的结果，第（5）列为加入所有控制变量及年份、城市固定效应的结果，可以看到 CRE 系数至少在 5% 的水平上显著为正，并且根据第（5）列结果可知，相比未开通中欧班列的城市，开通中欧班列城市的出口竞争力将提高 10.96%，由此印证本文基准假设（H1）是成立的。同时，根据图 2 结果，自中欧班列开通当年到开通后第 4 年，β_h 系数分别为 −0.030、0.061、0.043、0.260、0.228，5 年系数的加权平均值为 0.112，与表 3 第（5）列结果基本接近，初步说明表 3 结果的稳健性。表 3 结果也说明中欧班列开通为提升城市出口竞争力创造了条件，也意味着在新发展格局下，随着经济下行压力不断增大，各个城市需要重视打造高水平的开放平台，以推动出口贸易结构的持续优化，这对于实现产业结构升级与加快经济增长方式转变具有重要意义。

表3　基准回归结果

变量	ECI				
	（1）	（2）	（3）	（4）	（5）
CRE	0.461***	0.460***	0.523***	0.106**	0.110**
	(0.085)	(0.087)	(0.089)	(0.051)	(0.052)
rd		13.610*	18.835**	3.651	4.616
		(7.542)	(8.449)	(4.267)	(4.585)
policy		0.268	0.323	0.106*	0.128*
		(0.325)	(0.321)	(0.063)	(0.068)
open		0.012*	−0.001	−0.002	−0.005
		(0.006)	(0.009)	(0.003)	(0.005)
urban		0.504	0.444	0.183	0.238
		(0.336)	(0.339)	(0.247)	(0.249)
is		0.032	0.064	−0.104**	−0.107**
		(0.039)	(0.041)	(0.042)	(0.044)
facility		−0.118	−0.010	−0.012	−0.018
		(0.073)	(0.072)	(0.024)	(0.027)
城市	否	否	否	是	是
年份	否	否	是	否	是
样本量	4245	4039	4039	4039	4039
R^2 值	0.010	0.013	0.013	0.792	0.792

注：括号中为稳健标准误，***、**、*分别表示在 1%、5% 和 10% 的水平下显著。

（二）稳健性检验

1.DID估计前进行倾向得分匹配分析——对样本选择偏误的处理

为了得到中央政策的支持，部分城市有开通中欧班列的意愿，因此本文针对班列开通城市的选择可能无法做到完全"随机性"，若处理组中存在有开通班列意愿的城市，也说明本文存在一定的样本选择偏误问题。为了避免可能的样本选择偏误问题，本文参考蒋灵多等（2021）的做法，在PSM（倾向值匹配）的基础上再度进行DID估计：一方面，采用线性概率模型（即Logit模型），利用本文控制变量预测处理组的选择概率，并根据核匹配的方式进行匹配，从控制组中找出与处理组较为相近的"组"（即倾向得分接近），试图消除处理组和控制组之间的差异（处理组和控制组之间的特征差异不存在，即处理组城市除了"开通中欧班列"这个行为之外，在其他方面与控制组城市没有任何差别），尽可能规避处理组选择"非随机"等问题，结果表明在匹配之后，处理组和控制组之间的偏差显著降低，说明匹配结果良好（见图3），处理组选择的"非随机性"等问题得到极大缓解。另一方面，根据匹配后的样本，按照DID模型再度评估中欧班列开通对城市出口竞争力的影响，结果见表4中第（1）列，*CRE*系数显著为正，并且与基准回归系数相差甚小，再度印证了本文结论的稳健性。

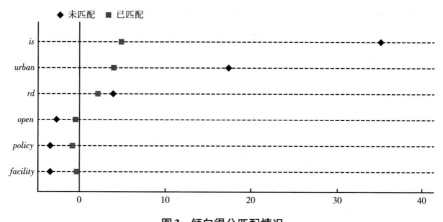

图3 倾向得分匹配情况

2.内生性处理——工具变量回归

为了规避由政策实施"非外生性"或"非随机性"导致的内生性问题，并缓解模型可能存在的遗漏变量等问题，本文采用工具变量法再度回归，主要考虑到工具变量能够同时满足相关性（与内生变量相关）和外生性（与随机扰动项不相关）两个条件。具体参考李佳等（2020）的做法，采用"古丝绸之路"作为中欧班列开通的工具变量。一方面，作为"一带一路"的重要交通基础设施平台，中欧班列运行线路与"古丝绸之路"途经区域高度重合，因此将"古丝绸之路"作为工具变量满足相关性条件。另一方面，"古丝绸之路"途经区域不会对当前城市出口竞争力产生影响，仅能通过中欧班列开通城市的确定产生效应，因此也满足外生性条件。为此，本文采用2SLS模型进行估计，并设置工具变量IV（当城市处在"古丝绸之路"途经省份，取值为1，否则为0），表4中第（2）、第（3）列汇报了相关结果，从第一阶段结果来看，工具变量与中欧班列开通之间存在显著的正相关关系，即"古丝绸之路"与中欧班列开通区域存在显著的相关性，F值也大于经验值10，Kleibergen-Paap Wald、Kleibergen-Paap LM等统计量对应的p值也小于1%，意味着不存在弱工具变量与不可识别等问题。第（3）列的*CRE*系数显著为正，并相对于基准回归系数的绝对值有所提升，意味着通过工具变量对内生性问题控制后，本文核心结论依然是成立的，而且2SLS估计的各项系数相比表3基准结果有所提升，可能的原因是：一方面，外部冲击造成整体出口下行，使中欧班列开通与出口竞争力表现出非因果效应的负相关关系，比如全球经济下行导致外部需求疲软，以及贸易摩擦等影响，对出口增长带来了负向影响。另一方面，遗漏变量偏误。中欧班列开通与否与随机扰动项中的部分因素存在负相关性，这将造成最小二乘估计结果向下偏误，并且部分中欧班列开通城市位于中西部，这些城市经济发展水平相对落后，基础设施建设、产业结构、教育水平、创新能力等方面表现相对欠佳，但这些变量可能正向影响出口竞争力，这同样会使中欧班列开通效应与随机扰动项表现出负相关性。

3.替换被解释变量

理论上看，出口产品竞争力的提高也会反映在出口额的变化上，为此本文将城市出口额取自然对数，并作为被解释变量进行处理。结果详见表4第（4）列，可见*CRE*系数显著为正，即中欧班列开通也显著提升了城市出口额，基准结果依旧稳健。

表4　稳健性检验（一）

变量	（1）	（2）	（3）	（4）
	PSM-DID	工具变量回归		替换被解释变量
		CRE（第一阶段）	*ECI*（第二阶段）	
CRE	0.126**（0.054）		0.376***（0.127）	0.092*（0.049）
IV		0.850***（0.012）		
控制变量	是	是	是	是
城市	是	是	是	是
年份	是	是	是	是
样本量	4029	4039	4039	4039
R^2值	0.790	0.555	0.932	0.790
第一阶段F值		4782.110		
Kleibergen-Paap Wald F 统计量		4782.110（p值=0.000）		
Kleibergen-Paap LM 统计量		160.090（p值=0.000）		

注：括号中为稳健标准误，***、**、*分别表示在1%、5%和10%的水平下显著。

4.控制城市特征的时变趋势

为了避免城市特征随时间变化而出现结果偏误，本文在基准模型的基础上进一步控制城市固定效应和年份固定效应的交互项，结果见表5第（1）列，*CRE*系数依然显著为正。再者，Angrist和Pischke（2009）认为将控制变量与时间趋势变量的交互项引入模型，也能够有效控制城市特征变量随时间变化而变化的趋势，因此本文在基准模型中再度引入控制变量与时间趋势变量的交互项（即*Controls × trend*，其中，表中*rd*对应的系数和z值为*rd × trend*的系数和z值，依此类推），以再度控制城市特征时变趋势的影响。结果见表5第（2）列，*CRE*系数也显著为正，第（1）~（2）列结果说明在考虑城市特征的时变因素后，本文基准结论依然是稳健的。

5.控制其他交通基础设施的影响

除中欧班列之外，城市其他交通基础设施也会影响区域内创新要素流动、城市经济规模和贸易开放度等，因此城市出口竞争力的变化亦有可能受到其他交通基础设施的影响。为排除其他交通基础设施对出口竞争力的干扰，本文将海上运输（shipping）、航空运输（airleft）和公路运输（highway）作为控制变量纳入模型，其中，海上运输和航空运输分别用海运货运量与航空货运量进行衡量，同时限于数据可得性，公路运输用城市公路面积表示，以上数据皆来源于历年《中国城市统计年鉴》。结果见表5第（3）~（5）列，CRE系数均显著为正，表明在控制海运、空运和公路等三种交通运输方式后，中欧班列开通仍旧对城市出口竞争力存在正向影响。

表5　稳健性检验（二）

变量	(1)	(2)	(3)	(4)	(5)
	控制时变趋势		交通基础设施		
	固定效应交互项	Controls×trend	海运	空运	公路
CRE	0.122** (0.053)	0.116** (0.053)	0.122** (0.056)	0.176* (0.090)	0.118** (0.057)
控制变量	是	是	是	是	是
城市	是	是	是	是	是
年份	是	是	是	是	是
城市×年份	是	否	否	否	否
样本量	4039	4039	3937	1589	3976
R²值	0.792	0.791	0.799	0.825	0.794

注：括号中为稳健标准误，***、**、*分别表示在1%、5%和10%的水平下显著。

6.改变模型设定与剔除核心城市的稳健性检验

为使结论更加稳健，本文对中欧班列开通时间与处理组进行一系列替换处理：第一，由于部分城市在年末才开通班列，其带来的贸易促进效应在短期内无法显现，为了避免这些因素的干扰，本文参考李佳等（2021）的做法，若初次开通时间在1~9月，开通当年取1，否则取0（例如成都的中欧班列于2013年4月首发，则从2013年开始取1；西安的中欧班列于

2013年11月开通，则从2014年开始取1），结果见表6中第（1）列，*CRE*系数依然显著为正，本文核心结论依然稳健。第二，中欧班列按照"干支结合、枢纽集散"的组织方式运营，并在主要货源地、铁路枢纽等区域建立了一批班列枢纽节点，节点城市不仅在班列运输网络中承担着集结整编任务，也具备充足稳定的货源，能够实现每周开行2列以上点对点直达班列。为此，本文将重庆等12座城市定义为"常态化运营城市"①，并将其设定为处理组进一步考察中欧班列开通对城市出口竞争力的影响，表6中第（2）列显示相比基准回归，*CRE*系数的绝对值与显著性程度皆明显提高，该结果也印证了"常态化运营城市"在所有班列开通城市中的"领头羊"地位。第三，鉴于省会城市和直辖市等属于区域内经济核心城市，相比其他城市更具领先优势，也可能是更偏好开通中欧班列的城市（尤其是铁路枢纽），因而本文将以上两类城市剔除，并基于基准模型重新估计中欧班列开通对城市出口竞争力的影响，表6中第（3）列的*CRE*系数显著为正，可见在剔除省会城市和直辖市的影响后，本文核心结论依然不变。

表6　改变模型设定与剔除核心城市的稳健性检验

变量	（1）	（2）	（3）	（4）
	按照首开年份取值	常态化城市	剔除核心城市 （省会城市和直辖市）	控制自贸区政策影响
CRE	0.082*	0.345***	0.211***	0.104**
	(0.047)	(0.118)	(0.078)	(0.053)
控制变量	是	是	是	是
城市	是	是	是	是
年份	是	是	是	是
样本量	4039	4039	3629	4039
R²值	0.792	0.792	0.792	0.792

注：括号中为稳健标准误，***、**、*分别表示在1%、5%和10%的水平下显著。

---

① 常态化运营城市：沈阳、苏州、金华、合肥、郑州、武汉、长沙、东莞、重庆、成都、西安、兰州。

7.控制自贸区政策影响

自贸区政策也会对地区出口产生积极影响（蒋灵多等，2021），为排除同时期伴生的区域出口政策的影响，本文在基准模型中加入自贸区识别变量（$Trcity_{i,t}$），代表城市 i 在 t 年是否为自由贸易区，不是自贸区的年份取值为0，设立为自贸区及之后的年份取值为1，估计结果见表6中第（4）列，CRE 系数显著为正，但估计值相比基准结果稍有下降，总体来看，城市出口竞争力的提升主要还是由中欧班列开通所致。

8.多时点 DID 估计系数的偏误诊断

目前，有学者指出利用双重固定效应（Two-Way Fixed Effects，TWFE）估计 DID 处理效应可能存在偏误等问题，原因在于利用 TWFE 估计 DID 的处理效应，控制变量稳定性和处理效应同质性等假设，在实践应用中往往难以满足，因此，为进一步检验基准估计结果是否稳健，参考 Callaway 和 Sant'Anna（2021）的思路，通过双重稳健估计方法对 TWFE 可能存在的偏误问题进行纠正，具体结果如表7所示，利用双重稳健估计方法得到的处理组平均处理效应（ATT），其相应的回归系数和标准误与表3第（3）列的基准估计结果比较接近，说明本文利用 TWFE 估计的偏误问题并不严重。

表7　多时点 DID 的估计系数偏误诊断

指标	系数值	标准误	Z值	概率值
ATT	0.110**	0.051	2.140	0.033

注：括号中为稳健标准误，**表示在5%的水平下显著。

五　中欧班列开通对城市出口竞争力的影响机制

上文基准结果证明中欧班列开通对提升城市出口竞争力具有积极影响，但这种影响通过何种渠道发挥作用还有待深入剖析。由理论分析可知，中欧班列开通将通过创新驱动、金融发展和贸易开放等途径对城市出口竞争力产生影响，因此本文首先判断中欧班列开通对城市创新水平、金融发展和贸易开放度的影响，然后评估城市创新水平、金融发展和贸易开放度的变化对中欧班列开通与城市出口竞争力关系的影响，以此分析中欧班列开通对城市出口竞争力的影响机制。

首先，中欧班列开通便利了创新要素在枢纽节点区域的集聚，创新要素的不断流入又将通过累计循环效应增强枢纽区域的创新优势，可见中欧班列开通提高了城市创新水平，并且城市创新水平的提升也是优化出口结构与提升出口技术复杂度的重要基础，为改进技术水平和提高产品竞争力提供内源动力，可见城市创新水平的提升是中欧班列开通影响城市出口竞争力的重要机制。本文利用专利授权数（*patent*）衡量城市创新水平，表8第（1）~（2）列汇报了基于城市创新水平的影响机制，在第（1）列，*CRE*系数虽然不显著，但系数为正，说明中欧班列开通对城市创新水平的提升产生了正向影响，第（2）列交互项（*CRE* × *patent*）系数显著为正，可知城市创新水平的提升显著强化了中欧班列开通对城市出口竞争力的有利作用，表8第（1）~（2）列基本证明创新水平的提升是中欧班列开通影响城市出口竞争力的机制之一。

其次，中欧班列的开通与发展吸引了大量资金涌入，并促使金融体系加大针对诸多开放式项目和企业的资金支持力度，由此不仅扩张了金融服务规模，更通过多种渠道深化了金融服务，可见中欧班列开通显著提升了城市金融发展水平。同时，城市金融发展水平的提升也能够改善外部融资环境，以减少融资约束对出口的抑制效应，并显著提高出口产品的核心竞争力。本文采用地级市年末金融机构贷款总额与存款总额之比（*finsize*）衡量金融发展，表8第（3）列的*CRE*系数在1%水平上显著为正，第（4）列的交互项（*CRE* × *finsize*）系数也显著为正，这一系列结果表明金融发展作为中欧班列开通对城市出口竞争力的影响路径也是存在的。

最后，作为一项新型开放式运输通道，中欧班列开通提升了城市对外贸易开放度。贸易开放度的提升不仅有效推动了要素资源互通与流动，加速了国际分工和专业化生产，促进了出口贸易增长，也加快了信息技术传播，通过降低创新成本增强了出口竞争力（Grossman 和 Helpman，1991）。本文以对数化处理后的地级市进出口总额（*tra*）作为城市贸易开放度代理变量，第（5）列的*CRE*系数在1%的水平上显著为正，说明中欧班列开通显著提升了城市贸易开放度，与方行明等（2020）的结论一致，第（6）列的交互项（$CRE \times tra$）系数在5%水平上显著为正，意味着城市贸易开放度的提升，有助于强化中欧班列开通对城市出口竞争力的正向作用，该结果也表明，贸易开放度的提升也是中欧班列开通影响城市出口竞争力的重要路径之一。

表8　中欧班列开通对城市出口竞争力的影响机制分析

变量	(1)	(2)	(3)	(4)	(5)	(6)
	创新水平		金融发展		贸易开放度	
	patent	*ECI*	*finsize*	*ECI*	*tra*	*ECI*
CRE	0.033	0.294	0.038***	0.137	0.141***	0.289
	(0.106)	(0.228)	(0.010)	(0.143)	(0.045)	(0.233)
CRE×patent		0.027***				
		(0.007)				
patent		0.019				
		(0.015)				
CRE×finsize				0.072**		
				(0.034)		
finsize				0.053		
				(0.091)		
CRE×tra						0.023**
						(0.012)
tra						0.424***
						(0.024)
控制变量	是	是	是	是	是	是
城市	是	是	是	是	是	是
年份	是	是	是	是	是	是
样本量	4038	4038	4039	4039	4039	4039
R^2值	0.845	0.792	0.633	0.791	0.951	0.829

注：括号中为稳健标准误，***、**分别表示在1%、5%的水平下显著。

六　异质性分析

（一）地理区位差异

首先，作为服务于"一带一路"的陆上交通设施，中欧班列自提出之初就带有明显的地域战略导向，主要为中西部内陆城市提供对外开放的桥梁，现有文献也指出中欧班列在促进城市创新和产业升级等方面，皆存在中西部优于东部的特点（李佳等，2020；李佳等，2021）。相比中西部城市，东部城市在对外贸易中发展海运更有优势，但为了抢夺资源也纷纷加入中欧班列开通城市的行列，并且鉴于中国区域不均衡现象由来已久，东部地区无论是经济基础还是交通设施均优于中西部地区，因此本文认为有必要讨论中欧班列开通对城市出口竞争力的影响是否存在区域差异，在具体处理中，分别构建东部地区（$east$）和中西部地区（$midwest$）的虚拟变量，并与 CRE 形成交互项 $CRE \times east$ 和 $CRE \times midwest$，结果见表9第（1）～（2）列，显示仅东部地区的交互项（$CRE \times east$）系数显著为正，说明中欧班列开通仅对东部地区城市的出口竞争力产生了显著促进作用。

（二）"中心—外围"差异

为支持共建"一带一路"，国家发改委下拨专项资金，支持郑州、重庆、成都、西安、乌鲁木齐5个枢纽节点城市开展中欧班列集结中心示范工程建设，这些城市相比其他城市在货源、运营体系等方面占据一定优势，可以作为中西部地区开通中欧班列的重要中心城市。基于此，本文将上述五个城市设定为虚拟变量（mzx），并形成交互项 $CRE \times mzx$，以检验中欧班列开通对城市出口竞争力的影响在中西部地区是否存在"中心—外围"差异，结果见第（3）列，$CRE \times mzx$ 系数显著为正，即中欧班列开通显著提升了中西部地区中心城市的出口竞争力。为进一步验证中心城市的效应，本文按照上述做法又将部分东部中心城市设定虚拟变量（ezx），具体选取标准为位于东部地区的主要货源地节点（苏州、金华、沈阳、东莞），并形成交互项 $CRE \times ezx$，第（5）列 $CRE \times ezx$ 系数显著为正，且绝对值高于中西部中心城市。结合上文地理区位的异质性分析结果本文认为：东部地区及相应的中心城市具有更优越的地理区位，其更便于发展现在多数地区倡导的铁海联运或公铁海联运，因此中欧班列开通在东部地区产生了更大的经济效应，其对城市出口竞争力的提升作用也更为明显。为了增加结果可信度，本文还设置非中心城市虚拟变量（ww），并形成交互项 $CRE \times ww$，第（4）列交互项系数并不显著，综合上述分析可以得知，中欧班列开通主要对中心城市出口竞争力发挥了显著的提升效应。

（三）中欧班列开通与高水平对外开放平台的联动效应

《关于推进自由贸易试验区贸易投资便利化改革创新的若干措施》指出自由贸易试验区是党中央、国务院加快对外开放高地建设的重要决策，同时 2022 年《政府工作报告》也提出"高质量共建'一带一路'稳步推进"。作为联通欧亚大陆的重要纽带，中欧班列开通能否与自由贸易试验区、"一带一路"倡议等两大高水平对外开放平台形成合力，共同提升城市出口竞争力，是值得探讨的问题。

作为打造高水平对外开放平台的重要举措，自由贸易试验区在促进国际资本双向流动、加快贸易结构转变和产业升级等方面发挥了重要作用。现有研究认为，自由贸易试验区有效拉动了出口增长（蒋灵多等，2021）。鉴于此，为了考察自由贸易试验区建设与中欧班列开通的结合效应，在本文样本区间内，将国务院在上海、天津、江苏和浙江等 18 个省份设立的自由贸易试验区[①]所辖地级市识别为自贸区设立城市，并构建自贸区虚拟变量（$trade$）与核心解释变量的交互项（$CRE \times trade$），表 9 第（6）列显示，$CRE \times trade$ 系数显著为正，说明自由贸易试验区设立能够与中欧班列开通发挥联动效应，对城市出口竞争力产生更大的提升作用。

作为沟通中国与欧洲及"一带一路"沿线国家的重要开放式运输通道，中欧班列是否与"一带一路"政策合力推动了城市出口竞争力的提高？为解答上述问题，本文根据《"一带一路"大数据报告》提及的"政策沟通"指数划分"一带一路"倡议重点区域，将"政策沟通"指数排名前十的省份所辖地级市定义为重点城市，并设置相应的虚拟变量（$core$），同时构造交互项（$CRE \times core$）对上述问题进行检验，第（7）列显示，交互项（$CRE \times core$）系数显著为正，表明中欧班列对城市出口竞争力的提升效应在"一带一路"重点区域更为明显，该结果以城市出口竞争力为视角证明了中欧班列开通也能够与"一带一路"政策发挥联动效应。

---

① 自由贸易试验区省份：天津、河北、辽宁、黑龙江、上海、江苏、浙江、福建、山东、河南、湖北、广东、广西、海南、重庆、四川、云南、陕西。

表9　异质性分析

变量	（1）	（2）	（3）	（4）	（5）	（6）	（7）
	地理区位		中心—外围			自贸区	"一带一路"倡议
	东部	中西部	中心（中西部中心）	外围	中心（东部中心）		
CRE	0.022 (0.062)	0.160** (0.064)	0.074 (0.050)	0.599*** (0.155)	0.006 (0.042)	−0.007 (0.086)	0.022 (0.055)
CRE×east	0.138*** (0.016)						
CRE×midwest		−0.138 (0.086)					
CRE×mzx			0.611*** (0.161)				
CRE×ww				0.081 (0.074)			
CRE×ezx					1.185*** (0.331)		
CRE×trade						0.142*** (0.036)	
CRE×core							0.173* (0.092)
控制变量	是	是	是	是	是	是	是
城市	是	是	是	是	是	是	是
年份	是	是	是	是	是	是	是
样本量	4039	4039	4039	4039	4039	4039	4039
R^2值	0.792	0.792	0.792	0.795	0.794	0.792	0.792

注：括号中为稳健标准误，***、**、*分别表示在1%、5%和10%的水平下显著。

七　拓展性分析：高质量发展视域下中欧班列开通与城市出口竞争力关系的再讨论

随着货源分散与无序竞争等问题逐步得到解决，中欧班列发展迈入新时期。《中欧班列建设发展规划（2016—2020年）》的出台、中欧班列统一品牌的启用以及运输协调委员会的成立等，预示着打造可持续与高质量发展的国际班列成为未来中欧班列发展的新要求，为此在高质量发展视域下，中欧班列开通与城市出口竞争力的关系将如何表现，值得进一步探讨。

（一）中欧班列统一品牌建设与城市出口竞争力

为将中欧班列建设为具有国际竞争力和良好商誉度的世界知名物流品牌，《中欧班列建设发展规划（2016—2020 年）》指出要加强中欧班列的品牌建设和管理。2016 年 6 月 8 日，中欧班列统一品牌正式启用，标志着班列发展进入了崭新阶段，统一品牌后的中欧班列在整合资源和优化服务等方面也必将发挥更大作用，这也代表了中欧班列的未来发展趋势。本文将统一品牌当日始发中欧班列的 8 个城市设定为处理组[①]，其他城市为控制组，以检验统一品牌后中欧班列发展的可持续性，表 10 中第（1）列的 CRE 系数显著为正，即统一品牌后的中欧班列显著提升了城市出口竞争力，该结论也从出口竞争力的维度验证了中欧班列的发展具有可持续性。

（二）中欧班列发送量与城市出口竞争力

伴随着中欧班列发运规模持续扩大，2018 年中欧班列运输协调委员会第三次会议制定了《中欧班列高质量发展评价指标》，旨在进一步规范中欧班列发展。其中，发送量（班列运输的集装箱换算标准箱数量）指标能够有效反映中欧班列的工作量，是评价其发展成效的重要考核指标。为基于发送量考察中欧班列的发展成效，本文选取重庆、武汉、成都、郑州等 7 座城市[②]，这些城市无论是在货源集结还是在发运规模上都具有代表性，并能够反映中欧班列总体发展质量。本文将上述城市历年发运标准箱数量取对数后，与核心解释变量形成交互项（$CRE \times TEU$），结果见表 10 中第（2）列，$CRE \times TEU$ 系数显著为正，说明发运规模的提升能够显著强化中欧班列开通对城市出口竞争力的促进作用，该结果也印证了近年来中欧班列突出的工作成效，并具有良好的发展前景。

（三）中欧班列回程比率与城市出口竞争力

中欧贸易结构的不同导致中欧班列回程货源不足，这增加了班列运营成本（池永明，2016）。为打造高质量运行的国际班列，必须实现国内需求与欧洲市场的衔接，以提高回程货源的组织能力（徐紫嫣等，2021）。自

[①] 统一品牌当日实发中欧班列的 8 座城市：苏州、金华、郑州、武汉、长沙、东莞、重庆、成都。

[②] 发送量代表城市：重庆、武汉、成都、郑州、西安、金华、乌鲁木齐。

2014年以来，回程班列发展势头强劲，回程比率也逐年攀升，这为本文基于回程货源和成本优化视角考察中欧班列的出口竞争力效应提供了契机。基于收集回程班列数量与往返班列总数量构建回程比率（回程班列数量/往返班列总数量），该指标能够有效反映班列回程货源的组织能力及成本优化情况，是评价中欧班列高质量发展的指标之一，本文将回程比率（$return$）与CRE形成交互项（$CRE \times return$），表10中第（3）列的 $CRE \times return$ 系数显著为正（$return$是年度变量，为了防止与年份固定效应之间的共线性，本文在回归模型中没有纳入单独的$return$变量），表明充足的回程货源不仅强化了中欧班列开通对提升城市出口竞争力的促进作用，也意味着中欧班列自身的成本管控能力不断优化。

（四）中欧班列开通城市之间的合作趋势与城市出口竞争力

中欧班列无序竞争扰乱了市场秩序，对货源的恶性竞争与不同城市铺设线路的高度重叠等问题也加剧了资源浪费（徐紫嫣等，2021）。为了解决上述问题、推动中欧班列高质量发展，2017年5月，由中国铁路总公司倡议，重庆、郑州、成都等7座城市的中欧班列运营公司成立了中欧班列运输协调委员会，旨在搭建统一的运输协调平台，以推动中欧班列高效、可持续发展。中欧班列运输协调委员会现有14家成员单位[1]，成员单位在加强中欧班列货源集结、运营管理等方面开展了深入合作。为了分析城市之间合作是否有助于中欧班列发挥效力，本文将中欧班列运输协调委员会成员单位所在城市划归为处理组，[2]其他城市为控制组，表10中第（4）列的CRE系数显著为正，即中欧班列开通城市之间的合作有助于推动城市出口竞争力的提升，该结论也肯定了近年来中欧班列开通城市之间的合作趋势。

（五）基于中欧班列的多式联运与城市出口竞争力

多式联运指由两种及其以上交通工具相互衔接、转运而共同完成的运输过程。中欧班列凭借成本低廉、运能强大、运输安全等优点成为横跨欧

---

[1] 除《中国投资》杂志社外，其余成员单位均为中欧班列运营公司。

[2] 中欧班列运输协调委员会成员所在城市：北京、乌兰察布、长春、苏州、金华、厦门、郑州、武汉、南宁、百色、重庆、成都、西安。

亚大陆的黄金贸易通道，也带动了其他交通设施的运能释放。中欧班列与其他货运方式结合形成的多式联运不仅能够整合不同运输方式的优点，也能够提高运输效率，成为未来开放式运输通道发展的新趋势。例如，合肥在2015年开通了首条"铁海联运中欧班列"，集装箱可直达沿海港口，实现与国际货轮的无缝对接。为考察多式联运能否强化中欧班列开通对城市出口竞争力提升的作用，本文将对数化后的海运（sea）、公路（road）和空运（air）货运量与CRE再度交乘，以构建交互项CRE × sea、CRE × road、CRE × air，结果见表10中第（5）~（7）列，可以看到海铁联运、公铁联运有效提高了城市出口竞争力，而空铁联运未表现出应有的促进作用，该结论与中欧班列实际发展趋势较为契合，即相比空运，内陆城市"公路+中欧班列"发展势头强劲，而政府部门也一直致力于推动中欧班列与沿海港口展开合作，《中欧班列建设发展规划（2016—2020年）》也设立了10个沿海重要港口节点，以积极助力打造高效的国际铁海联运平台。

表10　拓展性分析

变量	（1）统一品牌	（2）发送量	（3）回程比率	（4）城市合作	（5）海铁联运	（6）公铁联运	（7）空铁联运
CRE	0.640*** (0.170)	0.007 (0.045)	0.080 (0.093)	0.585*** (0.154)	0.027 (0.080)	1.451*** (0.430)	0.158* (0.086)
CRE×TEU		0.058*** (0.014)					
TEU		0.050 (0.064)					
CRE×return			0.262** (0.114)				
CRE×sea					0.144*** (0.042)		
sea					-0.001 (0.003)		
CRE×road						0.013** (0.006)	
road						0.010 (0.016)	
CRE×air							-0.001 (0.001)

变量	（1）	（2）	（3）	（4）	（5）	（6）	（7）
	统一品牌	发送量	回程比率	城市合作	海铁联运	公铁联运	空铁联运
air							0.000
							(0.001)
控制变量	是	是	是	是	是	是	是
城市	是	是	是	是	是	是	是
年份	是	是	是	是	是	是	是
样本量	4039	4039	4039	4039	3937	4016	1589
R^2值	0.794	0.791	0.799	0.794	0.825	0.794	0.791

注：括号中为稳健标准误，***、**、*分别表示在1%、5%和10%的水平下显著。

八 结论与政策建议

（一）研究结论

作为"一带一路"建设的重要抓手与联通欧亚大陆的重要陆上交通设施，中欧班列是新时代建设贸易强国和打造高水平对外开放平台的重要举措，并为内陆城市"走出去"开辟了新型开放式运输通道。随着中欧班列逐步迈进高质量发展阶段，相关城市能否抓住中欧班列开通的机遇，提升自身出口竞争力，进而带动贸易结构优化和产业结构升级是理论界与实务界关注的重要议题。

在此背景下，本文以中欧班列开通为一项准自然实验，以2005~2019年中国283个地级市数据为研究样本，将中欧班列开通信息与地级市数据信息相匹配，利用时点不一致的多期DID模型，评估了中欧班列开通对城市出口竞争力的影响及其机制，主要结论如下：第一，作为深化中国与"一带一路"沿线国家经贸合作的重要载体，中欧班列开通显著提升了城市出口竞争力。在考虑内生性干扰、样本选择偏误、控制时变趋势和替换核心变量、改变模型设定与剔除其他核心城市等稳健性检验后，中欧班列开通对城市出口竞争力的提升效应依旧稳健。第二，借助新经济地理学的理论框架，本文研究发现，创新推动、金融发展和贸易开放等是中欧班列开通提升城市出口竞争力的主要机制，并且异质性检验也表明，在东部地区和中心城市区域，中欧班列开通对提升城市出口竞争力能够发挥更大的促进效应，同时中欧班列也能与自由贸易试验区、"一带一路"等国家战略平台实现联动，共同提升城市出口竞争力。第三，鉴于高质量已成为新时代中欧班列发展的新要求，本文基于统一品牌、发送量、回程比率、城市合作和多式联运等维度，发现中欧班列的高质量发展趋势亦能对提升城市出口竞争力产生显著的正向效应，该结论不仅符合新时代中欧班列的发展要求，也验证了中欧班列具有充分的可持续、高质量发展前景。

（二）政策建议

"十四五"规划明确指出要"全面提高对外开放水平，推进贸易和投资自由化便利化"，可以看出，在新发展格局下，高水平的对外开放体系对于畅通国内国际"双循环"、推动产业结构升级和实现经济高质量发展具有重要意义，而作为新型开放式运输通道，中欧班列俨然已成为新时代打造多层次、宽领域和高水平对外开放平台的重要抓手，立足研究结论，本文提出如下政策建议。

一是不断优化以中欧班列为载体的"走出去"平台，充分发挥中欧班列多元化的经济效应。本文发现中欧班列开通对城市出口竞争力的提升作用，是建立在中欧班列多元化经济效应的基础之上的，这充分说明中欧班列开通对地方经济的影响，已不仅仅局限于推动贸易增长和提升贸易开放度等维度，中欧班列经济效应的发挥也逐步跳出"通道经济"的框架，并产生了一定的辐射带动效应，成为产业转型升级和出口贸易结构优化的重要抓手。因此，各城市应因地制宜，紧抓中欧班列开通的机遇，合理规划自身的发展路径。第一，对于已开通中欧班列的城市，应当以地方政府的配套政策和完善的要素资源为基础，坚持利用中欧班列"走出去"通道，完善"走出去"的服务体系，为融入国际化发展营造融洽的市场环境，强化与"一带一路"沿线国家或地区的经贸往来，并借助中欧班列与发达国家实现联通，以助推产业转型升级和贸易结构优化，尤其要以中欧班列为平台实现优势产业与发达国家市场的有效对接，深入挖掘经济增长潜力。第二，对于已开通班列的内陆城市，应继续完善相关配套措施，以中欧班列开通为契机吸引高端创新要素和金融资源流入，努力提升创新水平，根据自身的产业禀赋优化产业布局，缩小区域间发展差距。第三，对于尚未开通中欧班列的城市，应充分利用自身要素资源和支柱优势产业，尽快加入中欧班列开通城市的行列，或试图与已开通班列的城市实现联通，力争中欧班列开通产生的经济效应向本地区辐射。

二是借助中欧班列开通的契机，打造高水平的对外开放平台。本文发现，中欧班列开通发挥的经济效应，需要以内嵌的"开放"功能作为重要基点，因此应以中欧班列这项新型开放式运输通道为载体，打造高水平的对外开放平台。第一，当前在推动全方位开放体系建设过程中，东部地区仍然发挥重要的引领作用，本文也发现中欧班列开通对城市出口竞争力的提升作用在东部地区更为明显，因此应继续发挥东部地区作为开放前沿的"领头羊"效应，努力整合不同的开放运输通道，推进东部地区沿海重要港口节点的建设，基于东部地区优越的地理优势继续打造铁海联运与公铁海联运等多式联运模式，同时也要强化内陆城市与沿海港口城市的通力合作，鼓励中欧班列和其他运输模式无缝、高效衔接，大力发展多层次的开放式运输新模式。第二，在优化区域协调发展与经济布局的基础上，通过中欧班列的迅速发展，提升内陆地区的开放程度，使内陆地区与国际市场实现联通，充分释放内陆地区的需求潜力，形成宽领域的对外开放新趋势。第三，创新制度设计，增强中欧班列服务于国家重大战略的意识，有效对接国家战略需求，强化中欧班列与自由贸易试验区、"一带一路"等国家级开放平台之间的联动，推动不同开放平台之间的信息共享与互动交流，赋予国家级开放平台更多的自主发展权力，通过不同开放平台之间的融合，努力打造高水平的对外开放新格局。

三是合理把控针对中欧班列的政策干预，确保中欧班列的可持续和高质量发展。第一，政府应适度控制对中欧班列的政策干预，坚持市场化的原则规范班列参与主体之间的竞合关系，并落实政府补贴的退坡监督机制，使班列强化自身的竞争优势。第二，政府应配合中欧班列的发展，出台具有针对性的政策措施，吸引高质量的创新要素和金融资源流入，提升区域创新能力，改善相应的外部融资环境，为中欧班列开通在产业升级、金融发展与出口竞争力提升等方面的作用发挥创造优质的市场环境。第三，加强班列统一品牌建设，制定涵盖货源组织、服务模式、价格机制等方面的管理措施与协调机制，优化国内外货源组织能力，扩大中欧班列集结中心的辐射范围，推动集结中心与国外经贸合作区、产业园区的合作，继续推进中欧班列海外仓、海外场站和国际陆港建设，强化国外货源对回程班列的支撑，实现班列对开的双向平衡，提升班列自身的成本管控能力。第四，推动开通班列城市之间的沟通、交流与合作，力争形成以"中心"带动"外围"的发展模式，同时搭建统一的数字化信息服务平台，实现发运货物种类、数量、目的国、报关等信息共享，打造"数字化"班列。

参考文献

［1］白重恩、冀东星，2018，《交通基础设施与出口：来自中国国道主干线的证据》，《世界经济》第1期。

［2］曹珂，2018，《金融发展、融资约束与中国企业出口参与》，《中国经济问题》第3期。

［3］陈琳、朱子阳，2019，《金融发展、金融结构与高科技产品的出口竞争力——国际经验及启示》，《世界经济文汇》第3期。

［4］池永明，2016，《中欧班列发展的困境与出路》，《国际经济合作》第12期。

［5］董敏杰、梁泳梅、李钢，2011，《环境规制对中国出口竞争力的影响——基于投入产出表的分析》，《中国工业经济》第3期。

［6］方行明、鲁玉秀、魏静，2020，《中欧班列开通对中国城市贸易开放度的影响——基于"一带一路"建设的视角》，《国际经贸探索》第2期。

［7］洪俊杰、詹迁羽，2021，《"一带一路"设施联通是否对企业出口有拉动作用——基于贸易成本的中介效应分析》，《国际贸易问题》第9期。

［8］华岳、金敏、张勋，2022，《数字基础设施与企业融资约束》，《中国经济学》第1期。

［9］黄玖立、徐旻鸿，2012，《境内运输成本与中国的地区出口模式》，《世界经济》第1期。

［10］蒋灵多、陆毅、张国峰，2021，《自由贸易试验区建设与中国出口行为》，《中国工业经济》第8期。

［11］孔祥贞、刘海洋、徐大伟，2013，《出口固定成本、融资约束与中国企业出口参

与》，《世界经济研究》第4期。

［12］李琛、赵军、刘春艳，2020，《双向FDI协同与制造业出口竞争力升级：理论机制与中国经验》，《产业经济研究》第2期。

［13］李宏、王云廷、吴东松，2021，《专利质量对企业出口竞争力的影响机制：基于知识宽度视角的探究》，《世界经济研究》第1期。

［14］李佳、闵悦、王晓，2020，《中欧班列开通对城市创新的影响研究：兼论政策困境下中欧班列的创新效应》，《世界经济研究》第11期。

［15］李佳、闵悦、王晓，2021，《中欧班列开通能否推动产业结构升级？——来自中国285个地级市的准自然实验研究》，《产业经济研究》第3期。

［16］卢盛峰、董如玉、叶初升，2021，《"一带一路"倡议促进了中国高质量出口吗——来自微观企业的证据》，《中国工业经济》第3期。

［17］鲁晓东，2014，《技术升级与中国出口竞争力变迁：从微观向宏观的弥合》，《世界经济》第8期。

［18］盛斌、王浩，2022，《银行分支机构扩张与企业出口国内附加值率——基于金融供给地理结构的视角》，《中国工业经济》第2期。

［19］盛丹、包群、王永进，2011，《基础设施对中国企业出口行为的影响："集约边际"还是"扩展边际"》，《世界经济》第1期。

［20］唐宜红、俞峰、林发勤、张梦婷，2019，《中国高铁、贸易成本与企业出口研究》，《经济研究》第7期。

［21］万千，2017，《中国区域创新差异探究》，《宏观经济研究》第2期。

［22］王恕立、吴楚豪，2020，《制造企业"服务化"能否提升出口国际竞争力？——来自中国制造企业的证据》，《产业经济研究》第4期。

［23］王雄元、卜落凡，2019，《国际出口贸易与企业创新——基于"中欧班列"开通的准自然实验研究》，《中国工业经济》第10期。

［24］王永进、黄青，2017，《交通基础设施质量、时间敏感度和出口绩效》，《财经研究》第10期。

［25］文东伟、冼国明、马静，2009，《FDI、产业结构变迁与中国的出口竞争力》，《管理世界》第4期。

［26］吴群锋、刘冲、祁涵，2021a，《交通基础设施建设、市场可达性与企业出口产品质量》，《经济科学》第2期。

［27］吴群锋、刘冲、刘青，2021b，《国内市场一体化与企业出口行为——基于市场可达性视角的研究》，《经济学（季刊）》第5期。

［28］吴杨伟、李晓丹，2021，《要素投入提升了制造业贸易竞争力吗？——基于拓展要素和调节效应的双重视角》，《世界经济研究》第2期。

[29] 徐思、何晓怡、钟凯，2019，《"一带一路"倡议与中国企业融资约束》，《中国工业经济》第7期。

[30] 徐紫嫣、夏杰长、袁航，2021，《中欧班列建设的成效、问题与对策建议》，《国际贸易》第9期。

[31] 严兵，2006，《FDI与中国出口竞争力——基于地区差异视角的分析》，《财贸经济》第8期。

[32] 杨连星、张杰、金群，2015，《金融发展、融资约束与企业出口的三元边际》，《国际贸易问题》第4期。

[33] 姚战琪，2022，《数字经济对我国制造业出口竞争力的影响及其门槛效应》，《改革》第2期。

[34] 张建清、龚恩泽，2021，《中欧班列对中国城市全要素生产率的影响研究》，《世界经济研究》第11期。

[35] 张俊美、佟家栋，2021，《"一带一路"国际人才网络对中国出口贸易的影响：来自出口企业的微观证据》，《世界经济研究》第9期。

[36] 张梦婷、钟昌标，2021，《跨境运输的出口效应研究——基于中欧班列开通的准自然实验》，《经济地理》第12期。

[37] 赵永亮、朱英杰、王方方，2011，《企业内部治理、外部优势与企业出口竞争力——基于异质性理论的微观数据考察》，《产业经济研究》第6期。

[38] 周学仁、张越，2021，《国际运输通道与中国进出口增长——来自中欧班列的证据》，《管理世界》第4期。

[39] Angrist J. D., J. S. Pischke. 2009. *Mostly Harmless Econometrics: An Empiricist's Companion* .Princeton University Press.

[40] Baniya S., Rocha N., Ruta M. 2020. "Trade Effects of the New Silk Road: A Gravity Analysis." *Journal of Development Economics* 146:102467.

[41] Callaway B., Sant' Anna P. H. C. 2021. "Difference-in-differences with Multiple Time Periods." *Journal of Econometrics* 225(2): 200–230.

[42] Coşar A. K., Demir B. 2016. "Domestic Road Infrastructure and International Trade: Evidence from Turkey." *Journal of Development Economics* 118:232–244.

[43] Duranton G., Morrow P., Turner M. 2014. "Roads and Trade: Evidence from the US." *Review of Economic Studies* 81(2):681–724.

[44] Eck K., Huber S. 2014. "Product Sophistication and Spillovers from Foreign Direct Investment."Working Papers 3(2):11—14.

[45] Francois J., Manchin M. 2013. "Institutions, Infrastructure and Trade." *World Development* 46(2):165–175.

［46］ Grossman G. M., Helpman E.1990.“Trade, Innovation and Growth.” *American Economic Review* (2):86–91.

［47］ Krugman P. R. 1991.“Increasing Returns and Economic Geography.” *Journal of Political Economy* (99):483–499.

［48］ Li P., Lu Y., Wang J. 2016. “Does Flattening Government Improve Economic Performance? Evidence from China.” *Journal of Development Economics* (123):18–37.

［49］ Redding S., Venables A. 2004. “Economic Geography and International Inequality.” *Journal of International Economics* 62:53–82.

［50］ Sawant A. 2014.“Strength and Weaknesses of Indian Agriculture Sector in the Era of Globalization.” *Procedia–Social and Behavioral Sciences* (133):28–37.

［51］ Wilson J. S., Mann C. L., Otsuki T. 2005.“Assessing the Benefits of Trade Facilitation: A Global Perspective.” *The World Economy* 28(6):841–871.

（责任编辑：陈星星）

股权激励计划与企业创新

——基于契约异质性视角的检验

李连伟　吕　镯　任浩锋　纪骁鹏[*]

摘　要： 随着我国股权激励制度的实践和创新驱动发展战略的实施，股权激励对企业创新的影响机理与制度优化成为亟待解决的问题。本文基于契约异质性视角，采用多期倾向得分匹配—双重差分（PSM-DID）方法检验了股权激励计划对企业创新的影响。研究发现，股权激励计划显著提高了企业创新投入和创新产出水平，并且提高了成长期和成熟期企业的创新投入以及成熟期企业的创新产出。影响机制检验发现，股权激励计划主要通过提高企业风险承担水平和创新团队稳定性、强化利益协同效应和监督效应机制来提高企业创新水平。进一步研究发现，股权激励计划对企业创新产出的促进效应更多地表现为"量质齐升"的创新策略，并且主要是由创新投入增加引起的，而不是由创新效率提高驱动的。本文对优化我国上市公司创新导向型股权激励机制设计，推动国家创新驱动发展战略实施具有重要意义。

关键词： 股权激励计划　企业创新　契约异质性　创新策略

---

*　李连伟，副教授，山东工商学院金融学院，电子邮箱：lilianwei200801@126.com；吕镯（通讯作者），讲师，山东工商学院统计学院，电子邮箱：lvzhuo200889@126.com；任浩锋，博士研究生，吉林大学商学与管理学院，电子邮箱：renhaofeng@yeah.net；纪骁鹏，硕士研究生，山东工商学院金融学院，电子邮箱：1612960903@qq.com。本文获得国家自然科学基金青年项目（71904107、72102129、71804096）的资助。感谢匿名审稿人的宝贵意见，文责自负。

一　问题提出

党的二十大报告指出，要坚持创新在我国现代化建设全局中的核心地位，加快实施创新驱动发展战略。实施创新驱动发展战略已成为推动我国经济增长和结构转型、增强我国经济创新力和竞争力的重要举措。企业创新理论也认为，创新是一个企业的核心，是企业实现长期增长最主要也是最可能的方式，同时也是经济持续增长的动力和源泉（Drucker，1994）。因此，加快推动企业创新既是企业长期持续发展的战略选择，也是推动我国创新驱动发展战略实施的必然要求。作为解决现代企业代理问题的重要机制，股权激励能有效缓解管理者与股东之间的利益冲突，推动企业创新（Jensen 和 Murphy，1990）。国外的经验证据也表明，股权激励在促进企业创新方面发挥了积极的治理效应（Lerner 和 Wulf，2007）。

在我国，自 2006 年《上市公司股权激励管理办法（试行）》（以下简称《管理办法》）实施以来，特别是近年来随着我国资本市场的快速发展和股权激励制度实践经验的积累，推出股权激励计划的上市公司数量逐年增多。根据 CSMAR 数据库统计，截至 2021 年 12 月 31 日，我国共有 2092 家上市公司推出了 3650 期股权激励计划，占 A 股上市公司总数的 44.7%。创新经济学框架下的组织控制理论认为，一个有效的公司治理机制必须有助于推动企业创新（O'Sullivan，2000）。《中国企业创新动向指数 2017 年报告》也指出，有效的股权激励机制设计是提高我国企业创新水平、推动企业转型升级的重要举措（中国企业家调查系统，2017）。那么，我国实施的股权激励计划如何影响企业创新活动就成为亟待研究的课题，有关我国上市公司股权激励对企业创新的影响机理与制度优化研究具有极强的实际应用价值。

对此，一方面，本文采用多期 PSM-DID 方法检验了股权激励计划对企业创新水平的影响，并基于契约异质性视角，进一步考察了股权激励计划不同合约特征对企业创新的影响机理及其异质性。另一方面，基于"投入—产出"框架，考察了股权激励计划对企业创新投入和创新产出的影响机理及其异质性。结合实证研究结果和我国上市公司实施股权激励计划的实践情况，本文提出从股权激励强度设置、股权激励对象选择、股权激励模式选择、激励有效期设置与持续性选择以及权益预留设置等方面完善我国股权激励制度，从企业创新的角度优化我国上市公司创新导向型股权激励机制设计，加快推动企业创新和国家创新驱动发展战略实施，促进我国经济长期可持续发展。

本文可能的贡献在于：在从总体上验证了实施股权激励计划能够提高企业创新水平的基础上，基于契约异质性视角系统考察了股权激励计划不同合约特征对企业创新的影响机理及其异质性，并据此优化了我国上市公司创新导向型股权激励机制设计。现有文献主要从总体上检验股权激励计划实施是否会影响企业创新活动，而忽视了不同合约要素对企业创新活动的影响机理及其异质性，或仅从股权激励对象或激励模式单一要素视角进行检验。根据笔者的检索以及对前期文献的整理发现，目前国内仅有李丹蒙和万华林（2017）、陈文强（2018）两篇文献从契约异质性的角度相对全面地检验了股权激励计划对企业创新的影响机理，但上述两篇文献的研究视角局限于股权激励强度、激励模式和激励有效期三个方面，且陈文强（2018）仅从企业创新投入角度进行了检验，亟须进一步拓展其他契约要素特征对企业创新的影响研究。对此，本文基于合约特征全要素视角，从股权激励强度、激励模式、激励对象、激励有效期限、激励次数以及权益预留六个方面系统考察了股权激励计划与不同合约要素对企业创新投入和创新产出的影响机理及其异质性，这不仅有助于拓展有关股权激励契约异质性与企业创新的理论研究，而且对指导我国上市公司实施股权激励计划、优化我国上市公司创新导向型股权激励机制设计、加快推动企业创新和国家创新驱动发展战略实施具有一定的现实意义。

二 文献梳理与假设提出

（一）股权激励计划与企业创新水平

在现代企业中，由所有权与经营权相分离所导致的委托代理问题（Jensen 和 Meckling，1976）一直是公司治理领域关注的主要问题。为了缓解因两权分离而引发的代理冲突，基于激励相容理论的股权激励制度应运而生。关于股权激励计划对企业创新的影响，一种观点认为，股权激励计划抑制了企业创新活动。其原因在于，管理层报酬与股价的高度相关性可能导致高管过于关注股价的短期波动和短期业绩增长，从而忽视了对企业创新的投入（Coles等，2006），同时分析师预测等资本市场压力也会抑制高管的创新动力（He和Tian，2013）。在我国，上市公司实施的股权激励计划具有福利效应（吕长江等，2009），因此并没有提高企业的创新投入和产出水平（徐长生等，2018）。另一种观点则认为，股权激励计划缓解了企业内部的代理冲突，提高了企业风险承担水平，从而提高了企业创新水平。典型研究包括李丹蒙和万华林（2017）、田轩和孟清扬（2018）以及刘宝华和王雷（2018）等。

事实上，由于创新投入是企业管理层的决策行为，因此，有关股权激励计划对企业创新投入的影响主要集中于高管层面的分析（赵世芳等，2020），具体可概括为以下两个方面：一方面，发挥"激励效应"，提高企业风险承担水平。由于企业创新活动具有不确定性、复杂性和长期性等特点，企业创新需要承担风险（Holmstrom，1989），而股权激励增加了企业高管收益对股价波动的敏感度，进而提高了其薪酬合约的凸性及其风险承担水平（Coles等，2006；Chava等，2010）。同时，企业创新也需要容忍短期创新失败并强化其长期行为导向（Manso，2011），而股权激励计划尤其是股票期权激励模式在权利与义务上的不对称性显著提升了对短期内创新失败的容忍度，从而提高企业创新投入水平。另一方面，发挥"金手铐"效应，提高创新团队稳定性。由于股权激励计划具有一定的有效期，较长的有效期有助于降低激励对象的离职率（肖淑芳和付威，2016），提高企业创新团队的稳定性，而创新团队的稳定性也有助于管理层形成企业创新人力资本投入的稳定预期，进而提高企业创新的物质资本投入水平。同时，较长的有效期也有助于抑制激励对象的短视行为，提高企业的资本配置效率和创新投入水平（Zattoni和Minichilli，2009；Gopalan等，2014）。此外，较长的有效期还能有效降低高管离职率（宗文龙等，2013；陈健等，2017），而高管团队的稳定性也有助于进一步提高企业创新活动的持续性，从而提高企业创新投入水平。

在企业创新投入既定的前提下，企业的创新产出将更多地依赖于企业员工的努力程度，因此，有关股权激励计划对企业创新产出的影响更多地集中于员工层面的分析（姜英兵和于雅萍，2017），具体可概括为以下三个方面：首先，发挥"利益协同效应"，激发员工创新潜力。股权激励计划通过授予员工一定的权益数量使其成为企业（潜在）股东，有助于形成其对组织的心理所有权（Psychological Ownership）（Pierce 等，2001），协同股东与员工之间的利益目标，激发员工的工作积极性与创新潜力，从而提高企业创新产出水平。其次，发挥"监督效应"，提高企业内部治理水平。类似于利润分享计划的产权安排（Baker 等，1988），股权激励计划通过将激励对象的股权收益与公司绩效和二级市场表现相挂钩，同样有助于激发员工的自我监督以及相互监督与合作（Baker 等，1988；Hochberg 等，2010）。同时，员工在成为股东后将更有动机并且也更有条件加强对管理层的监督，从而缓解因"集体行动难题"和"搭便车问题"而引发的对管理层的监督供给不足问题，提高企业创新产出水平。最后，发挥"金手铐"效应，提高创新团队稳定性。与高管股权激励类似，授予企业员工一定的权益数量同样有助于降低其离职率（肖淑芳和付威，2016），提高企业创新团队的稳定性，从而为提高企业创新产出提供有力保障。据此，本文提出假设1：

H1：实施股权激励计划提高了企业创新投入和创新产出水平。

（二）股权激励计划、契约异质性与企业创新

股权激励计划的契约要素特征对创新活动具有显著影响（李丹蒙和万华林，2017）。考虑到数据的可得性，本文将从股权激励强度、激励对象、激励模式、激励有效期限、激励持续性以及权益预留六个方面来梳理国内外研究现状及发展动态，进而提出相应的研究假设。

1. 股权激励强度与企业创新

现有关于股权激励强度与企业创新的文献研究大多集中于探讨高管股权激励对企业创新投入的影响。从国外的实证研究来看，大多数学者认为，高管股权激励与企业研发（R&D）支出呈显著正相关关系（Hemmer 等，1999；Cheng，2004；Lerner 和 Wulf，2007），并且在业绩越好的公司表现得越明显（Wu和Tu，2007）。但也有学者研究认为，企业实施股权激励计划与企业创新不存在显著的相关关系（Balkin等，2000；Tien和Chen，2012），甚至降低了企业创新投入水平（Bizjak等，1993；Tian，2004）。

国内关于股权激励强度对企业创新的影响研究大致分为两类：一类文献采用高管股权激励强度的替代指标来检验其对企业创新的影响。如采用管理层持股比例作为替代指标来检验高管股权激励对企业创新的影响（赵世芳等，2020）；或者采用Bergstresser和Philippon（2006）方法（以下简称"B-P法"），以高管股权激励收益占其总薪酬的比例来衡量高管股权激励强度，进而检验其对企业创新的影响（陈华东，2016；陈文强，2018）。然而，从管理层持股角度或采用B-P法来测算股权激励强度均存在一定的衡量偏误，[①]研究结论也值得进一步探讨。另一类文献则采用股权激励计划所涉及的标的股票数量占公司总股本的比例来衡量股权激励强度，并检验了股权激励强度对企业创新活动的影响，认为股权激励强度对企业研发投入的影响呈倒"U"型曲线关系（沈丽萍和黄勤，2016），或者对企业创新投入和创新产出不存在显著影响（李丹蒙和万华林，2017）。

作为股权激励计划最基本的契约要素，股权激励强度既反映了激励对象与股东之间的利益绑定程度，也反映了激励对象股权或期权占其总薪酬的比重，同时也部分反映了股权激励计划所涉及的员工覆盖面。因此，提高股权激励强度既有助于强化激励对象与股东之间的利益协同机制，也有助于提高激励对象报酬对公司股价的敏感度，激发企业高管与员工的工作积极性与创新潜力，同时也有助于扩大和稳定企业创新团队，提高企业创新投入和创新产出水平。根据CSMAR数据库统计，样本期内我国上市公司实施股权激励计划时所涉及的权益数量占公司总股本的比重不足3%，股权激励强度整体偏低。在相对较低的股权激励强度下，提高股权激励强度将

---

① 一方面，"管理层持股"与"股权激励"在理论基础、激励对象和股份获得方式等方面存在较大差异，以管理层持股比例衡量股权激励强度存在衡量偏误，其研究结论也有待进一步商榷。另一方面，采用B-P法统计的管理层股权既包括限制性股票也包括一般意义上的管理层持股，并且该方法将全部的上市公司作为样本，而非仅仅实施股权激励计划的公司样本，存在一定的衡量偏误问题。肖淑芳等（2013）也认为，该方法目前尚不适用于我国弱势有效的资本市场。

有助于促进企业创新活动。据此，本文提出假设 2：

H2：提高股权激励强度有助于提高企业创新投入和创新产出水平。

2. 股权激励对象与企业创新

根据我国证监会的相关规定，上市公司股权激励对象主要包括两部分，一是上市公司的董事和核心管理人员（不包括独立董事和监事，以下简称"高管股权激励"）；二是对公司业绩增长和发展具有重要影响的核心技术人员、核心业务人员及其他员工（以下简称"员工股权激励"）。在现代公司制企业中，企业创新主要取决于管理层决策（Balkin 等，2000），因此，必须对拥有战略决策权的高管给予足够的激励，才能激发他们的创新动力，从而推动企业创新（刘金石和王贵，2011），提高企业创新投入水平。国内的相关研究也多集中于从高管股权激励的角度进行检验（许婷和杨建君，2017），前期从管理层持股角度（朱德胜和周晓珊，2016；赵世芳等，2020）和基于 B-P 法测算股权激励强度（Lerner 和 Wulf，2007；陈华东，2016）的相关文献都属于这一研究范畴。

然而，除了高管以外，作为企业创新过程中最直接的参与者，核心员工拥有专业技术、掌握核心业务并控制关键资源，特别是在物质资本和人力资本投入既定的情况下，企业创新产出和创新效率的提高将更多地依赖于员工的努力程度。因此，员工也是促进企业创新的重要驱动力量（Acs 等，2002；姜英兵和于雅萍，2017；郭蕾等，2019）。从既有的文献研究来看，少部分学者检验了员工股权激励对企业创新的影响。如 Chang 等（2015）针对美国上市公司数据的研究发现，非管理层员工股票期权（Non-executive Employee Stock Options）能显著提高企业创新产出水平，并且这种促进作用要大于高管。姜英兵和于雅萍（2017）、陈效东（2017）以及郭蕾等（2019）基于中国上市公司数据也得出了类似的结论。

事实上，不同的股权激励对象——高管和员工在企业中的地位和企业创新过程中的作用存在较大差异。高管股权激励主要影响企业创新投入，而员工股权激励则主要是影响企业创新产出。也就是说，高管和员工股权激励对企业创新的影响体现在不同环节上，将股权激励作为一个整体或仅从高管股权激励的角度进行检验难以准确刻画其对企业创新的影响机理。

与此同时，由于员工股权激励强度与其所涉及的核心员工（同时也是企业创新的核心员工）人数正相关，员工股权激励强度越大，企业创新的研发人员投入就越大，相应地，企业创新的资本投入也就越大，从而提高了企业创新投入水平。据此，本文提出假设3：

H3：高管股权激励有助于提高企业创新投入水平，员工股权激励有助于提高企业创新投入和创新产出水平。

3. 股权激励模式与企业创新

目前，我国上市公司实施的股权激励计划所涉及的激励模式主要有股票期权和限制性股票两种，它们在权利与义务的对称性以及收益曲线特征上存在一定差异（Bryan等，2000）。理论上讲，股票期权由于权利与义务的不对称性使其作为一种凸性薪酬工具，可以有效降低管理者的风险厌恶程度，提高其风险承担水平，进而促进企业投资于研发等风险性投资项目（Rajgopal和Shevlin，2002）。而限制性股票由于具有线性的收益曲线而具有一定的惩罚性，并增加了管理者对风险的敏感性，因而对企业创新的促进作用相对较小（叶陈刚等，2015；孙菁等，2016）。从实证研究来看，基于企业研发投入和创新产出的研究普遍认为，股票期权能够提高激励对象的风险承担水平，因此，其对企业创新投入和创新产出的促进效应要强于限制性股票（陈文强，2018；姜英兵和于雅萍，2017；田轩和孟清扬，2018）。然而，从实践情况来看，根据CSMAR数据库统计，我国上市公司在实施股权激励计划时采用限制性股票激励模式的比例不断提高，自2018年起该比例已超过70%，而采用股票期权激励模式的占比则不断下降，这与前期文献的研究结论形成鲜明反差。

事实上，一方面，股票期权具有非对称的收益曲线，可以有效保护管理层免受短期股价波动的影响，从而激励管理层投入高风险的创新研发（王姝勋等，2017；田轩和孟清扬，2018）。因此，股票期权激励模式有助于提高企业创新投入水平，但对企业创新产出的促进作用则相对有限（王姝勋等，2017）。另一方面，相比于股票期权，限制性股票模式对激励对象的锁定效应更强，尤其是管理层出售股份时需要满足相应的监管要求，从而抑制管理层的短视行为，提高企业创新投入水平。与此同时，限制性股票的授予价格一般为授予时市价的一半左右，并由激励对象先出资购买后解锁并获得收益，而股票期权的行权价格通常为授予时的市价，并授予激励对象在规定时间按事先约定的价格购买一定数量的股票的权利，其收益受二级市场波动的影响较大。因此，相比于股票期权，限制性股票激励模式的收益更大，其对员工的绑定和激励效果也更强，更有利于提高企业创新产出水平，这也是越来越多的企业采用限制性股票激励模式的重要原因（陈文哲等，2022）。据此，本文提出假设 4：

H4：股票期权有助于提高企业创新投入水平，限制性股票有助于提高企业创新投入和创新产出水平。

4. 权益预留与企业创新

根据《管理办法》，权益预留是企业在实施股权激励计划之初，为了吸引并激励新进优秀员工而预留出来的一部分股份，也是股权激励机制设计的重要组成部分。为了进一步满足上市公司后续发展引进人才的实际需要，2016 年我国新修订的《上市公司股权激励管理办法》也将预留权益占拟授予权益数量的比例上限由 10% 提高至 20%，进一步提高了上市公司的自主决策权。从我国上市公司实施股权激励计划的实践情况来看，根据 CSMAR 数据库统计，2006~2021 年推出的 3650 期股权激励计划中，选择预留授予方式的占比为 58.8%。预留授予的数量占激励总量的比重平均为 9.4%。

目前，学术界和业界有关股权激励权益预留设置的研究成果甚少。仅有少数学者研究认为，股权激励权益预留与否对企业绩效的影响甚微（陈维政等，2014）。从预留权益的目的来看，权益预留体现了管理层对外部优秀员工引进的重视，特别是对于人才密集型企业，设置权益预留有助于推动企业持续招募专业技术人才，从而为促进企业创新提供人才支撑（李博，2017）。然而，《管理办法》明确规定，如果在股东大会审议通过后超过 12 个月仍未明确激励对象，权益预留将自动失效，这也意味着此时股权激励强度将有所减弱，反而不利于促进企业创新。或者说，权益预留的部分如果直接授予企业高管和员工，其对企业创新的促进效应可能会更好。据此，本文提出假设 5：

H5：取消权益预留有利于促进企业创新。

5. 股权激励有效期与企业创新

股权激励有效期限的设定是影响其激励效应持续性的重要因素（徐宁和徐向艺，2010），适当延长薪酬激励计划的有效期能够抑制管理层的短视行为，提高企业的资本配置效率（Gopalan 等，2014；刘宝华和王雷，2018）。考虑到企业创新活动的不确定性、复杂性和长期性等特点，较长的股权激励有效期有助于吸引并留住企业创新人才，提高企业的研发投入和创新产出水平（Baranchuk 等，2014；王姝勋等，2017；刘宝华和王雷，2018），并促进企业实质性创新增长（李丹蒙和万华林，2017），而设定的股权激励有效期过短会诱导管理层的机会主义从而降低 R&D 投入水平（Ladika 等，2018；陈文强，2018）。

从我国上市公司实施股权激励计划的实践情况来看，为了满足证监会的相关规定，我国上市公司的股权激励有效期多设为4年，且存在严重的羊群效应（吕长江等，2009），并且与香港主板市场的H股和红筹股相比，我国A股市场期权激励方案设计存在较严重的短期化倾向（徐宁和徐向艺，2010）。根据CSMAR数据库统计，自2011年以来，以4年作为股权激励计划有效期的占比均在50%以上，并采用"1+3"的时间模式，其中1年为等待期（限售期）、3年为行权期（解锁期）；同时，以5年作为股权激励计划有效期的占比仅为20%~30%，并采用"2+3"的时间模式。在相对较短的股权激励有效期下，延长股权激励有效期限将有助于提高企业创新水平。据此，本文提出假设6：

H6：较长的有效期限有助于强化股权激励对企业创新的促进效应。

6. 股权激励持续性与企业创新

除了上述合约特征以外，股权激励计划的可持续性也是长效激励机制的重要体现，具体来看：一方面，在企业发展的不同阶段随着战略和业务的调整，需要激励的对象往往也是动态变化的，保持股权激励的可持续性并动态调整激励对象是推动企业持续创新的重要保证。在2017年举办的第一届全国公司股权激励学术研讨会上，深圳华扬资本董事长黄云凯指出，长期动态优化是股权激励制度的核心。另一方面，上市公司实施股权激励是一个经验逐渐积累的过程，在此过程中可根据公司具体情况和市场变化进行动态调整，不断优化并构建适合企业自身发展的长期动态优化型股权激励机制。

通过梳理国内外相关文献我们发现，有关股权激励持续性对其治理效应的影响研究相对较少，既有文献主要从企业绩效、二级市场反应或动态业绩评价以及激励对象离职率等方面进行了检验，发现相比于仅实施一次股权激励计划的样本公司，连续多次实施股权激励计划的激励效果更显著，也更持久、稳定，更能体现出股权激励计划的长期激励效应（Liu 等，2016；陈文强，2016；肖淑芳和付威，2016）。此外，还有部分文献研究表明，尽管股权激励计划具有一定的有效期，但随着时间的推移，授予的权益数量分批行权或解锁，实施股权激励计划的公司治理效应将呈现边际递减趋势（屈恩义和朱方明，2017）。因此，多期股权激励计划的实施对提升其治理效应的持续性尤为重要。据此，本文提出假设7：

H7：增加股权激励计划的实施次数有助于强化股权激励对企业创新的促进效应。

综上所述，本文首先从总体上检验实施股权激励计划对企业创新活动的影响，然后基于契约异质性视角，进一步检验股权激励强度、激励对象、激励模式、权益预留、激励有效期限及其持续性对企业创新活动的影响及其异质性，并提出相应的研究假设，以期为优化我国上市公司创新导向型股权激励机制设计提供理论依据，具体如表1所示。

表1 本文提出研究假设的基本思路与具体内容

基本思路	研究假设的具体内容
总体影响	H1：实施股权激励计划提高了企业创新投入和创新产出水平
基于契约异质性视角的进一步检验	H2：提高股权激励强度有助于提高企业创新投入和创新产出水平
	H3：高管股权激励有助于提高企业创新投入水平，员工股权激励有助于提高企业创新投入和创新产出水平
	H4：股票期权有助于提高企业创新投入水平，限制性股票有助于提高企业创新投入和创新产出水平
	H5：取消权益预留有利于促进企业创新
	H6：较长的有效期限有助于强化股权激励对企业创新的促进效应
	H7：增加股权激励计划的实施次数有助于强化股权激励对企业创新的促进效应

三　研究设计

（一）数据样本

本文首先选取 2006 年 1 月 1 日至 2018 年 12 月 31 日实施股权激励计划的 A 股上市公司作为初始样本，为了保证在实施股权激励计划后至少有两年的观测数据，本文的财务数据截至 2020 年 12 月 31 日。然后，按照以下标准进行筛选：①剔除属于金融行业的公司；②剔除同时发行 B 股或 H 股的公司；③剔除样本期间内发生重大资产重组的公司和被 ST 或*ST 的公司；④剔除数据缺失的公司。最终得到 1029 家实施股权激励计划的实验组企业的 6393 个公司—年度观测值，以及 1850 家未实施股权激励计划的对照组企业的 10083 个公司—年度观测值。同时，为了消除极端值的影响，在后续分析中所有连续变量均在上下各 1% 的水平上进行了 Winsorize 缩尾处理。所有数据均来源于 CSMAR 数据库和 Wind 资讯数据库。

（二）计量模型

1. 倾向得分匹配（PSM）

作为政策实施效果检验的主流方法，双重差分模型（DID）备受推崇。然而，使用双重差分法的前提条件是满足共同趋势假设（Bertrand 和 Mullainathan，2003）。考虑到实施股权激励计划的公司样本可能并不是"随机"生成的，而是因具有某些共同特征而被"挑选"出来的，进而导致样本选择偏差（Selection Bias）（魏守华等，2020）和内生性问题，并难以满足共同趋势假设。此时，直接采用 DID 方法来检验政策实施效应其结果可能是有偏的（Brucal 等，2019）。为此，本文首先采用倾向得分匹配（PSM）法为每一家实施股权激励计划的实验组公司匹配一家从未实施股权激励计划的对照组公司，然后再采用双重差分法来检验股权激励计划对企业创新水平影响的"净效应"。

使用 PSM–DID 方法最关键的问题在于，PSM 方法适用于横截面数据，而 DID 方法则适用于面板数据，因此，使用 PSM–DID 方法时必须处理好适用于两种不同类型数据的方法的融合问题。经典的 PSM–DID 方法仅适用于两期面板数据，即政策冲击前后各一期（Heckman等，1998；田轩和孟清扬，2018）或政策冲击前只有一期的多期面板数据（Fowlie等，2012；何靖，2016）。而上市公司在股权激励计划实施前和实施后均具有多期数据，即多期面板数据，经典的PSM-DID方法不再适用。与此同时，传统的双重差分模型一般要求具有统一的政策实施年份，而上市公司实施股权激励计划的时间不具有一致性，标准的双重差分法也不再适用。

为此，国内外学者也提出了一些探索性的多期PSM-DID方法，或渐进PSM-DID方法，其中使用较多的方法有二：一是混合匹配法，即将面板数据视为横截面数据并进行匹配；二是逐期匹配法（Heyman等，2007；Bockerman和Ilmakunnas，2009），即分年度为每一个实验组企业匹配一个对照组企业（Heyman等，2007；田轩和孟清扬，2018；孟庆斌等，2019）。然而，混合匹配法的最大问题在于可能发生"时间错配"问题和"自匹配"问题（谢申祥等，2021），而无法有效控制"时间固定效应"。因此，本文首先采用基于逐期匹配的PSM方法为每一家实施股权激励计划的上市公司在同年度匹配一个特征最为接近的对照组公司，然后再采用多期DID法来检验股权激励计划对企业创新水平的影响。

由于本文的实验组企业为2006~2018年实施股权激励计划的上市公司，样本区间跨度相对较长，而前期推出股权激励计划的公司数量又相对较少，更多的上市公司是在样本区间的后期才推出股权激励计划。此时，如果将分组虚拟变量 *Treat* 作为psmatch2的分组变量，将使得基于该方法测算的每家上市公司在每一年实施股权激励计划的Pscore值与现实情况存在较大差异，进而导致在为每家实验组企业匹配对照组企业时产生较大偏差。因此，在PSM匹配过程中，本文没有将分组虚拟变量 *Treat* 作为psmatch2的分组变量，而是设置哑变量 *Plan*。对于实施股权激励计划的公司样本，自实施当年起至完成，*Plan* 等于1，其他情形 *Plan* 则等于0（*Plan* 实质上就是后文中的DID）。同时，为了扩大样本容量以更准确地测算每家上市公司在每一年度实施股权激励计划的倾向得分，本文首先将面板数据作为横截面数据来测算每家上市公司每个年度实施股权激励计划的Pscore值，然后再进行逐年匹配。

具体过程当中，本文选取了既影响股权激励计划实施又影响企业创新水平的指标作为匹配变量（具体见变量定义部分），同时采用Logit模型测算每个"公司—年度"样本实施股权激励计划的Pscore值，并根据实施股权激励计划当年的Pscore值，采用1：1且无放回的最近邻匹配方法，为每一个实验组公司在同年度所有未实施股权激励计划的公司中匹配一个倾向得分最为接近的对照组公司。在剔除不满足共同支撑假设的样本后，最终得到实验组公司和对照组公司各814家。

2. 多期DID模型

为了检验股权激励计划实施对企业创新活动的影响，参照Beck等（2010）的做法，本文基于逐年匹配的PSM方法构建如下双向固定效应双重差分模型：

$$Innovation_{i,t+1} = \beta_0 + \beta_1 DID_{i,t} + \gamma H_{i,t} + \mu_i + \nu_t + \varepsilon_{i,t} \tag{1}$$

其中，i和t分别表示企业i的第t期，$Innovation$为企业创新，考虑到企业创新活动的滞后性特征，也为了缓解内生性问题，本文采用$Innovation$的超前一期项作为被解释变量。$DID_{i,t} = Treat_i \times Post_{i,t}$，其中，$Treat$为分组虚拟变量，如果截至2018年底企业实施过股权激励计划，则$Treat$取1，其他则取0；$Post$为实施股权激励计划的时间虚拟变量，在股权激励计划实施当年及以后，$Post$取1，其他则取0。而对于对照组企业，本文将按照逐年匹配方法配对成功的年份作为其实施股权激励计划的基准年份，在此基准年份及以后，$Post$取1，其他则取0。H为一组表述企业特征的控制变量，μ_i和ν_t分别表示不随个体和时间变化的企业固定效应和年度固定效应。

（三）变量定义

1. 被解释变量

本文的被解释变量为企业创新，包括企业创新投入和创新产出两个方面。本文采用企业研发资本投入（Rd）来衡量企业创新投入，并采用专利申请数量（$Apply$）来衡量企业创新产出。其中，研发资本投入（Rd）等于企业研发投入金额的自然对数，专利申请数量（$Apply$）等于上市公司及子公司合营联营公司当年的专利申请总数加1的自然对数。同时，本文还将采用企业研发人员投入（*Rdperson*）和专利授权数量（*Agrant*）作为替代性指标进行稳健性检验。

2. 解释变量

本文的解释变量为交互项 $DID_{i,t}=Treat_i \times Post_{i,t}$，具体如式（1）所示，不再赘述。

3. 控制变量

本文的控制变量 H 和倾向得分匹配 PSM 中的协变量保持一致，具体包括：企业产权属性（*State*），*State*=1 表示国企，否则为非国企；管理层持股比例（*Mhold*），等于管理层持股数量与总股本之比；高管薪酬（*Lnpay*），等于董事、监事及高管前三名薪酬总额的自然对数；第一大股东持股比率（*Large*），等于第一大股东持股数量与公司总股本之比；股权制衡度（*Z*），等于第二大股东至第十大股东持股比例之和；独立董事占比（*Ind*），等于独立董事人数与董事会规模之比；总资产净利润率（*ROA*）；资产负债率（*Lev*），等于年末总资产的自然对数；公司规模（*Lnsize*），等于年末企业总资产的自然对数；同时，模型中还控制了个体固定效应（μ_i）和年度固定效应（v_t）。需要指出的是，企业创新投入对企业创新产出产生直接影响，因此，在以企业创新产出作为被解释变量时，本文还加入了企业创新投入作为控制变量。

四 实证结果与分析

（一）PSM 匹配结果与单变量 DID 检验

在基于股权激励计划实施当年的 Pscore 值进行逐年匹配后，本文进行了逐期平衡性检验，结果显示，PSM 匹配后的处理组与对照组企业在股权激励计划实施当年的控制变量差异得到了有效缓解与控制。Pscore 值的核密度函数也显示，匹配前处理组与对照组企业的 Pscore 值的核密度函数存在较大差异，而在匹配后则较为接近，表明满足共同支撑假设。[1]

---

① 限于篇幅，逐期平衡性检验和 Pscore 值的核密度函数图没有列出，备索。

在进行倾向得分匹配（PSM）的基础上，参照郝项超等（2018）、田轩和孟清扬（2018）等的做法，本文首先采用单变量DID方法来检验实施股权激励计划对企业创新投入和创新产出的影响。具体来看，本文首先用 *Before* 表示实施股权激励计划前4年（$t-i$；i=1，2，3，4）的时间区间，*After* 表示实施股权激励计划后4年（$t+i$；i=1，2，3，4）的时间区间。然后，分别计算实验组（*Treated*）和对照组（*Control*）企业创新投入和创新产出水平在 *Before* 和 *After* 两个时间区间内的均值。在此基础上，对两组企业的创新投入和创新产出水平在实施股权激励计划前后的均值差异进行 t 检验，结果如表2所示。可以发现，实施股权激励计划显著提高了企业创新投入水平，其政策效应为0.045。同时，实施股权激励计划也显著提高了企业创新产出水平，其政策效应为0.054。

表2　股权激励计划对企业创新的影响：基于 PSM 的单变量 DID 检验

变量		*Control*	*Treated*	*Diff*（*Treated−Control*）
企业创新投入（*Rd*）	*Before*	17.503	17.663	0.160*** (0.023)
	After	17.616	17.819	0.203*** (0.020)
	Diff（*After−Before*）	0.113*** (0.005)	0.156*** (0.004)	0.043*** (0.007)
企业创新产出（*Apply*）	*Before*	2.986	3.122	0.136*** (0.025)
	After	3.055	3.232	0.177*** (0.028)
	Diff（*After−Before*）	0.070*** (0.007)	0.110*** (0.007)	0.040*** (0.012)

注：①*、**、***分别表示1%、5%、10%的显著性水平。括号内为稳健标准误。②*Diff*（*Treated−Control*）表示实验组和对照组企业创新投入和产出均值的差异，*Diff*（*After−Before*）表示股权激励计划实施前后企业创新投入和产出均值的差异。

（二）基准回归分析

本文通过构建多期 PSM-DID 双向固定效应模型来检验实施股权激励计划对企业创新投入和创新产出的影响，作为比较基准，本文同时进行了多元 OLS 回归，结果如表3所示。其中，第（1）和第（4）列为多元 OLS 回归结果，其他列均为多期 PSM-DID 双向固定效应模型的回归结果，第（2）和第（5）列仅控制了企业固定效应（*Firm*）和年度固定效应（*Year*），第（3）和第（6）列则进一步引入了企业层面的控制变量 *H*。检验结果表明，*DID* 的估计系数均至少在5%的水平上显著为正，表明实施股权激励计划显著提高了企业创新投入和创新产出水平，研究假设1（H1）得以验证。从经济意义上讲，第（3）和第（6）列的估计结果显示，相比于逐期PSM匹配后的对照组企业，实验组企业实施股权激励计划后其创新投入和创新产出水平分别提高7.7%和6.8%。

表3　基准回归分析

变量	（1）	（2）	（3）	（4）	（5）	（6）
	Rd_{t+1}			$Apply_{t+1}$		
	多元OLS	多期PSM-DID		多元OLS	多期PSM-DID	
DID	0.287***	0.128***	0.077***	0.071**	0.138***	0.068**
	(0.023)	(0.019)	(0.018)	(0.034)	(0.036)	(0.034)
Rd				0.441***		0.069***
				(0.017)		(0.025)
State	−0.022		0.130	0.109**		0.375**
	(0.044)		(0.095)	(0.051)		(0.162)
Mhold	0.005***		0.005***	0.004***		−0.001
	(0.000)		(0.001)	(0.001)		(0.002)
Lnpay	0.343***		0.073**	0.026		0.062
	(0.018)		(0.029)	(0.026)		(0.043)
Large	−0.004***		0.001	0.001		−0.002
	(0.001)		(0.002)	(0.001)		(0.003)
Z	0.000		0.005***	−0.003**		−0.002
	(0.001)		(0.002)	(0.001)		(0.002)
Ind	−0.109		−0.608***	0.158		−0.121
	(0.190)		(0.224)	(0.264)		(0.336)
Roa	2.059***		1.297***	1.118***		1.065***
	(0.189)		(0.163)	(0.316)		(0.312)
Lev	−0.565***		0.011	0.469***		0.103
	(0.068)		(0.104)	(0.089)		(0.137)
Lnsize	0.644***		0.583***	0.193***		0.361***
	(0.014)		(0.028)	(0.023)		(0.041)
Constant	−1.039***	15.804***	2.752***	−9.459***	1.701***	−7.061***
	(0.329)	(0.141)	(0.690)	(0.463)	(0.071)	(0.987)
Firm/Year	否	是	是	否	是	是
样本量	12375	12507	12375	6757	8625	6757
调整 R^2 值	0.367	0.470	0.574	0.300	0.285	0.245

注：*、**、***分别表示10%、5%、1%的显著性水平。为了缓解可能存在的序列相关问题，括号内为聚集到企业层面的稳健标准误。

（三）稳健性检验

1. 平行趋势检验及其动态效应

本文采用多期 PSM-DID 方法检验实施股权激励计划对企业创新影响的一个前提条件是满足平行趋势假设，同时也为了进一步考察平行趋势检验的动态效应，本文借鉴事件研究法的基本思想，逐年测算实施股权激励计划的政策效应。具体来看，本文以 $t-1$ 期作为基期，将股权激励计划实施前四年、实施当年以及实施后五年的年度虚拟变量 $Year_{t+j}$（$j=-4$，-3，-2，0，1，2，3，4，5）分别与分组虚拟变量 $Treat$ 相乘，并构建如下计量模型：

$$Innovation_{i,t+1} = \beta_0 + \sum_{j=-4,\neq-1}^{5} \beta_{t+j} Treat_i \times Year_{i,t+j} + \gamma H_{i,t} + \mu_i + \nu_t + \varepsilon_{i,t} \quad (2)$$

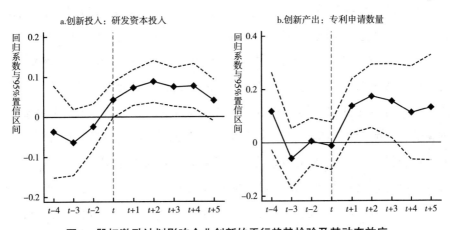

图1　股权激励计划影响企业创新的平行趋势检验及其动态效应

图1展示了基于逐期 PSM 匹配后的双向固定效应模型（2）测算的回归系数 β_{t+j} 及其 95% 的置信区间，其中，竖虚线表示实施股权激励计划的基期 t，左右两侧分别表示股权激励计划实施前和实施后的年份。不难发现，一方面，对于企业创新投入而言，在股权激励计划实施以前，系数 β_{t+j}（$j=-4$，-3，-2）均小于0且并不显著，在实施当年虽然系数 β_0 仍不显著，[①]但已实现由负转正，并在实施后第一年起，系数 β_{t+j}（$j=1$，2，3，4）均至少

---

① 事实上，系数 β_0 只是在 95% 的置信水平下不显著，但在 90% 的置信水平下已经显著为正。

在 5% 的水平上显著为正，且从实施第五年起，系数 β_{t+5} 变得不再显著，并且其促进效应呈现先上升后下降的倒 "U" 型曲线特征。另一方面，对于企业创新产出而言，考虑到企业创新产出的时滞性特征，在股权激励计划实施前四年以及实施当年，系数 β_{t+j}（$j=-4$，-3，-2，0）均不显著，并在实施后的三年时间里，系数 β_{t+j}（$j=1$，2，3）均至少在 5% 的水平上显著为正，且从实施第四年起，系数 β_{t+j}（$j=4$，5）变得不再显著，并且其促进效应的大小也呈现先上升后下降的倒 "U" 型曲线特征。

上述分析一方面表明，实验组与对照组企业的创新投入和创新产出水平在股权激励计划实施前不存在显著差异，这意味着本文采用多期 PSM-DID 方法满足平行趋势假设的前提条件；另一方面也表明，股权激励计划对企业创新投入和创新产出的影响具有显著的正向效应，并且这种促进效应具有明显的周期性和倒 "U" 型曲线关系特征，这与股权激励计划的有效期设置有关。在股权激励计划的契约条款中，一般都设有等待期（禁售期）和行权期（解锁期），整个有效期限多为 4 年或 5 年。在等待期（禁售期）内，股权激励对象不能随意处置激励标的物，并且需要在完成一定的约束条件后才有可能获得激励标的物及其处置权，此时，股权激励计划对企业创新的促进效应不断增强。而在进入行权期（解锁期）以后，股权激励对象可以按照事先约定的比例分期行权或解锁，随着股权激励强度的下降，股权激励计划对企业创新的促进效应将逐渐减弱，从而呈现先上升后下降的倒 "U" 型曲线关系特征，并且整个过程持续 4~5 年，与股权激励计划的有效期限相对应，这也表明上市公司实施股权激励计划应提高其连续性。

2. 安慰剂检验

为了排除其他不可观测因素可能对股权激励计划与企业创新关系产生的影响，本文随机生成伪实验组和伪政策时间点的安慰剂检验。具体来看，在所有的公司样本中随机挑选 814 家作为实验组公司，其他的公司样本作为对照组，同时随机生成股权激励计划的伪实施年份，并按照模型（1）进行回归。重复上述过程 1000 次，并生成 *DID* 变量的伪回归系数的概率分布密度函数，如图 2 所示。不难看出，不论对于企业创新投入还是创新产出，*DID* 变量的伪回归系数基本都分布在 0 值附近，且 p 值绝大多数都大于 0.1。

同时，基准回归分析表2中第（3）列和第（6）列中 *DID* 的回归系数分别为 0.077 和 0.068 与伪估计系数的概率密度函数的均值存在显著差异。上述分析表明，其他不可观测因素对股权激励计划与企业创新内在关系的影响不大，实验组企业创新投入和创新产出水平的提高确实是由股权激励计划实施引起的。

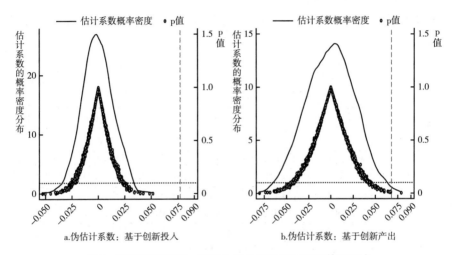

图2 安慰剂检验II：随机生成伪实验组和伪政策时间点

3. 排除其他政策干扰

在检验股权激励计划对企业创新活动的影响过程中，可能还会受到其他政策的干扰，从而使回归结果产生偏差。其中，最重要的政策干扰就是员工持股计划（Employee Stock Option Plans，ESOPs）的实施。[1]ESOPs是一种通过让员工持有本公司股票和期权而使其获得激励的长期绩效奖励计划。它在契约要素设计上与股权激励计划有很多相似之处，也是现阶段股权激励制度的创新，同时也是影响企业创新的重要激励机制（孟庆斌等，2019）。

---

[1] 另一个可能对研究结果产生重要影响的政策就是管理层持股制度。管理层持股在我国上市公司中普遍存在，也是一种重要的激励方式和公司治理机制，同时也是影响企业创新的重要因素。在基准回归分析中，本文已经将管理层持股比例作为控制变量引入模型，故在此不再赘述。

为了进一步排除员工持股计划（ESOPs）可能对股权激励计划与企业创新之间内在关系的影响，本文进行了以下三个方面的检验：一是剔除2014年及以后年份的公司样本数据，二是剔除同时实施股权激励计划和员工持股计划（ESOPs）的公司样本数据，三是引入实施员工持股计划（ESOPs）的虚拟变量（Esoptreat）作为控制变量，并进行再次检验，结果如表4所示。不难看出，DID的估计系数均至少在10%的水平上显著为正，表明实施股权激励计划显著提高了企业创新投入和创新产出水平，与前文研究结论保持一致。

表4 稳健性检验：排除员工持股计划ESOPs的干扰

变量	(1)	(2)	(3)	(4)	(5)	(6)
	Rd_{t+1}			$Apply_{t+1}$		
	剔除2014年以后的数据	剔除同时实施ESOPs的样本	引入ESOPs虚拟变量	剔除2014年以后的数据	剔除同时实施ESOPs的样本	引入ESOPs虚拟变量
DID	0.083***	0.078***	0.081***	0.121***	0.062*	0.067*
	(0.030)	(0.019)	(0.018)	(0.046)	(0.036)	(0.034)
Esoptreat			0.065*			−0.013
			(0.035)			(0.052)
控制变量&常数项	是	是	是	是	是	是
Firm/Year	是	是	是	是	是	是
样本量	5230	11537	12375	3187	6518	6757
调整 R^2 值	0.610	0.563	0.574	0.307	0.235	0.245

注：①*、**、***分别表示10%、5%、1%的显著性水平，括号内为聚集到企业层面的稳健标准误。②限于篇幅，控制变量和常数项未具体列出，供备索。

4. 解决内生性问题

虽然本文通过倾向得分匹配（PSM）方法部分缓解了因可观测因素而造成的自选择偏差（Self-Selection Bias）进而引起的内生性问题，并结合双向固定效应（控制个体和年度固定效应）的多期DID方法部分缓解了因不可观测因素而引起的自选择偏差以及因遗漏变量而产生的内生性问题。然而，本文仍可能存在反向因果关系，即创新投入和创新产出水平高的企业可能更倾向于实施股权激励计划，一方面，为了进一步激发员工的工作积极性并留住对企业创新发挥核心作用的员工，创新水平高的企业更有可能实施股权激励计划；另一方面，股权激励作为对企业高管和创新团队的奖励或福利，创新水平高的企业也更有可能实施股权激励计划。与此同时，模型中还可能存在不可观测的变量或遗漏变量同时影响企业创新水平和股权激励计划的实施，如高管创新能力、高管创新动力、企业吸收能力等。

对此，本文将采用工具变量法来解决由上述原因引起的内生性问题。考虑到同一区域内的企业可能存在管理者争夺问题，竞争压力会促使本企业参照区域内其他企业管理层持股比例的平均水平对高管进行股权激励。同时，区域内特别是不同行业上市公司管理层持股比例的年度均值对本企业的创新水平没有直接影响。因此，借鉴朱德胜（2019）的做法，本文将同区域不同行业管理层持股比例的年度均值 M_mhold 作为对应的工具变量，进行两阶段最小二乘估计（TSLS）。

表5 内生性处理：工具变量法

变量	(1)	(2)
	Rd_{t+1}	$Apply_{t+1}$
DID	2.553*** (0.424)	1.351*** (0.412)
控制变量&常数项	是	是
Firm/Year	是	是
样本量	10906	7244
两步法第一阶段回归结果		
M_mhold	0.006*** (0.001)	0.006*** (0.001)
第一阶段F检验统计量	76.719	76.925
最小特征统计量	66.492	59.346

注：①*、**、***分别表示10%、5%、1%的显著性水平，括号内为聚集到企业层面的稳健标准误。②限于篇幅，控制变量和常数项未具体列出，供备索。

表5的检验结果显示，在第一阶段的回归结果中，同区域不同行业上市公司管理层持股比例的年度均值 M_mhold 与本企业是否实施股权激励计划在1%的水平上显著正相关，F统计量分别为76.72和76.92，均大于临界值

10。同时，最小特征统计量分别为66.49和59.35，远大于10%偏误水平下的临界值16.38（Stock和Yogo，2002），表明工具变量的选择是有效的，不存在弱工具变量问题。工具变量的回归结果显示，*DID*的估计系数仍在1%的水平下显著为正，表明在解决了内生性问题后，实施股权激励计划仍显著提高了企业创新投入和创新产出水平。

5. 解决多期DID的异质性处理效应问题

本文采用多期DID来检验股权激励计划对企业创新的影响时可能存在异质性处理效应（Heterogeneous Treatment Effects），从而使得基于传统双向固定效应模型的检验结果存在潜在偏误（刘冲等，2022）。同时，负权重问题也可能导致本文研究结论不稳健。对此，本文采用De Chaisemartin和D'Haultfoeuille（2020）提出的估计量进行稳健性检验，具体采用Stata中的did_multiplegt命令对基准模型进行再次检验，结果如图3所示。可以看出，股权激励计划影响企业创新投入和创新产出的平均处理效应在股权激励计划推出之前均不显著，说明满足共同趋势假定，而在推出之后则分别在5期和3期内显著为正，此后便不再显著，与前文结论保持一致，这在一定程度上表明异质性处理效应对本文的研究结论不存在实质性影响。

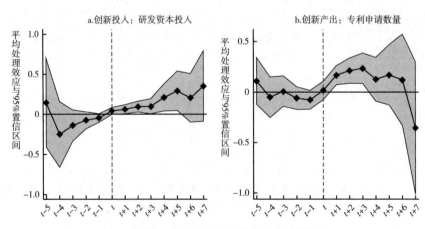

图3 多期DID异质性处理效应的稳健性检验

6. 替换关键指标

为了检验研究结论的稳健性，本文进一步替换被解释变量，具体地，以企业研发人员投入（*Rdperson*）衡量企业创新投入，以企业专利授权数量（*Agrant*）衡量企业创新产出，并以专利授权数量与前一期企业员工人数的比值来衡量企业研发强度（*Rdintensity*）。其中，研发人员投入（*Rdperson*）以企业研发人员数量的自然对数来衡量，专利授权数量（*Agrant*）以上市公司及子公司合营联营公司当年申请截至数据更新时间被授权的专利个数加1并取自然对数来衡量。并再次利用模型（1）来检验假设1，结果如表6所示。可以看出，*DID* 的估计系数均至少在10%的水平上显著为正，表明实施股权激励计划显著提高了企业创新水平，也再次印证了前文的基本结论。

表6　稳健性检验：替换关键指标后的基准回归分析

变量	(1)	(2)	(3)
	Rdperson$_{t+1}$	*Agrant*$_{t+1}$	*Rdintensity*$_{t+1}$
DID	0.038***	0.069*	0.091*
	(0.014)	(0.040)	(0.054)
控制变量&常数项	是	是	是
Firm/Year	是	是	是
样本量	8332	6757	5227
调整 R^2 值	0.281	0.086	0.152

注：①*、**、***分别表示10%、5%、1%的显著性水平，括号内为聚集到企业层面的稳健标准误。②限于篇幅，控制变量和常数项未具体列出，供备索。

（四）进一步检验：基于企业生命周期理论视角

根据企业生命周期理论，处于不同发展阶段的企业在管理模式、盈利能力、代理问题、投融资策略、研发创新的意愿和能力以及激励目标等方面存在明显差异，因此，股权激励计划对企业创新投入和创新产出的影响在企业不同的生命周期阶段可能具有异质性。关于企业生命周期阶段的划分方法包括单变量法、综合指数法及现金流组合法等。本文采用Dickinson（2011）提出的现金流组合方法，并借鉴李英利和谭梦卓（2019）、陈红等（2019）等的研究，基于企业现金流指标将企业生命周期划分为成长期、成熟期和衰退期，具体划分标准如表7所示。

表7 企业不同生命周期阶段划分标准

标准	成长期	成熟期	衰退期		
经营活动净现金流	+	+	−	+	+
投资活动净现金流	−	−	−	+	+
筹资活动净现金流	−	+	−	+	−

注：按照上述划分标准，对于企业创新投入（创新产出），处于三种时期、五种不同情况的企业观测值数量分别为4210、4608、371、177和905（2235、2701、223、72和344）。

在此基础上，利用模型（1）进一步检验不同生命周期阶段下股权激励计划对企业创新投入和创新产出的影响及其异质性，结果如表8所示。不难看出，一方面，第（1）至第（3）列的结果显示，实施股权激励计划对企业创新投入的促进效应在成长期和成熟期显著为正，在衰退期虽然也为正，但却并不显著。另一方面，实施股权激励计划对企业创新产出的促进效应在成熟期显著为正，而在成长期和衰退期则均不显著。上述分析表明，股权激励计划对企业创新投入的促进效应主要体现在成长期和成熟期，对企业创新产出的促进效应则主要体现在成熟期。

表8 不同生命周期阶段下股权激励计划与企业创新活动

变量	(1)	(2)	(3)	(4)	(5)	(6)
	企业创新投入 Rd_{t+1}			企业创新产出 $Apply_{t+1}$		
	成长期	成熟期	衰退期	成长期	成熟期	衰退期
DID	0.080***	0.062**	0.086	−0.002	0.162***	−0.178
	(0.027)	(0.030)	(0.077)	(0.067)	(0.055)	(0.181)
控制变量&常数项	是	是	是	是	是	是
Firm/Year	是	是	是	是	是	是
样本量	4210	4608	1453	2235	2701	639
调整 R^2 值	0.592	0.661	0.536	0.200	0.312	0.236

注：①*、**、***分别表示10%、5%、1%的显著性水平，括号内为聚集到企业层面的稳健标准误。②限于篇幅，控制变量和常数项未具体列出，供备索。

五 契约异质性分析

前文分析表明，实施股权激励计划显著提高了企业创新投入和创新产出水平，并通过了一系列的稳健性检验。那么，接下来的问题是，股权激励计划的各个契约要素或合约特征变量如何影响企业创新？对此，基于契约异质性视角，本部分将进一步考察股权激励计划不同契约要素对企业创新的影响机理。

（一）股权激励强度的影响

关于股权激励强度（Incentive），本文采用股权激励计划所涉及的有效的权益数量（包括限制性股票和股票期权）占公司总股本的比例予以衡量。在此基础上，一方面，将分组虚拟变量Treat替换为股权激励强度Incentive，以检验股权激励强度对企业创新投入和创新产出的影响；另一方面，按照股权激励强度Incentive的"行业—年度"中位数将样本分为两组，并进行分组检验，结果汇总如表9所示。

不难发现，从总体上看，股权激励强度对企业创新投入和创新产出的影响（Incentive×Post的系数）分别在5%和1%的水平上显著为正（分别为2.179和4.803）。从分组检验结果来看，股权激励强度对企业创新投入的影响在低激励组不显著（为−0.011），在高激励组则在5%的水平上显著为正（为2.937）；同时，股权激励强度对企业创新产出的影响在低激励组和高激励组均显著为正（分别为12.444和8.470）。上述研究结果表明，提高股权激励强度有助于提高企业创新投入和创新产出水平，假设2得以验证。

表9　股权激励强度与企业创新活动

变量	(1)	(2)	(3)	(4)	(5)	(6)
	Rd_{t+1}			$Apply_{t+1}$		
	全样本	低激励组	高激励组	全样本	低激励组	高激励组
$Incentive×Post$	2.179** (0.989)	−0.011 (3.543)	2.937** (1.237)	4.803*** (1.511)	12.444* (6.748)	8.470*** (1.925)
控制变量&常数项	是	是	是	是	是	是
Firm/Year	是	是	是	是	是	是
样本量	3088	1584	1504	1749	901	848
调整R^2值	0.508	0.548	0.438	0.203	0.179	0.213

注：①*、**、***分别表示10%、5%、1%的显著性水平，括号内为聚集到企业层面的稳健标准误。②限于篇幅，控制变量和常数项未具体列出，供备索。

（二）股权激励对象的影响

股权激励对象主要包括企业高管和员工，本文分别以授予高管和员工的有效的权益数量（包括限制性股票和股票期权）占公司总股本的比例来衡量高管股权激励（*Incentgg*）和员工股权激励（*Incentfg*）。在此基础上，一方面，将分组虚拟变量 *Treat* 分别替换为 *Incentgg* 和 *Incentfg*，以检验不同激励对象股权激励对企业创新投入和创新产出的影响；另一方面，分别按照不同激励对象股权激励 *Incentgg* 和 *Incentfg* 的"行业—年度"中位数进行分组检验，结果汇总如表10所示。

表10　股权激励对象与企业创新活动

变量	(1)	(2)	(3)	(4)	(5)	(6)	(7)	(8)	(9)	(10)	(11)	(12)
	Rd_{t+1}			$Apply_{t+1}$			Rd_{t+1}			$Apply_{t+1}$		
	全样本	低激励组	高激励组	全样本	低激励组	高激励组	全样本	低激励组	高激励组	全样本	低激励组	高激励组
$Incentgg$ $\times Post$	3.411	−4.254	7.444**	2.954	−26.109	−1.667						
	(3.341)	(10.662)	(3.589)	(4.578)	(24.366)	(4.986)						
$Incentfg$ $\times Post$							3.304***	−0.285	2.954**	6.418***	7.850	7.962***
							(1.186)	(5.134)	(1.228)	(1.996)	(10.041)	(2.342)
控制变量&常数项	是	是	是	是	是	是	是	是	是	是	是	是
Firm/Year	是	是	是	是	是	是	是	是	是	是	是	是
样本量	2906	1494	1412	1659	860	799	3048	1556	1492	1725	880	845
调整 R^2 值	0.501	0.499	0.465	0.193	0.203	0.165	0.506	0.514	0.503	0.204	0.193	0.175

注：①*、**、***分别表示10%、5%、1%的显著性水平，括号内为聚集到企业层面的稳健标准误。②限于篇幅，控制变量和常数项未具体列出，供备索。

不难发现，从总体上看，高管股权激励对企业创新投入和创新产出的影响（*Incentgg×Post* 的系数）均不显著（分别为3.411和2.954），而员工股权激励对企业创新投入和创新产出的影响（*Incentfg×Post* 的系数）则均在1%的水平上显著为正（分别为3.304和6.418）。这表明，员工股权激励对企业创新的促进效应总体上要强于高管股权激励。

从分组检验结果来看，①对于高管股权激励而言，高管股权激励对企业创新投入的影响在低激励组并不显著（为-4.254），在高激励组则在5%的水平上显著为正（为7.444）；同时，高管股权激励对企业创新产出的影响在低激励组和高激励组则均不显著（分别为-26.109和-1.667）。这表明，高管股权激励有助于提高企业创新投入水平，但对企业创新产出的影响并不显著。②对于员工股权激励而言，员工股权激励对企业创新投入和创新产出的影响在低激励组均不显著（-0.285和7.850），而在高激励组则分别在5%和1%的水平上显著为正（2.954和7.962）。这意味着，员工股权激励则既能提高企业创新产出水平，也能提高企业创新投入水平，假设3得以验证。可能的原因在于，一般而言，员工股权激励强度与其所涉及的核心员工（企业研发创新的核心员工）人数正相关，员工股权激励强度越大，涉及的企业创新的研发人员投入就越大，相应地，企业创新的研发资本投入也就越大，从而提高了企业创新投入水平。

（三）股权激励模式的影响

股权激励模式主要包括限制性股票和股票期权，本文分别以股权激励计划所涉及的有效的限制性股票和股票期权占公司总股本的比例来衡量限制性股票（*Restrict*）和股票期权（*Option*）两种激励模式。在此基础上，一方面，将分组虚拟变量 *Treat* 分别替换为 *Restrict* 和 *Option*，以检验不同激励模式对企业创新投入和创新产出的影响；另一方面，分别按照不同激励模式 *Restrict* 和 *Option* 的"行业—年度"中位数进行分组检验，结果汇总如表11所示。

不难发现，从总体上看，限制性股票激励模式对企业创新投入和创新产出的影响（*Restrict×Post* 的系数）分别在1%和5%的水平上显著为正（分别为3.803和7.296），而股票期权激励模式对企业创新投入和创新产出的影响（*Option×Post* 的系数）则均不显著（分别为2.206和2.250）。这表明，限制性股票激励模式对企业创新的促进效应总体上要强于股票期权。

从分组检验结果来看，①对于限制性股票而言，限制性股票激励模式对企业创新投入和创新产出的影响在低激励组均不显著（分别为2.413和4.857），而在高激励组则分别在10%和5%的水平上显著为正（分别为2.920

和8.494）。这表明，限制性股票激励模式有助于提高企业创新投入和创新产出水平。②对于股票期权而言，股票期权对企业创新投入的影响在低激励组并不显著（为3.636），而在高激励组则在10%的水平上显著为正（为5.078）；同时，股票期权对企业创新产出的影响在低激励组和高激励组则均不显著（分别为5.523和2.632）。这意味着，股票期权激励模式有助于提高企业创新投入水平，但并不能提高企业创新产出水平。上述分析表明，总体上，限制性股票激励模式对企业创新投入和创新产出的促进效应要强于股票期权，股票期权激励模式主要是提高企业创新投入水平，而限制性股票激励模式能同时提高企业创新投入和创新产出水平，假设4得以验证。

表11 股权激励模式与企业创新活动

变量	(1)	(2)	(3)	(4)	(5)	(6)	(7)	(8)	(9)	(10)	(11)	(12)
	Rd_{t+1}			$Apply_{t+1}$			Rd_{t+1}			$Apply_{t+1}$		
	全样本	低激励组	高激励组	全样本	低激励组	高激励组	全样本	低激励组	高激励组	全样本	低激励组	高激励组
$Restrict \times Post$	3.803***	2.413	2.920*	7.296**	4.857	8.494**						
	(1.342)	(4.505)	(1.570)	(2.861)	(7.890)	(3.655)						
$Option \times Post$							2.206	3.636	5.078*	2.250	5.523	2.632
							(1.895)	(5.103)	(2.683)	(1.968)	(7.997)	(2.492)
控制变量&常数项	是	是	是	是	是	是	是	是	是	是	是	是
Firm/Year	是	是	是	是	是	是	是	是	是	是	是	是
样本量	2178	1128	1050	1077	557	520	1380	724	656	939	492	447
调整R^2值	0.499	0.552	0.416	0.165	0.207	0.091	0.493	0.470	0.479	0.215	0.182	0.262

注：①*、**、***分别表示10%、5%、1%的显著性水平，括号内为聚集到企业层面的稳健标准误。②限于篇幅，控制变量和常数项未具体列出，供备索。

（四）权益预留的影响

关于股权激励权益预留（*YL*），变量设定如下：如果企业有权益预留，则 *YL*=1，如果企业没有权益预留或者预留部分失效，则 *YL*=0。在此基础上，一方面，将分组虚拟变量 *Treat* 替换为权益预留 *YL*，以检验股权激励权益预留对企业创新投入和创新产出的影响；另一方面，由于权益预留属于股权激励总量的一部分，并且在股东大会审议通过后的12个月内如若仍未明确激励对象将自动失效，本文将基于股权激励强度 *Incentive* 按照是否有权益预留 *YL* 进行分组检验，结果汇总如表12所示。

不难发现，从总体上看，第（1）列中 *YL×Post* 的估计系数为0.022，但并不显著，表明权益预留虽然体现了管理层对外部员工引进的重视，有助于促进企业创新投入，但这种影响并不显著。第（4）列中 *YL×Post* 的估计系数为−0.027，也不显著，表明权益预留不利于促进企业创新产出，但这种影响也不显著。从分组检验结果来看，*Incentive×Post* 的系数在第（2）、第（3）和第（6）列中虽然均为正但却均不显著，而在第（5）列的无权益预留组则在1%的水平上显著为正（为6.669）。上述分析表明，股权激励权益预留对企业创新投入不存在显著影响，取消权益预留反而更有助于提高企业创新产出水平，假设5得以验证。

表12　股权激励权益预留与企业创新活动

变量	(1)	(2)	(3)	(4)	(5)	(6)
	Rd_{t+1}			$Apply_{t+1}$		
	全样本	YL=0	YL=1	全样本	YL=0	YL=1
YL×Post	0.022			−0.027		
	(0.022)			(−0.043)		
Incentive×Post		1.546	2.472		6.669***	2.053
		(1.524)	(2.076)		(2.084)	(2.958)
控制变量&常数项	是	是	是	是	是	是
Firm/Year	是	是	是	是	是	是
样本量	3152	2023	1065	1785	1174	575
调整 R^2 值	0.499	0.445	0.606	0.203	0.164	0.293

注：①*、**、***分别表示10%、5%、1%的显著性水平，括号内为聚集到企业层面的稳健标准误。②限于篇幅，控制变量和常数项未具体列出，供备索。

（五）股权激励有效期的影响

股权激励计划的有效期由等待期（禁售期）和行权期（解锁期）两部分组成，与股权激励强度、激励对象、激励模式以及权益预留等契约要素不同，股权激励计划的有效期在实施过程中一般不作调整。为了检验股权激励计划整个有效期对企业创新水平的影响，本文设定上市公司首次实施股权激励计划的有效期变量（*Period*），并运用模型（1）按照 *Period* 的中位数进行分样本双重差分检验。具体地，对于实验组企业，按照 *Period* 的中位数分为短期限组和长期限组；对于对照组企业，根据与其匹配的实验组样本的分组情况进行分组，并分别做双重差分检验。结果如表13的第（1）至第（4）列所示。同时，考虑到股权激励计划剩余（或实际上）的有效期限会随着自然年份的推移而递减，并且很多样本企业在同一年可能实施或存在多期股权激励计划，从而导致各期股权激励计划的剩余有效期存在交叉重叠现象。对此，本文基于久期的思想来测算股权激励计划的剩余有效期（*Duration*）。在此基础上，基于股权激励强度 *Incentive* 按照剩余有效期 *Duration* 的"行业—年度"中位数进行分组检验，结果如表13的第（5）至第（8）列所示。

表13　股权激励有效期限与企业创新活动

变量	(1)	(2)	(3)	(4)	(5)	(6)	(7)	(8)
	按 *Period* 分组				按 *Duration* 分组			
	Rd_{t+1}		$Apply_{t+1}$		Rd_{t+1}		$Apply_{t+1}$	
	短期限	长期限	短期限	长期限	短期限	长期限	短期限	长期限
DID	0.061**	0.098***	0.038	0.104*				
	(0.024)	(0.028)	(0.046)	(0.053)				
Incentive×Post					−0.083	2.840*	11.041***	8.157***
					(1.203)	(1.637)	(2.923)	(2.246)
控制变量&常数项	是	是	是	是	是	是	是	是
Firm/Year	是	是	是	是	是	是	是	是
样本量	6690	5685	3629	3128	1545	1543	906	843
调整 R^2 值	0.562	0.589	0.226	0.269	0.446	0.542	0.169	0.265

注：①*、**、***分别表示10%、5%、1%的显著性水平，括号内为聚集到企业层面的稳健标准误。②限于篇幅，控制变量和常数项未具体列出，供备索。

可以看出，一方面，第（1）至第（4）列的结果显示，实施股权激励计划对企业创新投入的影响（*DID* 的估计系数）在短期限组和长期限组均显著为正（分别为0.061和0.098），而对企业创新产出的影响在短期限组并不显著（为0.038），在长期限组则在10%的水平上显著为正（为0.104）。这意味着，从股权激励计划的整个有效期来看，较长的有效期限更有助于提高股权激励计划对企业创新产出的促进效应。另一方面，第（5）至第（8）列的结果显示，股权激励强度对企业创新投入的影响（$Incentive \times Post$ 的估计系数）在短期限组并不显著（为-0.083），在长期限组则在10%的水平上显著为正（为2.840），同时，股权激励强度对企业创新产出的影响在短期限组和长期限组均显著为正（分别为11.041和8.157）。这意味着，从股权激励计划的剩余有效期来看，较长的剩余有效期更有助于提高股权激励强度对企业创新投入的促进效应。上述分析表明，较长的股权激励有效期限有助于强化股权激励对企业创新的促进效应，假设6得以验证。

（六）股权激励持续性的影响

与股权激励有效期类似，股权激励计划的实施次数相对独立于其内部契约要素设计，因此，为了检验股权激励计划的持续性对企业创新活动的影响，本文设定样本区间内上市公司实施股权激励计划的总次数变量（S_Num），即截至2018年底，样本公司实施股权激励计划的总期数，并运用模型（1）按照S_Num的大小进行分样本双重差分检验。具体地，对于实验组企业，按照S_Num是否大于1分为仅实施一次和实施多次两组；对于对照组企业，根据与其匹配的实验组样本的分组情况进行分组，并分别做双重差分检验。结果如表14的第（1）至第（4）列所示。同时，为了进一步考察不同激励次数下股权激励对企业创新活动的影响，本文设定股权激励计划的实施次数变量（Num），自首次实施当年起，$Num=1$，直到实施完毕。但如果在此期间又推出了第二期股权激励计划，则自第二期实施当年起，$Num=2$，直到实施完毕，以此类推。在此基础上，基于股权激励强度$Incentive$按照股权激励计划实施次数Num是否大于1进行分组检验，结果如表14的第（5）至第（8）列所示。

可以看出，一方面，第（1）至第（4）列的结果显示，实施股权激励计划对企业创新投入和创新产出的影响（DID的估计系数）在短期限组均不显著（分别为0.037和0.072），在长期限组则分别在1%和10%的水平上显著为正（分别为0.085和0.099）。这意味着，从股权激励计划实施的总次数来看，提高股权激励计划的实施次数有助于提高股权激励计划对企业创新投入和创新产出的促进效应。另一方面，第（5）至第（8）列的结果显示，股权激励强度对企业创新投入和创新产出的影响（*Incentive×Post* 的估计系数）在短期限组也均不显著（分别为2.599和3.256），在长期限组则均在1%的水平上显著为正（分别为3.023和7.293）。这意味着，与仅实施一次股权激励计划的公司样本相比，多次实施股权激励计划更有助于提高股权激励强度对企业创新投入和创新产出的促进效应。上述分析表明，增加股权激励计划的实施次数有助于强化股权激励对企业创新的促进效应，假设7得以验证。

表14　股权激励持续性与企业创新活动

变量	(1)	(2)	(3)	(4)	(5)	(6)	(7)	(8)
	Rd_{t+1}		$Apply_{t+1}$		Rd_{t+1}		$Apply_{t+1}$	
	S_Num=1	S_Num≥2	S_Num=1	S_Num≥2	Num=1	Num≥2	Num=1	Num≥2
DID	0.037 (0.027)	0.085*** (0.026)	0.072 (0.058)	0.099* (0.052)				
Incentive×Post					2.599 (2.864)	3.023*** (1.153)	3.256 (4.454)	7.293*** (2.184)
控制变量&常数项	是	是	是	是	是	是	是	是
Firm/Year	是	是	是	是	是	是	是	是
样本量	5704	6671	3002	3755	1574	1514	945	804
调整 R^2 值	0.539	0.597	0.183	0.284	0.460	0.417	0.123	0.187

注：①*、**、***分别表示10%、5%、1%的显著性水平，括号内为聚集到企业层面的稳健标准误。②限于篇幅，控制变量和常数项未具体列出，供备索。

综上所述，本部分基于契约异质性角度检验了股权激励计划不同契约要素对企业创新的影响机制，研究结果表明，第一，增加股权激励强度、股权激励有效期限以及股权激励计划实施次数均能显著提高股权激励对企业创新投入和创新产出的促进效应。第二，限制性股票激励模式对企业创新的促进效应要强于股票期权，股票期权主要提高企业创新投入水平，而限制性股票能同时提高企业创新投入和创新产出水平。第三，高管股权激励主要提高企业创新投入水平，员工股权激励能同时提高企业创新投入和创新产出水平。第四，取消权益预留更有助于提高股权激励对企业创新的促进效应。本文能为厘清股权激励计划对企业创新的影响机理、优化上市公司创新导向型股权激励机制设计提供有益参考。

六 影响机制分析

前文检验了股权激励计划以及不同契约要素对企业创新投入和创新产出的影响及其异质性，结合前文的理论分析，以下将从提高企业风险承担水平和创新团队稳定性、强化利益协同效应和监督效应等方面，进一步考察股权激励计划提高企业创新水平的影响机制，采用的方法是以股权激励计划实施前一年各影响机制代理变量的中位数为界进行分组回归，并进行系数差异性检验。

（一）激励效应：提高企业风险承担机制

前文的理论分析认为，股权激励计划通过发挥其激励效应来提高企业风险承担水平，进而提高企业创新投入水平。参照 John 等（2008）、Boubakri 等（2013）做法，本文以滞后一期、当期和未来一期的企业利润率的标准差来衡量企业风险承担（$Risk\_T$）。其中，企业利润率等于企业息税前利润与年末总资产之比，为了缓解行业异质性的影响，本文以企业利润率的行业年度均值对企业利润率进行平减。在此基础上，参照曹春方和张超（2020）的做法，本文以股权激励计划实施前一年企业风险承担水平（$Risk\_T$）的中位数为界，将样本分为高风险承担企业组和低风险承担企业组。如果股权激励计划能够通过提高企业风险承担水平来提高企业创新投入水平，那么，相较于高风险承担企业组，股权激励计划提高企业创新投入水平的促进效应将在低风险承担企业组的处理组更容易观察到。

检验结果如表15的第（1）至第（4）列所示，从企业创新投入来看，第（1）列低风险承担企业组的回归结果显示，DID 的估计系数为0.109，并在1%的水平上显著为正；第（2）列高风险承担企业组的 DID 的估计系数为0.041，但并不显著，且两者之间的差异在5%的水平上通过了系数差异性检验。从企业创新产出来看，第（3）和第（4）列的 *DID* 的估计系数虽然均为正，但却均不显著，且两者之间的差异也未通过系数差异性检验。这表明，股权激励计划通过提高企业风险承担水平提高了企业创新投入水平，支持了前文的推断。

表15　机制检验 I：提高企业风险承担水平和创新团队稳定性

变量	（1）	（2）	（3）	（4）	（5）	（6）	（7）	（8）
	Rd_{t+1}		$Apply_{t+1}$		Rd_{t+1}		$Apply_{t+1}$	
	低 Risk_T	高 Risk_T	低 Risk_T	高 Risk_T	低 Sigma	高 Sigma	低 Sigma	高 Sigma
DID	0.109***	0.041	0.064	0.078	0.017	0.106***	−0.018	0.098**
	(0.025)	(0.026)	(0.044)	(0.056)	(0.029)	(0.022)	(0.079)	(0.039)
控制变量&常数项	是	是	是	是	是	是	是	是
Firm/Year	是	是	是	是	是	是	是	是
样本量	6607	5768	3633	3124	3227	9148	1584	5173
调整 R^2 值	0.577	0.575	0.250	0.241	0.457	0.603	0.087	0.296
系数差异检验	0.068**		−0.014		−0.089***		−0.117**	
P-value	0.024		0.360		0.010		0.048	

注：①*、**、***分别表示10%、5%、1%的显著性水平，括号内为聚集到企业层面的稳健标准误。②限于篇幅，控制变量和常数项未具体列出，供备索。

（二）"金手铐"效应：提高创新团队稳定性

前文的理论分析认为，股权激励计划较长的有效期有助于吸引并留住企业高管和核心人才，提高创新团队稳定性，从而提高企业创新投入和创新产出水平。具体来看，参照 Bently 等（2013）、孟庆斌等（2019）等的研究方法，本文以过去1年至未来3年企业研发人员数量的标准差（*Sigma*）来衡量企业创新团队的稳定性。如果 *Sigma* 越大，则意味着企业创新团队的稳定性越差，越不利于企业创新水平的提高；反之则相反。在此基础上，本文以股权激励计划实施前一年企业研发人数标准差（*Sigma*）的中位数为界，将样本分为高研发人数标准差组和低研发人数标准差组。如果股权激励计划能够通过提高创新团队稳定性来提高企业创新水平，那么，相较于低研发人数标准差组，在高研发人数标准差组将更容易观察到处理组在实施股权激励计划后对企业创新的促进效应。

检验结果如表15的第（5）至第（8）列所示，可以看出，在第（5）和第（7）列的低研发人数标准差组，DID的估计系数均不显著（分别为0.017和-0.018），而在第（6）和第（8）列的高研发人数标准差组，DID的估计系数则分别在1%和5%的水平上显著为正（分别为0.106和0.098），并且研发人数标准差高低两组之间的系数差异分别在1%和5%的水平上通过了差异性检验。这表明，股权激励计划通过提高创新团队稳定性渠道既提高了企业创新投入水平，也提高了企业创新产出水平，支持了前文的推断。

（三）利益协同效应：强化利益协同机制

股权激励计划能够通过强化企业员工与股东的利益协同机制，激发员工的工作积极性与创新潜力，提高企业创新产出水平。借鉴孟庆斌等（2019）的做法，本文以单位员工成长性（EPG）来衡量企业员工的努力程度，等于股东权益市场价值与账面价值之差除以年初员工人数（单位：十亿元/人）。如果EPG越小，则意味着企业员工的努力程度越低，越不利于企业创新产出水平的提高；反之则相反。在此基础上，本文以股权激励计划实施前一年单位员工成长性（EPG）的中位数为界，将样本分为高单位员工成长性企业组和低单位员工成长性企业组。如果股权激励计划能够通过强化利益协同机制来提高企业创新水平，那么，相较于高单位员工成长性企业组，在低单位员工成长性企业组将更容易观察到处理组在实施股权激励计划后对企业创新的促进效应。

检验结果如表16的第（1）至第（4）列所示，其中，从企业创新投入来看，第（1）和第（2）列的DID的估计系数均在5%或1%的水平上显著为正，且两者之间的差异未通过系数差异性检验。从企业创新产出来看，第（3）列低单位员工成长性企业组的DID的估计系数为0.110，且在5%的水平上显著为正；第（4）列高单位员工成长性企业组的DID的估计系数为0.026，但并不显著；两者之间的差异在10%的边际水平上通过了系数差异性检验（p=0.1160）。这表明，股权激励计划通过强化利益协同机制提高了企业创新产出水平，支持了前文的推断。

表 16　机制检验 II：强化利益协同机制和监督效应机制

变量	(1)	(2)	(3)	(4)	(5)	(6)	(7)	(8)
	Rd_{t+1}		$Apply_{t+1}$		Rd_{t+1}		$Apply_{t+1}$	
	低Epg	高Epg	低Epg	高Epg	低NK	高NK	低NK	高NK
DID	0.057**	0.091***	0.110**	0.026	0.089***	0.068**	0.107**	0.016
	(0.028)	(0.024)	(0.047)	(0.050)	(0.027)	(0.026)	(0.049)	(0.049)
控制变量&常数项	是	是	是	是	是	是	是	是
Firm/Year	是	是	是	是	是	是	是	是
样本量	5010	7365	2888	3869	6387	5608	3507	3088
调整 R^2 值	0.608	0.549	0.275	0.225	0.572	0.576	0.237	0.263
系数差异检验	−0.034		0.085		0.021		0.091*	
$P-value$	0.176		0.1160		0.290		0.090	

注：①*、**、***分别表示10%、5%、1%的显著性水平，括号内为聚集到企业层面的稳健标准误。②限于篇幅，控制变量和常数项未具体列出，供备索。

（四）监督效应：强化监督效应机制

股权激励计划能够通过强化监督效应机制来加强企业员工的自我监督与相互监督，并缓解针对管理层的监督供给不足问题，从而提高企业创新产出水平。具体参照曹春方和张超（2020）的做法，本文以迪博公司的内部控制得分（NK）来衡量企业的内部监督效应。如果NK越高，说明企业内部的治理水平越高，企业内部的监督效应就越强；反之则相反。在此基础上，本文以股权激励计划实施前一年企业内部控制得分（NK）的中位数为界，将样本分为高内部控制企业组和低内部控制企业组。如果股权激励计划能够通过强化监督效应机制来提高企业创新水平，那么，相较于高内部控制企业组，在低内部控制企业组将更容易观察到处理组在实施股权激励计划后对企业创新的促进效应。

检验结果如表16的第（5）至第（8）列所示，从企业创新投入来看，第（5）和第（6）列的DID的回归系数均在5%或1%的水平上显著为正，且两者之间的差异未通过系数差异性检验。从企业创新产出来看，第（7）列低内部控制企业组的DID的估计系数为0.107，且在5%的水平上显著为正；第（8）列高内部控制企业组的DID的估计系数为0.016，但并不显著；并且两者之间的差异在10%的水平上通过了系数差异性检验。这表明，股权激励计划通过强化监督效应机制提高了企业创新产出水平，支持了前文的推断。

七　拓展性分析

既然股权激励计划显著提高了企业创新投入和创新产出水平，那么，需要进一步回答的问题还包括以下两个方面：一是股权激励计划下企业的创新策略如何？即股权激励计划是否仅增加了企业创新数量，而忽视了企业创新质量，进而表现为"以量换质"的策略性创新，还是表现为"量质齐升"的实质性创新？二是股权激励计划提高了企业创新效率吗？或者说，股权激励计划下企业创新产出水平的提升究竟是由创新投入增加所致还是由创新效率提高驱动的？对此，本部分将对上述两个问题予以进一步分析。

（一）股权激励计划下的企业创新策略：以量换质还是量质齐升？

为了进一步检验股权激励计划对企业创新策略的影响，参考黎文靖和郑曼妮（2016）、刘宝华和王雷（2018）等的做法，本部分将企业专利申请总量划分为发明专利申请数量（$Invent\_Ap$）和非发明专利（实用新型和外观设计）申请数量（$Uninvent\_Ap$）。同时，相比于专利申请，专利授权特别是发明专利的授权由于通过了国家知识产权局的形式审查和实质审查并最终获得认证，其数量能更准确地反映企业创新产出的质量。因此，参考林志帆等（2021）的做法，本部分还将企业专利授权总量划分为发明专利授权数量（$Invent\_Gr$）和非发明专利（实用新型和外观设计）授权数量（$Uninvent\_Gr$）[①]。在此基础上，利用模型（1）进一步检验股权激励计划对企业创新策略的影响，结果如表17所示。

不难看出，一方面，第（1）和第（2）列的回归结果显示，股权激励计划对企业发明专利申请数量（$Invent\_Ap_{t+1}$）的影响为0.053，并在10%的水平上边际显著（p=0.141）。同时，股权激励计划对企业发明专利授权数量

[①]　由于我国针对实用新型和外观设计专利申请采取的是形式审查制度（也称"登记制度"），即实用新型专利和外观设计专利申请经初审合格后即授权，因此，非发明专利申请数量与授权数量基本保持一致，回归结果也很接近。

（$Invent\_Gr_{t+1}$）的影响为0.133，并在1%的水平上显著为正。这表明，在实施股权激励计划的背景下，企业更注重于提高企业专利产出的质量并最终通过了国家知识产权局的实质审查，而不是将创新含量不高的技术也"滥竽充数"地进行发明专利申请。另一方面，第（3）和第（4）列的回归结果显示，股权激励计划对企业非发明专利申请数量（$Uninvent\_Ap_{t+1}$）和授权数量（$Uninvent\_Gr_{t+1}$）的影响分别为0.075和0.074，并均在10%的水平上显著为正。上述分析表明，股权激励计划既增加了企业发明专利的申请和授权数量，同时也增加了非发明专利的申请和授权数量。这也意味着，股权激励计划对企业创新产出的促进效应更多地体现为"量质齐升"的创新策略，而非"以量换质"的创新策略。

表17　股权激励计划下的企业创新策略

变量	(1)	(2)	(3)	(4)
	$Invent\_Ap_{t+1}$	$Invent\_Gr_{t+1}$	$Uninvent\_Ap_{t+1}$	$Uninvent\_Gr_{t+1}$
DID	0.053*	0.133***	0.075*	0.074*
	(0.036)	(0.040)	(0.041)	(0.041)
控制变量&常数项	是	是	是	是
Firm/Year	是	是	是	是
样本量	6757	6757	6757	6757
调整 R² 值	0.234	0.385	0.176	0.174

注：①*、**、***分别表示10%、5%、1%的显著性水平，括号内为聚集到企业层面的稳健标准误。②限于篇幅，控制变量和常数项未具体列出，供备索。③+p=0.141。

（二）股权激励计划下的创新产出提升：投入增加还是效率提高？

为了进一步考察股权激励计划下企业创新产出水平的提升究竟是由创新投入增加引起的还是由创新效率提高驱动的，抑或两者兼具，本部分将进一步考察股权激励计划对企业创新效率的影响，包括两个方面：一方面，从企业创新产出与创新投入之比的角度来衡量企业创新效率（*Effiency*）。具体地，一是采用企业当年专利申请数量（个）与上年研发投入（千万元）之比来衡量（赵晶等，2019），二是采用下一年的息税前利润相对当年息税前利润的变化值来衡量企业当年的创新产出，并与企业创新投入之比来衡量（朱德胜和周晓珮，2016）。另一方面，从创新转化率的角度（赵世芳等，2020）来衡量企业创新效率，并分别构建计量模型（3）和（4），以进一步检验股权激励计划对企业创新效率的影响，进而阐明股权激励计划下企业创新产出水平提升的驱动因素：

$$Efficency_{i,t+1} = \beta_0 + \beta_1 DID_{i,t} + \beta_2 Rd_{i,t+1} + \gamma H_{i,t} + \mu_i + \nu_t + \varepsilon_{i,t} \quad (3)$$

$$Apply_{i,t+1} = \gamma_0 + \gamma_1 DID_{i,t} + \gamma_2 Rd_{i,t+1} + \gamma_3 DID_{i,t} \times Rd_{i,t+1} + \lambda H_{i,t} + \mu_i + \nu_t + \varepsilon_{i,t} \quad (4)$$

其中，系数β_1测度了股权激励计划对企业创新效率的影响，系数γ_3测度了股权激励计划对企业创新转化率的影响，如果γ_3显著为正，则表明股权激励计划对企业创新投入与创新产出之间的关系起到正向调节作用，即提高了企业创新转化率。其他各变量符号与模型（1）保持一致，在此不再赘述。同时，为了深入分析股权激励计划对企业创新投入与不同类型专利产出之间内在关系的调节作用，本文进一步区分发明专利申请数量（$Invent\_Ap$）和非发明专利申请数量（$Uninvent\_Ap$）并作为模型（4）的被解释变量进行回归。检验结果如表18所示。

可以看出，一方面，第（1）和第（2）列的回归结果显示，DID的估计系数均不显著，表明实施股权激励计划并没有显著提高企业创新效率。另一方面，表18第（3）列的回归结果显示，Rd_{t+1}的估计系数在1%的水平上显著为正（为0.186），表明企业创新投入显著提高了企业创新产出水平，同时结合表3基准回归分析中第（3）列的回归结果，实施股权激励计划也显著提高了企业创新产出水平（DID的估计系数为0.077且在1%的水平上显著）。然而，表18中第（4）列的回归结果显示，交互项$DID \times Rd_{t+1}$的系数虽然为正（0.026），但却并不显著，这表明股权激励计划并没有提高企业创新转化率。在区分发明专利申请数量和非发明专利申请数量后的第（5）至第（8）列的回归结果显示，股权激励计划仅仅提高了企业创新投入对非发明专利产出的创新转化率，但并没有显著提高企业创新投入对发明专利产出的创新转化率。上述分析表明，股权激励计划虽然提高了企业创新投入和创新产出水平，但并没有提高企业创新效率，这也说明股权激励计划下企业创新产出水平的提升主要是由企业创新投入增加引起的，而不是由创新效率提高驱动的。

表18 股权激励计划与企业创新效率

变量	(1)	(2)	(3)	(4)	(5)	(6)	(7)	(8)
	$Efficency_{t+1}$		$Apply_{t+1}$		$Invent\_Ap_{t+1}$		$Uninvent\_Ap_{t+1}$	
DID	0.092 (0.269)	−0.129 (0.103)		−0.404 (0.502)		−0.226 (0.538)		−1.003 (0.622)
$DID×Rd_{t+1}$				0.026 (0.028)		0.014 (0.030)		0.060* (0.034)
Rd_{t+1}	−0.237 (0.297)	0.038 (0.052)	0.186*** (0.026)	0.180*** (0.027)	0.163*** (0.027)	0.160*** (0.028)	0.169*** (0.030)	0.157*** (0.031)
控制变量&常数项	是	是	是	是	是	是	是	是
Firm/Year	是	是	是	是	是	是	是	是
样本量	5551	1164	7140	7140	7140	7140	7140	7140
调整 R^2 值	0.021	0.021	0.272	0.272	0.255	0.255	0.196	0.197

注：①*、**、***分别表示10%、5%、1%的显著性水平，括号内为聚集到企业层面的稳健标准误。②限于篇幅，控制变量和常数项未具体列出，供备索。

八 结论与启示

（一）基本结论

企业作为创新活动的主体，加快提高创新能力已成为实施创新驱动发展战略和实现经济高质量发展的关键举措。本文选取2006年1月1日至2018年12月31日实施股权激励计划的A股上市公司为样本，采用单变量DID方法和多期PSM-DID方法检验了股权激励计划对企业创新的影响，研究发现：第一，实施股权激励计划显著提高了企业创新投入和创新产出水平，并且这种促进效应呈现先上升后下降的倒U型曲线特征，在实施第四年至第五年以后便不再显著，这与股权激励计划的有效期限设置有关。在将企业生命周期分为成长期、成熟期和衰退期三个阶段后，基于企业生命周期理论的分析表明，股权激励计划对企业创新投入的促进效应主要体现在成长期和成熟期，对企业创新产出的促进效应主要体现在成熟期。

第二，基于契约异质性的分析表明，增加股权激励强度、激励有效期限以及股权激励实施次数均有助于提高股权激励对企业创新投入和创新产出的促进效应；从股权激励模式来看，股票期权主要是提高了企业创新投入水平，而限制性股票则同时提高了企业创新投入和创新产出水平；从股权激励对象来看，高管股权激励主要是提高了企业创新投入水平，而员工股权激励则同时提高了企业创新投入和创新产出水平；从权益预留来看，取消权益预留对企业创新投入不存在显著影响，但更有助于提高企业创新产出水平。

第三，影响机制分析表明，股权激励计划主要是通过发挥其激励效应、"金手铐"效应、利益协同效应以及监督效应来提高企业创新水平。具体来看，股权激励计划主要是通过提高企业风险承担水平和创新团队稳定性来提高企业创新投入水平，并通过强化利益协同效应和监督效应以及提高创新团队稳定性来提高企业创新产出水平。基于企业创新策略的检验发现，股权激励计划对企业创新产出的促进效应更多地体现为"量质齐升"的实质性创新，而非"以量换质"的策略性创新。进一步分析发现，股权激励计划并没有提高企业创新效率和创新转化率，股权激励计划对企业创新产出的促进效应主要是由企业创新投入增加引起的。

（二）构建并优化创新导向型股权激励机制设计的启示

本文研究表明，实施股权激励计划显著提高了企业创新投入和创新产出水平，并且股权激励强度、激励模式、激励对象、有效期限、实施次数以及权益预留等契约要素设计对股权激励计划与企业创新之间的关系产生了显著影响。基于此，本文提出以下建议，以期为优化我国上市公司创新导向型股权激励机制设计提供经验借鉴。

第一，从整体上适当提高股权激励强度。股权激励强度是上市公司股权激励机制设计的核心要素，提高股权激励强度对提高企业创新投入和创新产出水平具有显著的促进效应。然而，从我国上市公司实施股权激励计划的实践情况来看，根据 CSMAR 数据库统计，样本区间内上市公司股权激励强度平均仅为 2.46%，并呈现逐年下降的趋势。2020 年上市公司在实施股权激励计划时授予的权益数量占公司总股本的比例平均仅为 2.03%。因此，我国上市公司在实施股权激励计划时的股权激励强度有待进一步提高。

第二，着重提高授予员工的股权激励强度。本文研究发现，作为企业创新决策的主要制定者，高管股权激励主要是提高了企业创新投入水平，而员工股权激励则同时提高了企业创新投入与创新产出水平。然而，股权激励计划并没有显著提高企业创新效率和创新转化率，其原因可能与员工股权激励强度偏低有关。因此，在从整体上提高股权激励强度时，应着重提高授予员工的股权激励强度，进一步激发员工的工作积极性和创新潜力，从而提高企业创新效率和创新产出水平。

第三，优化股权激励模式的选择。由于折价授予和先出资后解锁的机制设计，限制性股票能更有效地激励员工努力工作。本文研究也发现，限制性股票确实在提高企业创新投入和创新产出水平方面具有显著的效应，但股票期权在提高企业创新投入水平方面也发挥了重要作用。因此，上市公司在实施股权激励计划时，要合理选择适合企业自身的股权激励模式，提高企业创新投入与创新产出水平。

第四，适当延长股权激励有效期限。根据《管理办法》的相关规定，整个股权激励计划的有效期不得低于3年，且不得超过10年。然而，从我国的实践情况来看，2020年440家公司公告的448个股权激励计划中，以3年为有效期的占比12.50%，以4年为有效期的占比50.89%，以5年为有效期的占比22.32%，有效期限超过5年的占比仅14.29%。因此，我国上市公司股权激励设置的有效期普遍偏短，应适当延长股权激励计划的有效期限。

第五，增加股权激励计划的实施次数。本文研究表明，增加股权激励计划的实施次数有助于强化股权激励对企业创新的促进效应。然而，在推出多期股权激励计划时，要注意把握多期股权激励计划的实施节奏，短期内密集推出多期股权激励计划，或者在有效期结束后才推出下一期股权激励计划，都不利于提高其对企业创新促进效应的持续性。

第六，取消股权激励权益预留。尽管权益预留体现了管理层对引进外部员工的重视，然而，本文的研究结果表明，权益预留并没有发挥相应的激励效应。因此，本文建议取消股权激励计划中的权益预留部分，并将预留部分直接授予企业员工和高管，以提高企业创新投入和创新产出水平。同时，为了激励新进员工，取消股权激励权益预留的设置应当与增加股权激励计划实施的次数及其连续性协同推进。

尽管本文基于契约异质性视角系统考察了股权激励计划对企业创新的影响机制，并提出了优化我国上市公司创新导向型股权激励机制设计的对策建议。然而，在以下几个方面仍存在一定局限：一是由于多期股权激励计划的交叉重叠问题，本文未能检验股权激励计划的绩效约束条件对企业创新的影响。二是本文仅基于实证研究结果来提出相应的制度优化对策，并未考虑到上市公司在推出股权激励计划过程中面临的实际问题，比如限制性股票半价授予时的资金补偿问题等，这也是将来进一步拓展相关研究的主要方向。

参考文献

［1］陈红、张玉、刘东霞，2019，《政府补助、税收优惠与企业创新绩效——不同生命周期阶段的实证研究》，《南开管理评论》第3期。

［2］陈华东，2016，《管理者任期、股权激励与企业创新研究》，《中国软科学》第8期。

［3］陈维政、蒋云波、杨万福，2014，《股权激励中关键设计要素整合性实证分析》，《重庆理工大学学报（社会科学）》第1期。

［4］陈文强，2018，《股权激励、契约异质性与企业研发投资》，《研究与发展管理》第3期。

［5］陈文强，2016，《长期视角下股权激励的动态效应研究》，《经济理论与经济管理》第11期。

［6］陈文哲、石宁、梁琪、郝项超，2022，《股权激励模式选择之谜——基于股东与激励对象之间的博弈分析》，《南开管理评论》第1期。

［7］陈效东，2017，《谁才是企业创新的真正主体：高管人员还是核心员工》，《财贸经济》第12期。

［8］郭蕾、肖淑芳、李雪婧、李维维，2019，《非高管员工股权激励与创新产出——基于中国上市高科技企业的经验证据》，《会计研究》第7期。

［9］郝项超、梁琪、李政，2018，《融资融券与企业创新：基于数量与质量视角的分析》，《经济研究》第6期。

［10］何靖，2016，《延付高管薪酬对银行风险承担的政策效应——基于银行盈余管理动

机视角的PSM-DID分析》，《中国工业经济》第11期。

[11] 姜英兵、于雅萍，2017，《谁是更直接的创新者？——核心员工股权激励与企业创新》，《经济管理》第3期。

[12] 李博，2017，《2016年深市公司股权激励与员工持股计划情况分析》，《证券市场导报》第12期。

[13] 黎文靖、郑曼妮，2016，《实质性创新还是策略性创新？——宏观产业政策对微观企业创新的影响》，《经济研究》第4期。

[14] 李丹蒙、万华林，2017，《股权激励契约特征与企业创新》，《经济管理》第10期。

[15] 李英利、谭梦卓，2019，《会计信息透明度与企业价值——基于生命周期理论的再检验》，《会计研究》第10期。

[16] 林志帆、杜金岷、龙晓旋，2021，《股票流动性与中国企业创新策略：流水不腐还是洪水猛兽？》，《金融研究》第3期。

[17] 刘宝华、王雷，2018，《业绩型股权激励、行权限制与企业创新》，《南开管理评论》第1期。

[18] 刘冲、沙学康、张妍，2022，《交错双重差分：处理效应异质性与估计方法选择》，《数量经济技术经济研究》第9期。

[19] 刘金石、王贵，2011，《公司治理理论：异同探源、评介与比较》，《经济学动态》第5期。

[20] 吕长江、郑慧莲、严明珠、许静静，2009，《上市公司股权激励制度设计：是激励还是福利？》，《管理世界》第9期。

[21] 孟庆斌、李昕宇、张鹏，2019，《员工持股计划能够促进企业创新吗？——基于企业员工视角的经验证据》，《管理世界》第11期。

[22] 屈恩义、朱方明，2017，《中国上市公司股权激励效应再评估——来自PSM+DID的新证据》，《重庆大学学报（社会科学版）》第6期。

[23] 沈丽萍、黄勤，2016，《经营者股权激励、创新与企业价值——基于内生视角的经验分析》，《证券市场导报》第4期。

[24] 孙菁、周红根、李启佳，2016，《股权激励与企业研发投入——基于PSM的实证分析》，《南方经济》第4期。

[25] 田轩、孟清扬，2018，《股权激励计划能促进企业创新吗》，《南开管理评论》第3期。

[26] 王姝勋、方红艳、荣昭，2017，《期权激励会促进公司创新吗？——基于中国上市公司专利产出的证据》，《金融研究》第3期。

[27] 魏守华、杨阳、陈珑隆，2020，《城市等级、人口增长差异与城镇体系演变》，《中国工业经济》第7期。

［28］肖淑芳、付威，2016，《股权激励能保留人才吗？——基于再公告视角》，《北京理工大学学报（社会科学版）》第1期。

［29］谢申祥、范鹏飞、宛圆渊，2021，《传统PSM-DID模型的改进与应用》，《统计研究》第2期。

［30］徐长生、孔令文、倪娟，2018，《A股上市公司股权激励的创新激励效应研究》，《科研管理》第9期。

［31］徐宁、徐向艺，2010，《股票期权激励契约合理性及其约束性因素——基于中国上市公司的实证分析》，《中国工业经济》第2期。

［32］许婷、杨建君，2017，《股权激励、高管创新动力与创新能力——企业文化的调节作用》，《经济管理》第4期。

［33］叶陈刚、刘桂春、洪峰，2015，《股权激励如何驱动企业研发支出？——基于股权激励异质性的视角》，《审计与经济研究》第3期。

［34］应千伟、何思怡，2022，《政府研发补贴下的企业创新策略："滥竽充数"还是"精益求精"》，《南开管理评论》第2期。

［35］赵晶、李林鹏、和雅娴，2019，《群团改革对企业创新的影响》，《管理世界》第12期。

［36］赵世芳、江旭、应千伟、霍达，2020，《股权激励能抑制高管的急功近利倾向吗——基于企业创新的视角》，《南开管理评论》第6期。

［37］仲为国、李兰、路江涌、彭泗清、潘建成、郝大海、王云峰，2017，《中国企业创新动向指数：创新的环境、战略与未来——2017·中国企业家成长与发展专题调查报告》，《管理世界》第6期。

［38］朱德胜、周晓珮，2016，《股权制衡、高管持股与企业创新效率》，《南开管理评论》第3期。

［39］朱德胜，2019，《不确定环境下股权激励对企业创新活动的影响》，《经济管理》第2期。

［40］Acs Z., Anselin L., Varga A. 2002. "Patents and Innovation Counts as Measures of Regional Production of New Knowledge."*Research Policy* 31(7)：1069-1085.

［41］Baker G., Jensen M., Murphy K. 1988. "Compensation and Incentives：Practice vs. Theory."*The Journal of Finance* 43(3)：593-616.

［42］Balkin D., Markman G., Gomez-Mejia L. 2000. "Is CEO Pay in High-Technology Firms Related to Innovation?"*Academy of Management Journal* 43(6)：1118-1129.

［43］Baranchuk N., Kieschnick R., Moussawi R. 2014. "Motivating Innovation in Newly Public Firms."*Journal of Financial Economics*, 111(3)：578-588.

［44］Beck T., Levine R., Levkov A. 2010. "Big Bad Banks? The Winners and Losers from

Bank Deregulation in the United States." *Journal of Finance* 65(5): 1637-1667.

[45] Bentley K., Omer T., Sharp N. 2013. "Business Strategy, Financial Reporting Irregularities, and Audit Effort." *Contemporary Accounting Research* 30(2): 780-817.

[46] Bergstresser D., Philippon T. 2006. "CEO Incentives and Earnings Management." *Journal of Financial Economics* 80(3): 511-529.

[47] Bertrand M., Mullainathan S. 2003. "Enjoying the Quiet Life? Corporate Governance and Managerial Preferences." *Journal of political Economy* 111(5): 1043-1075.

[48] Bizjak J., Brickley J., Coles J. 1993. "Stock-based Incentive Compensation and Investment Behavior." *Journal of Accounting and Economics* 16(1-3): 349-372.

[49] Bockerman P., Ilmakunnas P. 2009. "Unemployment and Self-assessed Health: Evidence from Panel Data." *Health Economics* 18(2): 161-179.

[50] Boubakri N., Cosset J. C., Saffar W. 2013. "The Role of State and Foreign Owners in Corporate Risk-taking: Evidence from Privatization." *Journal of Financial Economics* 108(3), 641-658.

[51] Brown J., Martinsson G., Petersen B. 2012. "Do Financing Constraints Matter for R&D?" *European Economic Review* 56(8): 1512-1529.

[52] Brucal A., Javorcik B., Love I. 2019. "Good for the Environment, Good for Business: Foreign Acquisitions and Energy Intensity." *Journal of International Economics* 121: 103247.

[53] Bryan S., Hwang L., Lilien S. 2000. "CEO Stock-Based Compensation: An Empirical Analysis of Incentive-intensity, Relative Mix, and Economic Determinants." *The Journal of Business* 73(4): 661-693.

[54] Chang X., Fu K., Low A., Zhang W. 2015. "Non-executive Employee Stock Options and Corporate Innovation." *Journal of Financial Economics* 115(1): 168-188.

[55] Chava S., Purnanandam A. 2010. "CEOs Versus CFOs: Incentives and Corporate Policies." *Journal of Financial Economics* 97(2): 263-278.

[56] Cheng S. 2004. "R&D Expenditures and CEO Compensation." The Accounting Review 79(2): 305-328.

[57] Coles J., Daniel N., Naveen L. 2006. "Managerial Incentives and Risk-taking." *Journal of Financial Economics* 79(2): 431-468.

[58] De Chaisemartin C., D'Haultfoeuille X. 2020. "Two-way Fixed Effects Estimators With Heterogeneous Treatment Effects." *American Economic Review* 110(9): 2964-2996.

[59] Dickinson V. 2011. "Cash Flow Patterns as a Proxy for Firm Life Cycle." *The Accounting Review* 86(6): 1969-1994.

［60］ Drucker P. 1994. *Innovation and Entrepreneurship. New York: Harper & Row.*

［61］ Fowlie M., Holland S., Mansur T. 2012. "What do Emissions Markets Deliver and to Whom? Evidence from Southern California's NOx Trading Program." *American Economic Review* 102(2): 965–93.

［60］ Gopalan R., Milbourn T., Song F., Thakor A. 2014. "Duration of Executive Compensation." *Journal of Finance* 69(6): 2777–2817.

［61］ He J., Tian X. 2013. "The Dark Side of Analyst Coverage: The Case of Innovation." *Journal of Financial Economics* 109(3): 856–878.

［62］ Heckman J., Ichimura H., Todd P. 1998. "Matching as an Econometric Evaluation Estimator." *The Review of Economic Studies* 65(2): 261–294.

［63］ Hemmer T., Kim O., Verrecchia R. 1999. "Introducing Convexity into Optimal Compensation Contracts." *Journal of Accounting and Economics* 28(3): 307–327.

［64］ Heyman F., Sjoholm F., Tingvall P. 2007. "Is There Really a Foreign Ownership Wage Premium? Evidence from Matched Employer–employee Data." *Journal of International Economics* 73(2): 355–376.

［65］ Hirshleifer D., Hsu P., Li D. 2013. "Innovative Efficiency and Stock Returns." *Journal of Financial Economics* 107(3): 632–654.

［66］ Hochberg Y., Lindsey L. 2010. "Incentives, Targeting, and Firm Performance: an Analysis of Non–executive Stock Options." *The Review of Financial Studies* 23 (11): 4148–4186.

［67］ Holmstrom B. 1989. "Agency Costs and Innovation." *Journal of Economic Behavior & Organization* 12(3): 305–327.

［68］ Jensen M., Meckling W. 1976. "Theory of the Firm: Managerial Behavior, Agency Costs, and Ownership Structure." *Journal of Financial Economics* 3(4): 305–360.

［69］ Jensen M., Murphy K. 1990. "CEO Incentives: It's Not How Much You Pay, But How." *Harvard Business Review* 68(3): 138–149.

［70］ John K., Litov L., Yeung B. 2008. "Corporate Governance and Risk–taking." *The Journal of Finance* 63(4): 1679–1728.

［71］ Kato H., Lemmon M., Luo M., Schallheim J. 2005. "An Empirical Examination of the Costs and Benefits of Executive Stock Options: Evidence from Japan." *Journal of Financial Economics* 78(2): 435–461.

［72］ Ladika T., Sautner Z. 2018. "Managerial Short–termism and Investment: Evidence from Accelerated Option Vesting." Available at SSRN 2286789.

［73］ Lerner J., Wulf J. 2007. "Innovation and Incentives: Evidence from Corporate R&D." *The*

Review of Economics and Statistics 89(4): 634–644.

[74] Liu N., Chen M., Wang M. 2016. "The Effects of Non-expensed Employee Stock Bonus on Firm Performance: Evidence from Taiwanese High-tech Firms." *British Journal of Industrial Relations* 54(1): 30–54.

[75] Manso G. 2011. "Motivating Innovation." *Journal of Finance* 66(5): 1823–1860.

[76] O' Sullivan M. 2000. "The Innovative Enterprise and Corporate Governance." *Cambridge Journal of Economics* 24(4): 393–416.

[77] Rajgopal S., Shevlin T. 2002. "Empirical Evidence on the Relation between Stock Option Compensation and Risk Taking." *Journal of Accounting and Economics* 33(2): 145–171.

[78] Stock J. H., Yogo M. 2002. "Testing for Weak Instruments in Linear IV Regression." NBER Working Paper.

[79] Tian Y. 2004. "Too Much of a Good Incentive? The Case of Executive Stock Options." *Journal of Banking & Finance* 28(6): 1225–1245.

[80] Tien C., Chen C. 2012. "Myth or Reality? Assessing the Moderating Role of CEO Compensation on the Momentum of Innovation in R&D." *The International Journal of Human Resource Management* 23(13): 2763–2784.

[81] Wu J., Tu R. 2007. "CEO Stock Option Pay and R&D Spending: A Behavioral Agency Explanation." *Journal of Business Research* 60(5): 482–492.

[82] Zattoni A., Minichilli A. 2009. "The Diffusion of Equity Incentive Plans in Italian Listed Companies: What is the Trigger?" *Corporate Governance: An International Review* 17(2): 224–237.

（责任编辑：李兆辰）

中国数字经济的测度、空间演化及影响因素研究

方玉霞[*]

摘　要： 数字经济已经成为驱动中国经济高质量发展的重要引擎，在中国数字经济进入与实体经济不断融合深化的新发展阶段，建立科学的指标体系测度中国数字经济发展水平，对于相关政策的制定具有重要意义。本文基于数字化基础设施、数字化技术、数字化交易三个维度构建综合评价体系，利用全局熵值法测算2013~2019年中国30个省份的数字经济发展水平，采用Dagum基尼系数及Kernel核密度估计探究数字经济的空间演化特征，最后运用空间杜宾模型对数字经济的影响因素进行识别。研究结果表明，中国数字经济发展水平总体上呈现明显的提升态势，"东高西低"的空间分布格局显著；中国数字经济地区间差异呈缩小趋势，区域间数字经济发展水平差异大于区域内差异，是造成数字经济发展水平空间分异的主要成因，东部和西部区域内数字经济发展水平存在显著的梯度差异；从影响因素来看，数字经济发展水平存在正向空间自相关性，地区经济增长水平、财政支出水平和贸易开放度的提升有利于提高数字经济发展水平。

关键词： 数字经济　空间演化　区域差异　Dagum基尼系数

一　引言及文献综述

随着新一轮科技革命和产业变革兴起，以数据为核心的生产要素、以

---

[*] 方玉霞，讲师，江西师范大学财政金融学院，电子邮箱：fangyuxia27@126.com。本文为国家社科青年基金项目"数字经济对中国企业出口升级的作用机理、效应及对策研究"（21CJY020）的阶段性成果。作者感谢审稿人和编辑部的宝贵意见，文责自负。

数字技术为驱动力的新生产方式蓬勃发展，人类社会正在快速步入数字经济时代。发展数字经济是把握新一轮科技革命和产业变革新机遇的战略选择，是推动经济高质量发展的必由之路。中国自2017年以来出台了一系列促进数字经济发展的相关政策。《中华人民共和国国民经济和社会发展第十四个五年规划和2035年远景目标纲要》提出，加快建设数字经济、数字社会、数字政府，以数字化转型整体驱动生产方式、生活方式和治理方式变革。党的十九届六中全会进一步指出，加快建立现代产业体系，壮大实体经济，发展数字经济。党的二十大报告提出，加快建设数字中国，加快发展数字经济，促进数字经济与实体经济深度融合，打造具有国际竞争力的数字产业集群。《中国数字经济发展白皮书（2022年）》显示，2021年我国数字经济总量达到45.5万亿元，占GDP的比重达39.8%。可见，数字经济在国民经济中占据重要的地位，数字经济已经成为驱动我国经济高质量发展的重要引擎。然而，我国省际数字化水平差异显著，较易加深数字鸿沟，进一步拉大省际经济发展差距（吴晓怡和张雅静，2020）。因此，准确测度数字经济、探究数字经济空间演化特征以及识别数字经济的影响因素，对我国深入实施数字经济战略、打造国家竞争新优势、推动经济高质量发展具有重要的现实意义。

目前，数字经济已成为政府、学界的关注热点，诸多学者就数字经济相关问题进行了多维度和多方面的研究，并且关注度不断上升。其中，围绕数字经济概念做了较多研究，不同机构和学者基于差异化视角界定了数字经济的概念，但国际上尚未对数字经济的概念达成共识。数字经济最早由Tapscott（1996）提出，但并没有给出数字经济的具体定义，把数字经济等同于知识经济或信息经济。Haltiwanger和Jarmin（2000）、Kotarba（2017）提出数字经济包括基础设施、电子商务和电子交易。Kim等（2002）、Ahmad和Ribarsky（2017，2018）从数字交易视角界定了数字经济的内涵。二十国集团（2016）、Barefoot等（2018）以互联网和相关信息通信技术为出发点界定数字经济的内涵。李长江（2017）针对数字经济概念强调知识、信息以及数字技术的重要作用。向书坚和吴文君（2019）、关会娟等（2020）则强调以数字基础设施为核心的支撑作用。许宪春和张美慧（2020）从数字化技术、数字平台和数字化赋权基础设施阐述数字经济的内涵。基于数字经济内涵，学者对数字经济进行了测度，现有方法有两种：第一种是直接法，即在界定数字经济核算范围后，统计或估算出一定区域内数字经济规模（向书坚和吴文君，2019；许宪春和张美慧，2020；韩兆安等，2021）。第二种是对比法，即基于多个维度的指标，构建数字经济综合指标，测算不同地区数字经济的发展相对情况，并进行对比（赵涛等，2020；范合君和吴婷，2020；王军等，2021）。

现有文献对数字经济的空间演化特征进行了研究，韩兆安等（2021）基于马克思政治经济学理论测算中国省际数字经济规模，采用Kernel密度估计、Dagum基尼系数等方法发现中国省际数字经济呈非均衡性波动上升且具有两极分化趋势，省际数字经济发展水平存在显著差异。王军等（2021）基于2013~2018年30个省份的面板数据，从数字经济发展载体、数字产业化、产业数字化及数字经济发展环境等维度构建了数字经济发展水平指标体系，分析数字经济发展时空演变特征，研究发现中国数字经济发展水平逐年递增，四大区域和五大经济带之间的数字经济发展水平存在显著差距，差距分为区域间和区域内两大方面，并在空间上呈现"东—中—西"及"沿海—内陆"依次递减之势。

数字经济的社会效应是研究的热点，在理论研究中，现有文献探讨了数字经济和高质量发展之间的关系（荆文君和孙宝文，2019；杨虎涛，2020）、数字经济如何推进我国中小企业价值提升（裴莹和郭周明，2019）。在经验研究中，已有文献从微观层面研究了数字经济发展对企业成本降低（柏培文和喻理，2021）、企业绿色技术创新（王锋正等，2021）、企业全要素生产率提升（赵宸宇等，2021）等的影响。还有文献研究了数字经济在国际贸易中的效应（鞠雪楠等，2020；范鑫，2020；张洪胜和潘钢健，2021）。此外，还有学者检验了数字经济对农户收入（秦芳等，2022）、中低技能劳动者权益（柏培文和张云，2021）、高质量发展（赵涛等，2020）等的影响。

综上所述，关于数字经济的研究尽管取得了一定成果，但是由于研究目的不同，学术界对数字经济的内涵界定存在差异，大多数文献集中从数字基础设施、数字技术、数字交易的某一方面或者两方面界定数字经济的内涵，本文综合现有文献对数字经济的定义，拟从数字化基础设施、数字化技术、数字化交易三个维度较为全面地阐述数字经济的内涵。另外，数字经济的内涵不同，导致数字经济的测度和空间演变特征也会存在差异，同时现有文献对数字经济关键驱动因素的研究较少。基于此，本文的边际贡献为：第一，基于数字经济的内涵，将数字化基础设施、数字化技术、数字化交易作为数字经济发展的3个一级指标，并设下6个二级指标和30个变量，采用全局熵值法对各个省份数字经济发展综合指数进行测算。第二，基于数字经济的测度值，采用Dagum基尼系数及Kernel核密度估计等方法探究数字经济空间演化特征。第三，从空间经济学视角，采用空间杜宾模型识别数字经济发展水平的影响因素，丰富数字经济的相关研究。

二 指标体系和方法

（一）指标体系构建

数字经济发展水平指标体系的构建直接影响数字经济发展水平的测算结果，因此，如何构建适合测算数字经济发展水平的指标体系是本文要重点探讨的问题。构建数字经济发展水平指标首先需要对数字经济的内涵进行界定。综合现有文献对数字经济的定义，本文将数字经济定义为：将数字化知识作为关键要素，以现代化信息网络作为重要载体，采用数字化技术方式生产商品和提供服务，并以数字化形式进行交易的经济形态。基于此，本文根据数字经济的内涵，从数字化基础设施、数字化技术、数字化交易三个维度构建数字经济发展水平指标体系，如表1所示。

表1 数字经济发展水平指标体系

一级指标	二级指标	三级指标	单位	属性
数字化基础设施	传统数字基础设施	光缆线路长度	公里	正向
		互联网宽带接入端口数	万个	正向
		互联网域名数	万个	正向
		互联网网站数	万个	正向
		互联网网页数	万个	正向

一级指标	二级指标	三级指标	单位	属性
	新型数字基础设施	移动互联网接入流量	万个	正向
		移动电话基站个数	万个	正向
		移动电话交换机容量	万户	正向
		IPv4地址数	万个	正向
数字化技术	数字技术投入	R&D经费支出	万元	正向
		R&D研发人员	万元	正向
		R&D项目	项	正向
		高等教育人数	人	正向
		信息传输和软件信息技术服务业固定资产投资	亿元	正向
		科学研究和技术服务固定资产投资	亿元	正向
	数字技术产出	人均电信业务量	亿元	正向
		软件产品收入	万元	正向
		信息技术服务收入	万元	正向
		嵌入式系统软件收入	万元	正向
		技术合同成交总额	万元	正向
		专利申请	项	正向
数字化交易	数字交易投入	电子商务企业数	家	正向
		电子商务交易活动的企业占比	%	正向
		企业每百人使用计算机数	台	正向
		每百家企业拥有网站数	个	正向
		企业信息化及电子商务（调查企业数）	个	正向
	数字交易产出	电子商务销售额	亿元	正向
		电子商务采购额	亿元	正向
		电子商务交易额	亿元	正向
		人均快递业务量	万件	正向

1.数字化基础设施

数字化基础设施是进行数字化活动的前提条件，国内外针对数字化的测算多是对数字化基础设施进行衡量。数字化基础设施主要反映数字经济基础的网络基础设施普及情况，包括传统数字基础设施和新型基础设施。其中，传统数字基础设施包括光缆线路长度、互联网宽带接入端口数、互联网域名数、互联网网站数、互联网网页数，新型数字基础设施包括移动互联网接入流量、移动电话基站个数、移动电话交换机容量、IPv4地址数。

2.数字化技术

数字化技术是数字经济的核心驱动力，现有文献在界定数字经济的内涵时，重点突出了数字化技术的重要地位。数字化技术是指包括移动互联网、物联网、大数据、云计算和人工智能等在内的诸多技术。数字化技术具有显著的知识密集性、超强的渗透性、高度的创新性等特征。因此，数字化技术需要知识水平作为支撑，通过高度的渗透性，有效地与其他产业结合，通过创新提高相关产业生产率，增加产出。数字化技术包括数字技术投入和数字技术产出。其中，数字技术投入包括R&D经费支出、R&D研发人员、R&D项目、高等教育人数、信息传输和软件信息技术服务业固定资产投资、科学研究和技术服务固定资产投资，数字技术产出包括人均电信业务量、软件产品收入、信息技术服务收入、嵌入式系统软件收入、技术合同成交总额、专利申请。

3.数字化交易

数字化交易包含数字交易投入和数字交易产出。本文关于数字交易基础指标主要从企业的角度衡量数字交易基础，即数字交易投入。数字交易投入包括电子商务企业数、电子商务交易活动的企业占比、企业每百人使用计算机数、每百家企业拥有网站数、企业信息化及电子商务（调查企业数），数字交易产出包括电子商务销售额、电子商务采购额、电子商务交易额、人均快递业务量。

（二）研究方法

1.全局熵值法

传统熵值法只能横向评价某一年份不同地区或者纵向评价不同年份的数字经济发展水平，即只能进行二维数据表分析。本文采用全局熵值法测算数字经济发展水平，即引入全局思想对评价指标进行横向和纵向分析。全局熵值法通过改进传统熵值法，保留了熵值法客观赋权的优势，剔除了人为因素的干扰，客观评价了各个指标在指标体系中的作用。全局熵值法的计算步骤如下。

第一，用 m 个评价指标 x_1，$\cdots$，x_m 对 n 个地区 t 年的数字经济发展水平进行评价。通过收集数据可知每年都有数据表 $X^t = (x_{ij})_{n \times m}$，$t$ 年有 t 张截面数据表，引入全局的思想将 t 张截面数据表按时间进行排序，构成一个全局熵值评价矩阵。

第二，对全局评价指标 X 中的数据进行标准化：

$$x'_{ij} = \frac{x_{ij} - \mathrm{Min}x_{ij}}{\mathrm{Max}x_{ij} - \mathrm{Min}x_{ij}} \quad 1 \leqslant i \leqslant nt, 1 \leqslant j \leqslant m \tag{1}$$

第三，计算第 j 个指标在 i 地区的权重，使用 ω_{ij} 表示：

$$\omega_{ij} = \frac{x'_{ij}}{\sum\limits_{i=1}^{nt} x'_{ij}} \quad 1 \leqslant i \leqslant nt, 1 \leqslant j \leqslant m \tag{2}$$

第四，计算第 i 个区域第 j 个指标的信息熵值：

$$e_j = -\frac{1}{\ln nt} \times \sum\limits_{i=1}^{n} x'_{in} \times \ln x'_{in} \tag{3}$$

第五，计算第 j 个指标的信息熵冗余度 d_j：

$$d_j = 1 - e_j \tag{4}$$

第六，计算各项指标的权重：

$$\varphi_j = \frac{d_j}{\sum\limits_{j=1}^{k} d_j} \tag{5}$$

第七，计算综合评价值：

$$F_i = \sum\limits_{j=1}^{k} \varphi_j x'_{ij} \tag{6}$$

2. Dagum 基尼系数及分解法

与传统基尼系数和泰尔指数相比，Dagum（1997）提出的按子群分解的基尼系数测算方法既能探析地区差距的主要原因，又能反映样本间的交叉重叠问题及子样本的分布情况。基于此，本文采用 Dagum 基尼系数及分解法测算我国在空间维度的数字经济发展水平差异。Dagum 基尼系数的计算过程如下：

$$Dagum = \frac{\sum_{j=1}^{k}\sum_{h=1}^{k}\sum_{i=1}^{n_j}\sum_{r=1}^{n_h}\left|y_{ji} - y_{hr}\right|}{2n^2\bar{y}} \tag{7}$$

其中，$Dagum$ 表示总体基尼系数，K 为划分的区域数，n 为所有省份数，n_j（n_h）是局域 j（h）的省份数，y_{ji}（y_{hr}）表示 j（h）局域第 i（r）省份的数字经济发展水平，$\bar{y}$ 是所有省份数字经济发展水平的平均值。

总体基尼系数 $Dagum$ 可以分解成三部分：区域内差异贡献度 G_w、区域间差异贡献度 G_{nb}、超变密度贡献度 G_t，并且 $G=G_w+G_{nb}+G_t$，计算公式如下：

$$G_{jj} = \frac{\frac{1}{2\bar{Y}_j}\sum_{i=1}^{n_j}\sum_{r=1}^{n_j}\left|y_{ji} - y_{jr}\right|}{n_j^2} \tag{8}$$

$$G_w = \sum_{j=1}^{k} G_{jj}\, p_j s_j \tag{9}$$

$$G_{jh} = \frac{\sum_{i=1}^{n_j}\sum_{r=1}^{n_h}\left|y_{ji} - y_{jr}\right|}{n_j n_h\left(\bar{Y}_j\bar{Y}_h\right)} \tag{10}$$

$$G_{nb} = \sum_{j=2}^{k}\sum_{h=1}^{j-1} G_{jh}\left(p_j s_h + p_h s_j\right)D_{jh} \tag{11}$$

$$G_t = \sum_{j=2}^{k}\sum_{h=1}^{j-1} G_{jh}\left(p_j s_h + p_h s_j\right)(1 - D_{jh}) \tag{12}$$

其中，G_{jj} 表示 j 地区的基尼系数，G_w 表示 j 地区内差异贡献度，G_{jh} 表示 j 地区和 h 地区间的基尼系数，G_{nb} 表示 j 地区和 h 地区之间差距贡献度，G_t 表示 j 地区和 h 地区间超变密度的贡献度。$p_j = n_j/n$，$s_j = n_j\bar{Y}_j/n\bar{Y}$，$D_{jh}$ 为 j 地区和 h 地区之间数字经济发展水平的相对影响程度，其定义如下：

$$D_{jh} = \frac{d_{jh} - p_{jh}}{d_{jh} + p_{jh}} \tag{13}$$

对于累积密度分布函数 $F_j(y)$ 和 $F_h(y)$，d_{jh} 和 p_{jh} 的计算公式为：

$$d_{jh} = \int_0^{\infty} dF_j(y)\int_0^{y}(y - x)dF_h(x) \tag{14}$$

$$p_{jh} = \int_0^\infty dF_h(y) \int_0^y (y - x) dF_j(x) \tag{15}$$

其中，d_{jh} 为 j 地区和 h 地区之间数字经济发展水平的差值，表示 j 地区和 h 地区中所有 $y_{jh} - y_{hr} > 0$ 的样本值综合的加权平均，p_{jh} 为超变一阶矩，表示 j 地区和 h 地区中所有 $y_{hr} - y_{ji} > 0$ 的样本值综合的加权平均。

3. 核密度估计方法

核密度估计方法是研究空间非均衡性的有效工具，不仅对模型的依赖性弱、稳健性强，还能直观地反映在空间维度研究对象数字经济发展水平测度值的分布特征。该方法测度结果主要反映了变量分布位置、形态及延展性，分别反映了数字经济发展水平的高低，区域差异大小与极化程度及数字经济发展水平最高的测度对象与其他测度对象之间的差异，公式如下：

$$f(x) = \frac{1}{Nh} \sum_{i=1}^N K\left(\frac{X_i - \bar{x}}{h}\right) \tag{16}$$

$$K(x) = \frac{1}{\sqrt{2\pi}} \exp\left(\frac{-x^2}{2}\right) \tag{17}$$

其中，$f(x)$ 代表核密度值，N 是评价区域观测值的个数，X_i 为独立同分布的观测值，$\bar{x}$ 为观测均值，h 为自定义带宽，$K(x)$ 为核函数。带宽 h 的设置与核函数 $K(x)$ 的选取是影响核密度估计结果的两个重要因素。带宽 h 的大小影响核密度估计的精度，h 越小，精确度越高。

4. 全局空间自相关

全局空间自相关用于检验地理空间中某一现象和其相邻单元的属性值是否存在显著性关联或呈现某种空间分布模式，可通过计算 Moran's I 指数来实现。全局 Moran's I 指数计算公式如下：

$$I = \frac{\sum_{i=1}^n \sum_{j=i}^n w_{ij}(x_i - \bar{x})(x_j - \bar{x})}{S^2 \sum_{i=1}^n \sum_{j=1}^n w_{ij}} \tag{18}$$

其中，I 为 Moran's I 指数，$S^2 = \frac{1}{n} \sum_{i=1}^n (x_i - \bar{x})^2$，$n$ 为空间单元数量，w_{ij} 为空间权重矩阵，x_i 和 x_j 分别代表空间要素 x 在空间单元 i 和 j 中的值，I 的取值

范围为-1~1，小于0表示负相关，等于0表示不相关，大于0表示正相关。

5.空间杜宾模型

依据Tobler的地理学第一定律，一个地域单元上某种空间属性值与其相邻近单元上同一空间属性值是相关的，空间距离越近的事物，其相关性就越大，地理空间属性值之间存在空间相互依赖性。一般的回归模型很难对空间关系进行测度，而空间计量模型可以很好地解决地理事物空间依赖性的计量回归问题。Elhorst（2010）提出的空间杜宾模型，既考虑了因变量外生交互作用带来的空间相关性，又考虑了自变量内生交互效应，是空间计量模型的一般形式，计算公式为：

$$y_{it} = \rho \sum_{j=1}^{n} w_{ij} y_{jt} + \beta_k \sum_{k=1}^{m} x_{it,k} + \lambda_k \sum_{k=1}^{m} \sum_{j=1}^{n} \sigma w_{ij} x_{jt} + \varphi_i + \nu_t + \varepsilon_{it} \quad (19)$$

其中，y_{it}为因变量数，i代表城市数量，t为时期数，ρ为因变量的空间滞后项系数，λ_k为第k个自变量的空间滞后项系数，n为省份总数，m为自变量个数，w_{ij}为空间权重矩阵，$x_{it,k}$为省份i在t时期第k个自变量，β_k是第k个自变量回归系数，φ_i为省份固定效应，ν_t为时间固定效应，ε_{it}为随机误差项。

（三）数据说明

本文基于数字化基础设施、数字化技术、数字化交易三个维度测度了中国30个省份（除西藏外）的数字经济发展水平，样本时间跨度为2013~2019年，共选用了30个指标。测度指标的数据来自Wind数据库、中经网数据库和《中国统计年鉴》。由于部分年份数据存在缺失，采用插值法和类推法对缺失数据进行补充。

三 测度结果分析

（一）数字经济发展水平时空分布特征

1.数字经济空间变化特征

本文利用全局熵值法测算了2013~2019年中国30个省份的数字经济发展水平，具体测算结果如表2所示。为了能够更好地描绘区域特征，表2将30个省份划分为东部、中部、西部和东北四大区域。由表2可知，在样本期间，东部区域数字经济发展水平平均值最高（0.256）、中部地区次之（0.105）、东北地区位列第三（0.073）、西部地区最低（0.060），这表明了数字经济发展水平在空间上呈现"东高西低"的非均衡特征。为了反映数字经济发展水平的空间分布情况，本部分将数字经济的测度值分为五个区间，分别是小于0.03、0.03~0.10、0.11~0.17、0.18~0.32、大于0.32。从数字经济发展水平低值地区的分布来看，2013年数字经济发展水平小于0.03的省份有吉林、贵州、内蒙古、新疆、甘肃、海南、宁夏、青海、云南，集中分布在西部和东北等地区。但是数字经济发展水平小于0.03的地区数量不断减少，2018年数字经济发展水平小于0.03的省份个数为0。从数字经济发展水平高值地区的分布来看，2013年数字经济发展水平大于0.32的省份只有广东，2019年增加到5个，分别是广东、江苏、北京、浙江、山东，这些地区都分布在东部地区。

从地区集中度来看，发现大部分省份数字经济发展水平测度值集中在0.03~0.10，2013年该区间的省份共有15个，分别是辽宁、福建、四川、河南、湖北、安徽、河北、湖南、天津、陕西、重庆、黑龙江、江西、山西、广西；2019年该区间的省份有9个，分别是青海、宁夏、海南、甘肃、新疆、内蒙古、吉林、黑龙江、山西，因此数字经济发展水平测度值集中在0.03~0.10省份主要分布在中西部地区。

从各个省份数字经济发展水平均值来看，水平均值较高的省份分别是广东、江苏、北京、浙江、山东、上海、福建、四川、河南、湖北，而新疆、青海和宁夏等省份的数字经济发展水平较低，其可能的原因是：第一，地区经济发展能够驱动数字经济发展，经济发展是数字经济发展的根基，而数字经济发展是经济发展的重要引擎。以2019年为例，广东、江苏、北京的数字经济发展水平很高，其人均GDP分别为94448元、122398元、164563元，均居全国前7位，表示数字经济发展水平与综合经济发展水平相关。第二，完善的数字政策为数字经济发展提供了有利的条件。以广东为例，广东是国内最早布局数字经济发展的省份，早在2003年为了促进电子商务发展，广东就公布了《广东省电子商务认证机构资格认定和年审管理办法（暂行）》。2018年至今，广东出台了一系列促进数字经济发展的政策，聚焦数字经济顶层设计及数字化治理。

表2 2013~2019年数字经济发展水平测算结果

区域	省份	2013年	2014年	2015年	2016年	2017年	2018年	2019年	均值
东部地区	北京	0.208	0.285	0.305	0.335	0.424	0.459	0.526	0.363
	天津	0.056	0.071	0.079	0.088	0.095	0.105	0.125	0.088
	河北	0.073	0.088	0.109	0.123	0.137	0.155	0.188	0.125
	上海	0.134	0.177	0.197	0.227	0.245	0.267	0.305	0.222
	江苏	0.301	0.352	0.390	0.418	0.460	0.472	0.549	0.420
	浙江	0.198	0.222	0.264	0.309	0.341	0.398	0.488	0.317
	福建	0.092	0.104	0.127	0.158	0.193	0.214	0.232	0.160
	山东	0.201	0.226	0.255	0.297	0.327	0.380	0.398	0.298
	广东	0.345	0.396	0.452	0.517	0.592	0.677	0.785	0.538
	海南	0.011	0.016	0.022	0.024	0.030	0.041	0.054	0.028
	均值	0.162	0.194	0.220	0.250	0.284	0.317	0.365	0.256
中部地区	山西	0.033	0.037	0.042	0.048	0.053	0.073	0.033	0.046
	安徽	0.067	0.084	0.105	0.122	0.132	0.162	0.199	0.124
	江西	0.035	0.039	0.055	0.062	0.077	0.103	0.134	0.072
	河南	0.075	0.095	0.114	0.134	0.155	0.195	0.227	0.142
	湖北	0.073	0.088	0.109	0.123	0.137	0.155	0.188	0.125
	湖南	0.060	0.073	0.091	0.105	0.123	0.167	0.211	0.119
	均值	0.057	0.069	0.086	0.099	0.113	0.143	0.165	0.105
西部地区	内蒙古	0.024	0.032	0.036	0.040	0.048	0.061	0.081	0.046
	广西	0.030	0.038	0.044	0.054	0.065	0.088	0.120	0.063
	重庆	0.040	0.053	0.065	0.076	0.087	0.110	0.137	0.081
	四川	0.084	0.101	0.127	0.146	0.172	0.210	0.256	0.157
	贵州	0.020	0.024	0.032	0.040	0.051	0.075	0.104	0.049
	云南	0.029	0.036	0.044	0.052	0.061	0.086	0.114	0.060
	陕西	0.052	0.069	0.076	0.089	0.102	0.129	0.165	0.097
	甘肃	0.016	0.021	0.027	0.031	0.036	0.052	0.067	0.036
	青海	0.004	0.006	0.013	0.015	0.017	0.033	0.045	0.019
	宁夏	0.006	0.010	0.014	0.015	0.021	0.034	0.046	0.021
	新疆	0.018	0.023	0.030	0.032	0.035	0.048	0.068	0.036
	均值	0.029	0.038	0.046	0.054	0.063	0.084	0.109	0.060
东北地区	辽宁	0.099	0.110	0.115	0.093	0.105	0.118	0.142	0.112
	吉林	0.028	0.033	0.038	0.046	0.058	0.072	0.081	0.051
	黑龙江	0.038	0.042	0.045	0.050	0.061	0.070	0.087	0.056
	均值	0.055	0.062	0.066	0.063	0.075	0.087	0.103	0.073
总体均值		0.082	0.098	0.114	0.129	0.148	0.174	0.205	—

2.数字经济时序演化特征

图1描绘了东部地区、中部地区、西部地区、东北地区及总体数字经济发展水平演变趋势。2013~2019年，中国数字经济发展水平总体上具有明显上升趋势，从2013年的0.082上升到2019年的0.205，年均增长率为16.59%。其中，西部地区增长幅度最大，年均增长率为24.69%；其次是中部地区，年均增长率为19.38%；东部地区位列第三，年均增长率为14.50%；东北地区增幅最小，年均增长率仅为11.02%，其原因是：东部地区的数字经济存量较大，边际增长效应相对较小，而西部地区数字经济发展水平较低，边际增长效应较大，同时，近年来国家对西部发展的扶持力度不断加大，西部地区具有强劲的发展动力和后发优势，赶超效应明显。尽管西部地区数字经济发展水平的年均增长率最大，但是数字经济发展水平与东部地区相比，还是存在较大差距。以2013年和2019年为例，2013年和2019年广东省的数字经济发展水平均值分别为0.345和0.785，青海的数字经济发展水平均值分别为0.004和0.045，分别相差0.341和0.740，差距扩大，表明了东部和西部地区之间仍然存在较大的数字鸿沟。因此，数字经济发展水平较低地区还存在较大的发展空间，提高落后地区数字经济发展水平、缩小区域间数字经济发展水平差距、避免数字鸿沟加深仍然是亟待解决的问题。

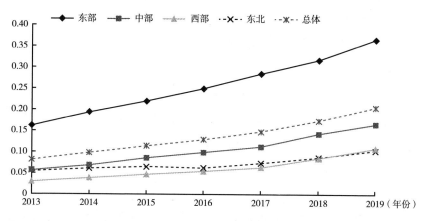

图1　2013~2019年不同区域数字经济发展水平变化趋势

（二）数字经济发展水平差异测度及来源

上文描述了数字经济发展水平空间演化特征，初步表明数字经济发展水平在空间上存在显著差异。为了更加精确地测算差异大小，探究差异形成的原因，本部分采用空间Dagum基尼系数及其分解方法来测算数字经济发展水平的空间差异性及其来源。根据式（7）~式（15）测算2013~2019年东部、中部、西部和东北地区数字经济发展水平的Dagum基尼系数，测算结果如表3和图2所示。

1.中国数字经济发展水平总体差异

表3反映了2013~2019年数字经济发展水平差异来源及贡献率。图2描绘了2013~2019年东部、西部、中部、东北区域及总体数字经济发展水平Dagum基尼系数演化趋势。数字经济发展水平总体差异呈现显著的空间非均衡变化趋势，基尼系数介于0.448~0.494，表明中国数字经济发展水平整体上差异较大，存在较大的数字鸿沟。从差异演化动态来看，从2013年的0.494降低到2019年的0.448，年均降幅为1.64%，表明中国数字经济发展水平总体差异不断缩小，即数字鸿沟不断弥合。从差异演化过程来看，总体差异缩小并非一个绝对平稳的过程，而是呈现波动下降的趋势。从测度的差异数据来看，2013~2016年，数字经济发展水平从0.494下降到0.473，2017年数字经济发展水平上升到0.477，2018年数字经济发展水平又出现下降，2019年下降至0.448。探究其原因，主要是由于国家和地方政府对数字经济发展的大力支持，特别是各级地方政府陆续出台数字经济相关政策以支持数字经济发展。数字经济发展水平较低地区的追赶效应显著。

2.中国数字经济发展水平差异来源及分解

如表3所示，从差异来源来看，在样本期间，区域间差异来源始终保持最大，为0.285~0.330；区域内差异次之，为0.106~0.111；超变密度差异来源最小，为0.053~0.061，超变密度差异指四大区域内差异与区域间差异的交互作用对整体数字经济发展水平差异的影响程度。相应地，从差异分解的贡献率来看，区域间差异贡献率最大，均值达到了70.02%；区域内差异贡献率次之，均值为21.43%；超变密度贡献率最小，均值为8.55%。由上述分析可知，区域间差异是中国数字经济发展水平总体差异的主要来源，因此，解决数字经济发展非均衡性问题，关键在于缩小区域间差异，即缩小东部和中西部、东北部之间的差异。

从差异来源变化趋势来看，在样本期间，数字经济发展水平区域内和区域间差异呈现缩小的趋势，区域内差异从2013年的0.111缩小到2019年的0.106，年均下降幅度为0.80%，区域间差异从2013年的0.330缩小到2019年的0.285，年均下降幅度为2.47%，区域间差异下降幅度大于区域内差异，这表明区域间差异尽管较大，但下降幅度也较大。超变密度差异在样本期间出现小幅度增加，从2013年的0.053增加到2019年的0.058，年均增长幅度为1.51%。这表明了区域内差异与区域间差异的交互作用对数字经济发展水平差异的影响呈现增加趋势。从区域差异分解的贡献率来看，区域间差异贡献率总体上呈现波动下降趋势，从2013年的66.82%降低到2019年的63.56%。其间，区域间差异贡献率2013~2015年下降，2016~2017年增加，2018~2019年下降。区域内差异贡献率在样本期间呈现增加趋势，从2013年的22.43%增加到2019年的23.59%，年均增长幅度为0.84%。超变密度贡献率在样本期内保持上升趋势，从2013年的10.75%增加到2019年的12.85%，年均增长率为3.02%，表明区域间差异和区域内差异的交叉影响随着时间的推移而加大。

表3　2013~2019年数字经济发展水平差异来源及其贡献率

年份	总体	差异来源			贡献率（%）		
		G_w	G_{nb}	G_t	G_w	G_{nb}	G_t
2013	0.494	0.111	0.330	0.053	22.43	66.82	10.75
2014	0.491	0.110	0.327	0.053	22.45	66.70	10.85
2015	0.477	0.109	0.310	0.058	22.79	64.99	12.23
2016	0.473	0.108	0.308	0.057	22.73	65.17	12.10
2017	0.477	0.108	0.311	0.057	22.75	65.23	12.02
2018	0.461	0.108	0.292	0.061	23.41	63.37	13.22
2019	0.448	0.106	0.285	0.058	23.59	63.56	12.85

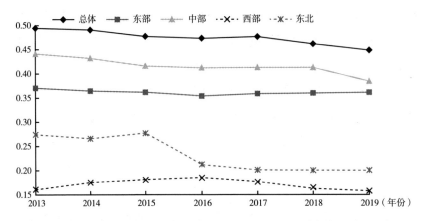

图2　2013~2019年不同区域数字经济发展水平Dagum基尼系数演化趋势

3.中国数字经济发展区域内差异

从东部、中部、西部和东北区域内数字经济发展水平差异整体来看，四个区域数字经济发展水平的区域内差异处于不同水平，在样本期间，西部地区的区域内差异最大，均值为0.416；其次是东部地区，均值为0.362；东北地区位列第三，均值为0.233；中部地区最小，均值仅为0.171。在四个区域中，中部地区数字经济发展较为均衡，东部地区和西部地区数字经济发展不均衡，存在比较大的数字鸿沟。对于中部地区而言，河南数字经济发展水平最高，均值为0.142，山西数字经济发展水平最低，均值为0.046，其他省份的均值集中分布在0.1左右。对于西部地区而言，四川数字经济发展水平最高，在样本期内，均值达到了0.157，青海数字经济发展水平最低，均值仅为0.019，四川数字经济发展水平是青海的8倍之多，表明在西部地区四川数字经济发展水平领先，其中，成都已在全省乃至全国的数字经济发展中处于领军地位，其余地市州也正在加快发展。对于东部地区而言，广东的数字经济发展水平最高，在样本期内，均值达到0.538，海南数字经济发展水平最低，其均值仅为0.028，两者存在较大的差距。海南需要紧跟国家数字经济政策，充分利用海南自由贸易港的区位优势，抓住机遇，大力发展数字经济。

表4反映了东部、中部、西部和东北数字经济发展水平的区域内差异的演化趋势。从区域内差异演化过程来看，在样本期间，四个地区的

区域内数字经济发展水平差异均呈现波动式下降趋势。东部地区数字经济发展水平区域内差异呈现先下降后上升趋势，2013~2016年数字经济发展水平差异不断下降，2017~2019年数字经济发展水平差异不断上升，该区域内总体差异下降，年均下降幅度为0.46%。中部地区数字经济发展水平区域内差异呈现先上升后下降趋势，2013~2016年区域内差异上升，2017~2019年差异下降，中部地区数字经济发展水平区域内总体差异下降，年均下降幅度为0.31%。西部地区数字经济发展水平区域内差异呈现先下降后上升再下降趋势，2013~2016年差异下降，2017~2018年差异小幅度上升，2019年下降，该区域数字经济发展水平区域内总体差异下降，年均下降幅度为2.33%。东北地区数字经济发展水平区域内差异呈现先下降后上升再下降趋势，2013~2014年差异下降，2015年差异上升，2016~2019年差异下降，从整体来看，样本期间差异下降，年均下降幅度为5.39%。

4. 中国数字经济发展水平区域间差异

表4汇报了数字经济发展水平区域间差异情况。从总体来看，2013~2019年，东部和西部、东部和中部、东部和东北、西部和中部、西部和东北、中部和东北数字经济发展水平区域间差异均值分别为0.624、0.491、0.615、0.359、0.362、0.291。其中，东部和西部数字经济发展水平区域间差异最大、东部和东北次之、东部和中部位列第三，这表明东部和中西部地区之间存在比较大的数字鸿沟。数字鸿沟会加剧地区间发展的不协调。从发展机会来看，中西部某些地区由于数字基础设施不完善、专业技术人员缺乏等，难以发展人工智能、大数据、云计算等相关产业，较易错失数字经济发展的重要机遇。从发展现状来看，相较于广东、浙江、北京等东部地区抢抓机遇加快数字经济发展，中部地区、西部地区和东北地区在数字经济发展大潮前显得更加沉寂。从数字经济发展水平来看，东部地区与其他地区相比，数字产业化和产业数字化程度更高，数字技术投入更大。数字经济发展红利分配格局呈现东部多、中西和东北地区少的特征，这势必会进一步加深地区之间的数字鸿沟，因此，弥合地区之间数字鸿沟是亟待解决的问题。在地区间数字鸿沟存在的背景下，落后地区具有更大的发

展潜力和上升空间，为此，国家扶持政策应适当倾斜。对于中西部和东北地区，可以借鉴东部地区数字经济发展的先进经验，整合本地优势资源，实现更好更快的发展。

表4 2013~2019年数字经济发展水平组内及组间差异

年份	组内差异				组间差异					
	东部	中部	西部	东北	东部–西部	东部–中部	东部–东北	西部–中部	西部–东北	中部–东北
2013	0.371	0.161	0.441	0.274	0.667	0.514	0.582	0.378	0.387	0.263
2014	0.365	0.176	0.432	0.266	0.656	0.516	0.598	0.371	0.375	0.262
2015	0.362	0.181	0.415	0.277	0.631	0.493	0.601	0.366	0.371	0.287
2016	0.354	0.185	0.412	0.212	0.618	0.493	0.632	0.361	0.352	0.302
2017	0.359	0.177	0.413	0.201	0.624	0.499	0.634	0.358	0.349	0.288
2018	0.360	0.162	0.413	0.201	0.595	0.470	0.633	0.353	0.356	0.314
2019	0.361	0.158	0.384	0.200	0.580	0.454	0.627	0.326	0.347	0.324

图3描绘了2013~2019年东部和西部、东部和中部、东部和东北、西部和中部、西部和东北、中部和东北六大区域间差异变化情况。由图3可知，东部和中部、东部和西部、西部和中部、西部和东北在样本期间呈现波动式下降趋势，年均下降幅度分别为2.09%、2.36%、2.50%、1.84%。东部和东北、中部和东北在样本期间呈现波动式上升趋势，年均上升幅度分别为1.25%和3.54%。如表4所示，中部和东北区域间差异在整个样本期间始终保持最低水平，为0.262~0.324。西部和中部、西部和东北两个区域间变化趋势最为相似，并且它们区域间差异最接近，西部和中部区域间差异为0.326~0.378，西部和东北区域间差异为0.347~0.387。从图3可以看出，东部和西部、东部和东北区域间差异较大，2013~2015年，东部和西部区域间差异始终保持最大，2016年东部和东北区域间差异超过东部和西部，在之后的年份，东部和东北区域间差异一直大于东部和西部。

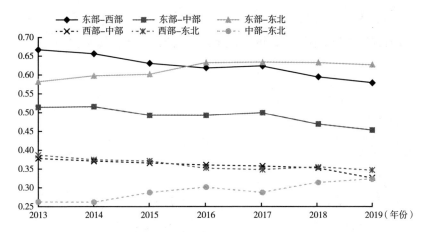

图3　2013~2019年中国区域间数字经济发展水平Dagum基尼系数演化趋势

（三）数字经济发展水平Kernel核密度估计

通过上述Dagum基尼系数的分解结果来看，区域间数字经济发展水平的差距比较明显，但是区域内数字经济发展水平的变化趋势在一定程度上出现了趋同。由于Dagum基尼系数无法展示数字经济发展水平的动态演进过程，在此借助图形对比的方式来考察。本部分采用Kernel核密度估计方法，分别对2013~2019年东部、西部、中部和东北地区的数字经济发展水平进行估计，刻画样本期间数字经济发展水平的动态演化过程，具体如图4所示。

从分布位置来看，在样本期间，东部地区、中部地区、西部地区和东北地区核密度曲线位置均逐渐右移，表明这四个地区的数字经济发展水平总体上均有所提升，这一结论和前文数字经济发展水平测算结果一致。从核密度曲线右移的幅度来看，东部地区最大，其次是中部地区，西部地区位列第三，东北地区最小，表明中部地区和西部地区的数字经济发展较快，而东北地区数字经济发展最为缓慢。

从分布态势来看，东部地区、中部地区、西部地区数字经济发展水平的主峰峰值呈现下降趋势，主峰宽度呈现增大的趋势，表明东部地区、中部地区、西部地区数字经济发展水平绝对差异增大。东北地区数字经济发展水平绝对差异呈现"增大—减少—增大"的变化态势，2013~2015年主峰峰值下降，表示这段时期东北地区数字经济发展水平绝对差异增大，2016

年主峰峰值增加，并且幅度较大，表明数字经济发展水平绝对差异缩小，
2017~2019 年主峰峰值下降，说明数字经济发展水平绝对差异增大。

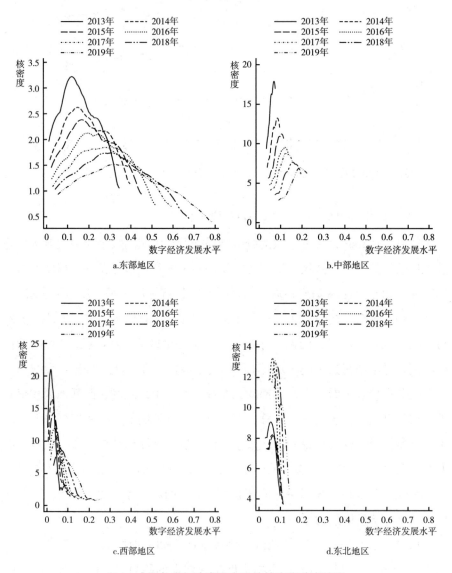

图4 中国数字经济发展水平的核密度动态演进

从分布延展性来看，东部地区和西部地区数字经济发展水平的分布曲线
均存在显著的向右拖尾现象，并且分布延展性呈现拓宽趋势，表明东部地区

和西部地区数字经济发展水平呈现上升趋势，并存在显著的梯度差异，意味着区域内存在少数数字经济发展水平较高的省份，"长尾"越长，表明区域内数字经济发展水平较高的省份越多，数字经济发展水平的内部差异越大，其原因是东部地区的广东、江苏、北京、浙江等的数字经济发展水平明显高于其余大部分省份，西部地区的四川、陕西和重庆等的数字经济发展水平明显高于其余大部分省份。中部地区和东北地区数字经济发展水平的分布曲线几乎不存在拖尾现象，这表明在样本观测期内不存在显著的梯度差异。

四　数字经济发展水平影响因素分析

（一）影响因素指标的选取

本文考察数字经济发展水平的影响因素，被解释变量为各省份数字经济发展水平（*digital*），解释变量包括地区经济发展水平、政府支出、贸易开放度、城镇化水平、市场化指数和产业结构升级。各变量说明如下：地区经济发展水平（*cgdp*），数字经济发展水平和地区经济发展水平相关，经济发展水平较高的地区，数字基础设施较完善，这为数字经济发展提供了基础。本文地区经济发展水平用各地区生产总值与常住人口的比值表示，即人均GDP。政府支出（*fiscal*），数字经济的发展离不开数字基础设施建设，而地区数字基础设施依赖于当地政府的宏观调控。当数字经济发展水平较低时，政府可以通过政策调控加快数字基础设施建设，促进数字经济发展。当数字经济发展水平较高时，政府会减少干预，保持数字经济稳定发展。本文选取各地区政府财政支出占GDP比重来表示政府支出。贸易开放度（*trade*），贸易开放度越高，表明该地区的贸易壁垒越低，可以引进更多先进的技术，并通过技术溢出效应提高区域内的数字经济发展水平。本文采用进出口总额占GDP比重来表示贸易开放度。城镇化水平（*urban*），随着城镇化的不断推进，与城镇化相关的配套设施也应得到改善。因此，城镇化水平对基础设施建设水平具有一定的影响，基础设施水平在一定程度会影响数字经济发展。本文用城镇人口占总人口比重来代表城镇化水平。市场化指数（*market*），地区市场化指数越高，表示该地区的保护壁垒越低，这有利于资本和劳动要素跨区域流动，在一定程度上能影响数字经济发展，本文用樊纲市场化指数来度量市场化指数。产业结构升级（*structure*），数字经济发展与产业结构密切相关，产业结构由传统劳动密集型产业转向知识和技术密集型产业会推动数字经济发展。而数字经济发展会对传统劳动密集型产业转型有一定的推动作用，本文采用第三产业增加值占 GDP 的比重来表示产业结构升级。本部分所用数据均来源于 2013~2019 年《中国统计年鉴》。

（二）数字经济发展水平空间自相关检验

本部分根据 2013~2019 年中国 30 个省份的数字经济发展水平计算了全局 Moran's I 指数及检验结果，空间权重基于地理距离矩阵，测算结果如表 5 所示。可知，数字经济发展水平的 Moran's I 指数均为正值。2013~2019 年，Moran's I 指数均呈现不同程度的显著性，表明在整个样本期间数字经济发展水平存在正向空间自相关性，存在空间依赖性，即数字经济发展水平高值区趋向于与高值区集聚，低值区趋向于与低值区集聚。从 Moran's I 指数的变化趋势来看，在整个样本期间，地理距离权重测算的 Moran's I 指数呈现波动式下降趋势。2014~2015 年，Moran's I 指数下降，2016 年短暂上升，2017~2019 年下降，在整个样本期间，2019 年的 Moran's I 指数最低。

表5　数字经济发展水平空间分布的 Moran's I 指数

年份	Moran's I 指数	P 值
2013	0.311	0.008
2014	0.315	0.008
2015	0.309	0.009
2016	0.313	0.008
2017	0.281	0.015
2018	0.235	0.031
2019	0.224	0.037

（三）空间面板回归结果分析

表 6 汇报了空间杜宾模型的回归结果。数字经济发展水平的空间回归系数为正，并在 1% 水平上通过了显著性检验，表明本地区数字经济发展水平

对邻近地区数字经济发展水平具有显著的正向影响，即存在正向空间溢出效应。从影响因素的回归结果来看，地区经济发展水平（$cgdp$）对数字经济发展水平具有显著的正向影响，其原因是经济发展水平越高的地区，能够为数字经济发展提供完善的基础设施和健全的制度保障，有利于提高数字经济发展水平。政府支出（$fiscal$）对数字经济发展水平的影响为正，并在1%水平上通过了显著检验，这是由于地方政府支出的增加，能够为数字经济发展提供足够的资金保障，进而促进数字经济发展。贸易开放度（$trade$）对数字经济发展水平的影响为正，在1%水平上通过了显著检验，贸易开放度较高的地区，会引进先进的国外技术，这有利于提高当地的数字技术水平，提高数字经济发展水平。城镇化水平（$urban$）、市场化指数（$market$）和产业结构升级（$structure$）对数字经济发展水平的影响并不显著，表明城镇化、市场化和产业结构升级没有发挥明显的积极作用。

基于稳健性检验，本部分还采用普通面板模型和空间滞后模型，回归结果如表6的第（1）列和第（3）列所示，地区经济发展水平、政府支出和贸易开放度对数字经济发展的影响依然显著为正。城镇化水平、市场化指数和产业结构升级对数字经济发展的影响不显著。根据空间滞后模型发现数字经济发展水平的空间回归系数为正，这进一步证明了数字经济发展水平存在正向空间溢出效应。

表6　回归结果

变量	普通面板模型 （1）	空间杜宾模型 （2）	空间滞后模型 （3）
$cgdp$	0.202*** （0.037）	0.191*** （0.040）	0.193*** （0.033）
$fiscal$	0.493*** （0.112）	0.390*** （0.099）	0.518*** （0.098）
$trade$	0.0218*** （0.007）	0.020*** （0.006）	0.0182*** （0.007）
$urban$	−0.032 （0.036）	−0.003 （0.032）	−0.053 （0.033）
$market$	−0.019 （0.021）	−0.019 （0.017）	−0.018 （0.018）

续表

变量	普通面板模型 （1）	空间杜宾模型 （2）	空间滞后模型 （3）
structure	−0.024 （0.045）	0.002 （0.038）	−0.025 （0.039）
Wcgdp		−0.172** （0.076）	
Wgovement		−0.715*** （0.250）	
Wtrade		0.0415** （0.020）	
Wurban		0.271*** （0.063）	
Wmarket		0.0207 （0.054）	
Wstructure		−0.070 （0.085）	
rho		0.364*** （0.102）	0.268*** （0.095）
样本量	210	210	210
R^2	0.821	0.324	0.147

注：*、**、***分别表示在10%、5%、1%的水平上显著。

表7是数字经济发展水平空间效应分解的回归结果，可以看到，地区经济发展水平直接效应回归系数为正，并在1%水平上通过了显著性检验，地区经济发展水平间接效应和总效应并不显著。政府支出直接效应为0.347，间接效应为−0.883，并在5%水平上通过了显著性检验，总效应并不显著，表明了政府支出对本地区数字经济发展水平具有显著的正向影响，对邻近地区的数字经济发展水平影响为负，这是因为政府支出促进数字经济发展，表现在政府支出用于数字基础设施建设，这会诱发邻近地区间财政竞争策略的刻意模仿，引起竞争"趋同化"，导致正外部性支出被挤占，扭曲支出结构，从而不利于邻近地区加快数字基础设施建设，最终影响数字经济发展。贸易开放度的直接效应、间接效应和总效应回归系数为正，并都通过了显著性检验，表明了贸易开放度较高有利于促进本地区数字经济发展，并带动邻近地区数字经济发展。城镇化水平的直接效应为正，但是并不显

著，间接效应和总效应为正，表明城镇化水平较高并不会直接促进本地区数字经济发展，却能够促进邻近地区数字经济发展。市场化指数和产业结构升级的直接效应、间接效应和总效应都不显著。

表7　空间杜宾模型分解

变量	直接效应	间接效应	总效应
cgdp	0.185*** (0.040)	−0.157 (0.110)	0.028 (0.115)
fiscal	0.347*** (0.107)	−0.883** (0.439)	−0.536 (0.509)
trade	0.024*** (0.006)	0.075** (0.030)	0.099*** (0.031)
urban	0.017 (0.033)	0.416*** (0.122)	0.433*** (0.138)
market	−0.018 (0.017)	0.021 (0.080)	0.003 (0.087)
structure	−0.001 (0.040)	−0.096 (0.127)	−0.096 (0.145)

注：同表6。

五　结论与政策建议

本文从数字化基础设施、数字化技术和数字化交易三个维度界定了数字经济的内涵，运用全局熵值法测算了中国30个省份2013~2019年数字经济发展水平；利用核密度估计与Dagum基尼系数考察了数字经济发展水平的空间演化特征，采用空间杜宾模型识别了影响数字经济发展水平的因素，得到以下结论：首先，从演化趋势来看，中国数字经济发展水平呈现明显的提升态势，其中，西部地区增长幅度最大、中部地区次之、东部地区位列第三、东北地区年最低。其次，从空间特征来看，数字经济发展水平在空间上呈现"东高西低"的空间非均衡特征，其中，东部地区数字经济发展水平最高、中部地区次之、东北地区位列第三、西部地区最低。再次，从区域差异来看，中国数字经济发展水平有显著的地区差异，存在较大的数字鸿沟；从差异演化动态来看，中国数字经济地区总体差异呈缩小趋势，即数字鸿沟不断弥合；从差异来源大小来看，数字经济发展水平区域间差异大于区域内差异，区域间差异是造成数字经济发展水平空间分异的主要成因，东部和西部区域内存在显著的梯度差异。最后，从影响因素来看，数字经济发展水平存在正向空间自相关性，地区经济发展水平、政府支出和贸易开放度等有利于提高数字经济发展水平。其中，贸易开放度较高既有利于促进本地区数字经济发展，又有利于促进邻近地区数字经济发展。基于以上结论，本文提出以下政策建议。

第一，加快数字基础设施建设，强化数字技术创新，完善数字交易平台。具体而言，针对数字基础设施，加快推进5G、大数据中心、工业互联网、物联网等新一代数字基础设施建设，构建完善的数字基础设施网络体系，进一步加大数字基础设施投资，加快推进数字中国建设。针对数字技术创新，政府需要强化对数字经济领域核心技术、前沿技术的研发支持，鼓励企业加强基础研究，大力发展云计算、大数据处理、芯片等关键技术，提高智能化水平和算力水平，加大产业共性技术研发投入，实现关键核心技术自主可控，提前布局前沿技术，以超大规模市场支撑前沿技术产业转化，推进企业与高校互动，实现产学研结合，增强数字技术的研发实力。针对数字交易平台，大力发展电子商务平台，刺激消费升级，培育电子商务服务平台，实现产品生产和服务的智能化，为网络安全等扫清障碍，完善电子商务支撑体系。

第二，针对不同地区的数字经济发展，采取差异化政策。针对数字经济发展水平较高的东部地区，鼓励和支持东部地区充分发挥技术优势和资金优势，加强数字技术创新。针对数字经济发展水平较低的中西部地区，充分发挥财政政策的调控作用，将有限的资源向这些地区倾斜，加快推进数字化基础建设，提高劳动力技能，促进经济增长，从而推动数字经济高速发展，缩小区域间数字鸿沟，实现数字经济均衡发展。同时，中西部地区要向数字化水平较高的东部地区学习先进的经验，避开数字化建设中的弯路，增强自身经济实力，缩小与东部地区之间的差距。

第三，进一步扩大对外开放，利用国外的先进技术，发展数字经济。

需要进一步积极推进贸易便利化，优化流程，降低贸易成本，持续降低关税水平，进一步扩大进口。

参考文献

[1] 柏培文、喻理，2021，《数字经济发展与企业价格加成：理论机制与经验事实》，《中国工业经济》第11期。

[2] 柏培文、张云，2021，《数字经济、人口红利下降与中低技能劳动者权益》，《经济研究》第5期。

[3] 陈景华、王素素、陈敏敏，2019，《中国服务业FDI分布的区域差异与动态演进：2005～2016》，《数量经济技术经济研究》第5期。

[4] 二十国集团，2016，《二十国集团数字经济发展与合作倡议》，中国杭州。

[5] 范合君、吴婷，2020，《中国数字化程度测度与指标体系构建》，《首都经济贸易大学学报》第4期。

[6] 范鑫，2020，《数字经济发展、国际贸易效率与贸易不确定性》，《财贸经济》第8期。

[7] 关会娟、许宪春、张美慧、郁霞，2020，《中国数字经济产业统计分类问题研究》，《统计研究》第12期。

[8] 郭周明、裘莹，2020，《数字经济时代全球价值链的重构：典型事实、理论机制与中国策略》，《改革》第10期。

[9] 韩兆安、赵景峰、吴海珍，2021，《中国省际数字经济规模测算、非均衡性与地区差异研究》，《数量经济技术经济研究》第8期。

[10] 荆文君、孙宝文，2019，《数字经济促进经济高质量发展：一个理论分析框架》，《经济学家》第2期。

[11] 鞠雪楠、赵宣凯、孙宝文，2020，《跨境电商平台克服了哪些贸易成本？——来自"敦煌网"数据的经验证据》，《经济研究》第2期。

[12] 李长江，2017，《关于数字经济内涵的初步探讨》，《电子政务》第9期。

[13] 齐俊妍、任奕达，2020，《东道国数字经济发展水平与中国对外直接投资——基于"一带一路"沿线43国的考察》，《国际经贸探索》第9期。

[14] 秦芳、王剑程、胥芹，2022，《数字经济如何促进农户增收？——来自农村电商发展的证据》，《经济学（季刊）》第2期。

[15] 裘莹、郭周明，2019，《数字经济推进我国中小企业价值链攀升的机制与政策研

究》，《国际贸易》第11期。

[16] 孙才志、朱云路，2020，《基于Dagum基尼系数的中国区域海洋创新空间非均衡格局及成因探讨》，《经济地理》第1期。

[17] 王锋正、刘向龙、张蕾、程文超，2022，《数字化促进了资源型企业绿色技术创新吗?》，《科学学研究》第8期。

[18] 王军、朱杰、罗茜，2021，《中国数字经济发展水平及演变测度》，《数量经济技术经济研究》第7期。

[19] 吴晓怡、张雅静，2020，《中国数字经济发展现状及国际竞争力》，《科研管理》第5期。

[20] 向书坚、吴文君，2019，《中国数字经济卫星账户框架设计研究》，《统计研究》第10期。

[21] 许宪春、张美慧，2020，《中国数字经济规模测算研究——基于国际比较的视角》，《中国工业经济》第5期。

[22] 颜建军、徐雷、谭伊舒，2017，《我国公共卫生支出水平的空间格局及动态演变》，《经济地理》第10期。

[23] 杨虎涛，2020，《数字经济的增长效能与中国经济高质量发展研究》，《中国特色社会主义研究》第3期。

[24] 张洪胜、潘钢健，2021，《跨境电子商务与双边贸易成本：基于跨境电商政策的经验研究》，《经济研究》第9期。

[25] 赵宸宇、王文春、李雪松，2021，《数字化转型如何影响企业全要素生产率》，《财贸经济》第7期。

[26] 赵涛、张智、梁上坤，2020，《数字经济、创业活跃度与高质量发展——来自中国城市的经验证据》，《管理世界》第10期。

[27] Ahmad N., Ribarsky J. 2018. "Towards a Framework for Measuring the Digital Economy." 16th Conference of the International Association of Official Statisticians: 1–33.

[28] Ahmad N., Ribarsky J. 2017. "Issue Paper on a Proposed Framework for a Satellite Account for Measuring the Digital Economy." STD/CSSP/WPNA(2017)10.

[29] Barefoot K., Curtis D., m Jolliff W., Nicholson J.R., Omohundro R. 2018. "Defining and Measuring the Digital Economy." Working Paper, Bureau of Economic Analysis.

[30] Dagum C. 1997. "A New Approach to the Decomposition of the Gini Income Inequality Ratio." *Empirical Economics* 22(4): 515–531.

[31] Elhorst J.P. 2010. "Applied Spatial Econometrics: Raising the Bar." *Spatial Economic Analysis* 5(1): 9–28.

[32] Haltiwanger J., Jarmin R.S. 2000. *Measuring the Digital Economy.* Cambridge: MIT Press.

［33］ Kotarba M. 2017. "Measuring Digitalization: Key Metrics." *Foundations of Management* 9 (1): 123-138.

［34］ Kim B., Barua A., Whinston A.B. 2002. "Virtual Field Experiments for a Digital Economy: A New Research Methodology for Exploring an Information Economy." *Decision Support Systems* 32(3): 215-231.

［35］ Tapscott D. 1996. "The Digital Economy: Promise and Peril in the Age of Networked Intelligence." *The Journal of Academic Librarianship* 22(5): 397.

（责任编辑：焦云霞）

世界大变局下中国经济发展的重大理论与现实问题

——2022年数量经济学国际学术会议高峰论坛笔谈节选

孙 巍 周亚虹 陶长琪 郑挺国 等

发起人语

孙 巍 吉林大学 中心

在世界百年未有之大变局和中华民族伟大复兴的战略全局背景下，中国经济从总量、结构到内涵都发生了历史性变革，取得了历史性成就。在中国经济跨入高质量发展阶段，清晰地刻画出经济增长的路径和机制、共同富裕的实践方向和方法以及经济协调发展机制等十分必要。相应地，数量经济学科研究也需要新范式、新理念和新思路，为世界大变局下中国经济发展中面临的实际问题和方针政策提供科学评估和明确指引。具体而言，针对经济发展问题的解读与剖析，包含不确定性背景下中国的经济金融协调稳定与可持续发展、经济高质量发展下的创新要素配置、收入不平等与经济增长的关系、中国长期稳定发展的世界意义、世界大变局下我国区域经济高质量发展的战略方向等诸多实践问题，针对数量经济学科深化研究和方式方法创新，则包含了海量数据特征与数量经济学研究的融合、数量经济学科研究范式的变革以及与其他学科的融合发展。研究场景、数据特征和学科知识框架的延伸，为当前数量经济学科发展和研究拓展提供了契机，也提出了挑战。

在此背景下，2022年7月9日吉林大学数量经济研究中心和山东工商学院在山东烟台共同主办了"2022年第十一届数量经济学国际学术会议——

世界大变局下中国经济发展的重大理论与现实问题"高峰论坛，邀请相关领域的资深专家学者围绕各自研究领域进行主题发言报告。与会专家的发言报告和研讨为探寻世界大变局下中国经济高质量发展的阶段特征与协调发展机制、共同富裕的实现途径以及解决经济发展过程中的其他重大现实问题提供了新理念，也为数量经济学科的研究范式调整、研究方法创新以及与其他学科的融合发展提供了新思路。

适应经济发展新阶段的数量经济学科建设与研究范式

周亚虹 上海财经大学

在中国经济高质量发展和大数据时代来临的背景下，数量经济学科的理论创新和研究范式有了新特征。作为融合经济学、数学和统计学学科特点的数量经济学科，充分发挥其学科培养特色与优势，打造与国际接轨的研究平台是助力中国数量经济学科建设的关键。与此同时，针对当前多元发展的经济形势、海量的数据和不同的应用场景，数量经济学的研究范式、研究特色和研究方法也应有创新和发展的空间。因此，对经济发展新阶段与大数据时代背景下数量经济学科发展和研究范式有以下几点思考。

一是数量经济学科研究趋于成熟，为学科领先发展提供了契机。一方面，众多数量经济学领域的高水平研究者回国从事全职教学科研，任教于中国科学院大学、清华大学、浙江大学和香港中文大学（深圳）等知名高校，为国内高水平人才体系的建设提供了助力，形成了良好的科研氛围，也带动了青年学者紧随相关领域的国际前沿展开深入研究。学科顶尖人才的引进也实现了突破，如空间计量领域顶尖学者李文飞教授也将全职回到上海财经大学任职，为持续推进国内学者在国际顶级期刊上发表高质量论文提供了基础，也有助于促进国内数量经济学研究迅速发展，实现与国际接轨。另一方面，在世界大变局下，大数据与数量经济学科的深度交叉融合正处于黄金发展期，对于从事该领域研究的学者而言压力和机会并存。近年来，众多年轻学者在博士和博士后阶段就能够紧随国际前沿研究在国内外期刊上发表了大量高质量论文。若能有效利用高水平领军人才引进的窗口期实现各方面融合发展，则能进一步形成良性循环，为打造学科高地提供契机。

二是突出各个高校数量经济学科建设特色，体现人才培养方面的特色与优势。正如"实证革命"概念中所提出的思想，数量经济学的研究方法应随着数据特征的变化和实证数据的大量累积而不断发展和创新，主要表现为数量经济学研究范式的转变，这也为数量经济学专业培养体系差异化和教学特色化提供了新的导向。例如吉林大学数量经济研究中心可以充分利用在经济周期性特征测度、机制性转化分析和经济波动预测等方面的研究优势，着重培养学生对这些研究方法的运用，凸显课程体系设置亮点。此外，马工程教材中《计量经济学》教材的编写，也应有差异化教学内容的体现，亦应紧随时代发展，重点突出相应的内容。在这样的教学长远目标确定后，计量经济学课程会很有生命力，也会受到学生们的欢迎，如上海财经大学本科计量经济学课程设置正是明晰了这一目标，成为最受学生欢迎的本科课程之一。在硕士和博士研究生的培养体系中，更应该强调差异化，如高级宏观经济学、高级微观经济学和高级计量经济学的课程体系和内容设置应体现各个学校的学术特色，在各个层次课程教学中体现差异化和不同侧重点，在专题教学和科研训练上有所突破，催生出更多新的学科生长点。具体而言，在教学和科研中可以包含并聚焦与中国当前经济高质量发展息息相关的关键问题和热点问题，如中国经济高质量发展中各种指标量化、经济政策施策效果评价、智慧城市建设对污染排放的影响评估等。

三是结合海量数据和数量经济学的研究方法，为经济高质量发展的相关决策提供量化参考。在经济领域的研究中，无论是经济高质量发展评价、政策效应评估、共同富裕目标下的施策等宏观量化指标，还是智慧城市、污染排放等微观量化指标，构建多维数据指标且运用适合的方法来展开系统研究极为重要。可以看到，在中国经济高质量发展过程中，经济的结构、内涵和发展规律都呈现出新特征，因此，也需考虑在中国特色和中国体制特征基础上进一步拓展与改进数量经济学的研究范式与方法。类似地，在大数据革命的背景下，海量数据的收集、以大数据为基础的指标体系构建，是目前数量经济研究中应关注的重点。若能基于大数据构建衡量经济运行各方面的指数并定期发布，将十分引人注目。此外，在世界政治和经济发展不确定性较大的情境下，对经济发展的不确定性、金融市场的不确定性、财政和货币政策的不确定性、预期的不确定性等的衡量具有广泛而深远的意义，更能顺应新时代发展形势。吉林大学数量经济研究中心作为国家的重点数量经济研究基地，若能在该领域上发挥引领作用，结合大数据和数量经济学的研究方法分析中国经济高质量发展中的实践问题，则不仅能够提升理论与应用研究水平，更能为中国经济高质量发展的经济活动分析、经济政策评价与选择和经济预测等提供量化参考。

经济高质量发展下的创新要素配置

陶长琪　江西财经大学

新中国成立以来，中国共产党带领人民不断探索寻找适应国情的中国特色社会主义道路，在不同的探索时期，中国经济的指导思想、发展动力等也相应发生了变化，大体上可划分为经济恢复发展期（1949～1977年）、经济高速增长期（1978～2011年）和经济高质量发展期（2012年至今）三个阶段。而在不同的经济发展阶段要素配置也在发生变化。这是由于经济发展阶段的跃迁折射出生产力的重大提升，生产力代表了生产能力及其要素的发展。在经济恢复发展期，经济增长主要依赖于传统生产要素，如土地、劳动力。在经济高速增长期，各地通过出台各项优惠政策吸引外资，在积累资本的同时引进转化国外技术，并"以地融资"促进资本深化。随着信息革命的来袭，信息成为重要的经济要素。我国经济发展主要是由大规模的投资驱动，资本是经济增长的第一推动力。在经济高质量发展期，科技创新的重要性被提到前所未有的高度。此外，数据被视作生产要素，经济活动日趋数字化。2012年经济增长的目标从追求数量转换为追求质量，经济进入高质量发展阶段。经济增长方式由要素禀赋结构决定，要实现高质量发展目标，必然需要对不同要素重新进行合理、高效的组合，这也是形成创新驱动力的过程。

要素配置即资源配置，对资源进行配置的主要原因是其具有稀缺性。马克思认为资源配置就是对社会总劳动量的分配，并揭示了资源配置的三种基本方式，即直接型、市场型和计划型。从定义来看，要素配置是指一个国家（地区）或者经济体通过政府宏观调控政策或市场机制，对劳动力、资本等有限的要素在各要素使用主体间进行合理分配、组合，以推动经济发展。然而，一直以来信息不对称、市场分割严重、供需结构不匹配等现象在不同层面上引发了不同程度的要素错配问题。尤其是在我国经济新常态下，创新要素配置不合理、创新驱动力不足，难以满足经济高质量发展的要求。因此，要素市场改革势在必行，而政策是改变我国要素市场扭曲现象的关键。对此，国家先后出台《中共中央 国务院关于构建更加完善的要素市场化配置体制机制的意见》《要素市场化配置综合改革试点总体方案》《中共中央 国务院关于加快建设全国统一大市场的意见》等，通过制度创新促进经济增长动力转换，引导各类要素协同向先进生产力集聚，形成新发展阶段下新的生产方式。那么，从中国经济发展的不同阶段来看，要素投入的演变过程及其规律如下。

在经济恢复发展期主要表现为土地要素、劳动力要素和资本要素相结合的三大传统要素投入驱动经济发展。其中以资本要素为强驱动力、土地和劳动力要素为保障。由政府主导要素配置，阻碍了要素的自由流动。土地要素、劳动力要素和资本要素集中流向重工业，忽略了农业和轻工业发展，农轻重产业结构失衡。

在经济高速增长期主要表现为土地要素、劳动力要素、资本要素和技术要素相结合的投资驱动经济发展。与第一阶段相比，在市场经济体制下土地要素向资本转变，在教育改革等引领下劳动力要素向资本转变，在对外开放和科教兴国战略下资本要素转向外商资本和研发资本。经济增长的驱动力逐渐由要素驱动转变为投资驱动，即以资本和技术要素为强驱动力、土地和劳动力要素为基础。这个期间，市场经济体制的不断完善在一定程度上缓解了第一阶段的农轻重产业失衡，但受市场机制不完善和选择性产业政策的影响，存在城乡二元结构矛盾突出和产业结构失衡的问题。

在经济高质量发展期主要表现为资本创新要素和知识创新要素相结合的创新驱动经济发展。其中，知识创新要素包含技术、数据和人力创新要素。与第二阶段相比，在科技体制改革、国家大数据战略和国家创新驱动发展战略的引领下，技术和数据创新要素逐渐成为主导性要素，人力创新要素对经济的驱动作用已基本替代传统人力要素。2012～2019年市场经济体制不断完善，一定程度上缓解了第二阶段的产能过剩和产业结构失衡问题。但要素投入规模和配置结构的调整受到市场监管制度不完善的影响，存在产业创新活力和创新能力不足等问题，导致产业结构升级受阻，经济增长出现"结构性减速"的问题。具体来看，劳动投入结构由三次产业投入较为均衡转向第一、第二、第三产业依次递减，资本投入结构改变为第一产业投入上升而第二、三产业投入降低。

在这样的背景下，我们需要思考经济高质量发展下创新要素配置测度和机理机制分析的几个关键问题。测度方面，一是经济高质量发展视阈下中国创新要素配置水平的测度，二是经济高质量发展视阈下中国创新要素配置效率的测度，三是中国创新要素配置与经济高质量耦合发展的测度，四是创新要素配置与数字经济耦合协调发展的时空特征及动态演进的测度。机理机制分析方面，一是经济高质量发展下的创新要素配置机理，二是经济高质量发展下创新要素配置失衡及其突破策略，三是数据要素助力提升研发产出质量的作用机制，四是数据要素价值测算及其对绿色发展的影响机制。只有深入和系统地研究上述问题，才能为经济高质量发展下的创新要素配置提供思路、指明方向。

高维时变复杂系统建模：大数据驱动下的新进展

郑挺国　厦门大学

目前，数量经济学专业领域的研究正面临着两方面的冲击和挑战。一是研究方法的快速推进与发展，二是大数据背景下数据特点和研究模式的变化。显然，大数据时代的到来为数量经济学领域的研究带来了前所未有的新机遇。与此同时，数量经济学领域针对复杂的经济和金融系统的建模方法也日趋成熟，研究者应基于当前经济高质量发展和大数据的背景，运用先进的高维时变复杂系统建模与分析方法，更加准确地解释多维经济变量的关系，揭示经济运行规律。结合本人研究兴趣，下面对高维时变复杂系统建模与分析这一研究方向做简单的讨论和展望。

众所周知，传统的多元时间序列模型与方法应用广泛，如 VAR 模型最早于 1980 年提出，逐渐产生了协整 VAR、结构 VAR、DSGE 模型及非线性或时变参数 VAR 模型等，在宏观经济研究中产生了重要的影响，也为决策者提供了重要的分析工具和技术支持。与此同时，在刻画波动关联性中，也产生了 VEC、BEKK、DCC 等多元 GARCH 模型。这些方法在各类小型经济系统中应用广泛，如货币—产出—通胀—失业间的因果性、关联性和时变性，如中国、德国、英国、美国、日本股市间的波动传导机制和风险传染机制，等等。但目前来看，传统的分析工具已不足以揭示复杂系统的内在联系，如脉冲响应函数，只是倾向于描述某两个变量之间的联系，但对于捕捉复杂经济系统之间的复杂关系是远远不够的。另外，传统的数量经济学方法更适用于小型（低维度）经济系统、估计简单，难以应用于大型经济系统，并且具有片面性和局部性。

复杂系统建模是基于高维数据展开的，包含更多的经济变量、更多的个体（国别、区域、种类等），能够更清晰地展示系统的全局性和内部联系，也能为宏观调控和防范风险提供更直观的参照系。但是，由低维 VAR 向高维 VAR 建模的困难之处在于：一是维数灾难，带来估计上的困难；二是传统分析工具不足以揭示复杂系统的内在关联；三是针对一些特殊数据（如全球进出口贸易网络）存在建模困难。

因此，如何进行高维时变复杂系统的建模已成为研究中亟须解决的问题。目前已有一些高维时变复杂系统建模与分析方法逐步应用到实践中，如 TVP-FAVAR 模型和大型 TVP-VAR 模型。FAVAR 模型由 Bernanke 等（2005）提出，将货币政策与大规模数据相结合，通过 FAVAR 模型考察经济政策与经济变量以及因子间作用机制。TVP-FAVAR 模型是由 Koop 和 Korobilis（2014）提出并将其应用于构建金融状况指数，尚玉皇等（2021）进一步扩展了混频 TVP-FAVAR 模型。这些方法已逐步应用于大规模的宏观经济分析，如经济韧性分析（刘晓星等，2021）等。另外，大型 VAR 模型和 TVP-VAR 模型，分别由 Bańbura 等（2010）、Koop 和 Korobilis（2013）提出，随后得到了广泛的关注和应用，已应用于即时预测（Cimadomo 等，2021）、经济系统的时变影响网络分析和系统性金融风险传染网络分析等。特别地，Demirer 等（2018）结合 LASSO 和滚窗方法来实现对大型 TVP-VAR 模型的一种间接估计，进而计算了高维系统的时变 DY 关联性指数。总体来说，大型 TVP-VAR 模型是一种富有前景的高维时变复杂系统建模方法，作为快速有效的估计方法仍是学术界关注的前沿计量经济问题。

此外，关于高维时变复杂系统建模与分析的其他前沿方法也值得关注。例如，Zhu 等（2017）提出的网络 AR 模型，可以捕捉复杂网络的整体网络效应和节点效应；Chen 等（2021）提出的矩阵 AR 模型，是一种大型 VAR 模型的降维设定形式，可以刻画不同国家不同经济变量之间的复杂联系；Pakel 等（2021）改进了 DCC-GARCH 模型的估计方法，能够快速有效估计金融巨型系统的动态相关性，从而为大型资产投资组合和相关风险管理提供了富有应用前景的新方法。

以上方法把原来的低维数据建模扩展为更高维的数据建模，可以捕捉复杂系统的关联，因而可以更加真实地反映宏观经济与金融世界的运行规律。若能在当前经济高质量发展下，恰当运用高维时变复杂系统建模与分析方法展开实证研究，则能为深入理解复杂的经济运行规律做出新的贡献。

经济学与运筹学的交叉：一个值得更加关注的研究领域

曹志刚　北京交通大学

2012 年和 2020 年两届诺贝尔经济学奖让更多人了解了运筹学与经济学的交叉：Shapley 和 Wilson 都是重要的运筹学家，Roth 和 Milgrom 也有深厚的运筹学背景。尽管在国内仍有争议，但是数学在经济学科学化中的基础性作用已经众所周知，包括优化在内的很多数学理论早已成为经济学研究的基本语言和基本工具之一。但基础数学很少被应用于经济学，两者也鲜有前沿研究交叉。作为应用数学分支的运筹学与基础数学乃至其他应用数学领域很不一样，其国际前沿研究至今仍在与经济学深度交叉融合。以上述四位经济学家为代表的"经济工程学派"的研究至今仍在快速推进中，其不仅是经济学微观理论的研究前沿，也是运筹学（以及理论计算机科学）的研究前沿，值得引起更多关注。

运筹学与经济学的交叉融合历史悠久，在国内外都具有天然的合作基因。尽管经济学的发展历史比运筹学要早很多，但是在社会科学中成为"显学"的当代经济学发轫于二战前后，与运筹学的诞生几乎同步。经济学家、数学家和物理学家等一起参与了运筹学的学科创建。冯·诺依曼不仅是运筹学创建中的灵魂人物，还与经济学家摩根斯坦一起创立了博弈论，致力于为经济学奠定更加坚实的微观基础。在经济学特别是微观经济理论方面做出过卓越贡献的 Arrow、Shapley、Gale、Scarf 等，同时也都是运筹学家。他们开创的很多研究领域至今仍同时被经济学和运筹学两个学科的学者追随。20 世纪 80 年代，Wilson 在美国西北大学培养的很多运筹学博士在经济学的博弈论革命中起到了重要作用。在中国，与钱学森、许国志等一同创建运筹学的数学泰斗华罗庚，早在 20 世纪六七十年代就开展了经济理论研究，其系列代表性成果在 80 年代发表在《美国科学院院刊》和《科学通报》等上，是有中国特色社会主义经济理论科学化的先驱。另外，把"Operations Research"翻译成运筹学的周华章，1952 年博士毕业于芝加哥大学，师承 Friedman 和

Koopmans 等，是中国数量经济学的先驱。

运筹学与经济学的交叉融合成果丰硕，迄今已有十余位拥有运筹学背景的经济学家在数学规划、博弈论、决策理论等领域获得诺贝尔经济学奖；与此同时，也有9位经济学家获得了运筹学最高奖项——INFORMS 颁布的冯·诺依曼奖。经济工程学派是运筹学与经济学交叉融合的最新代表，相关研究领域主要包括匹配、拍卖、市场设计、算法博弈论、计算经济学等。这些研究领域不仅是国际经济学界的前沿，在运筹学乃至数学和理论计算机领域也备受瞩目。以算法博弈论为例，代表性成果先后获得了 ACM 颁发的哥德尔奖、国际博弈论学会颁发的 Kalai 奖以及 ICM 颁发的奈凡林纳奖；其前沿成果不仅经常发表在经济学顶级期刊上，也常见诸运筹学和管理科学的顶级期刊 *Management Science*、*Operations Research*、*Mathematics of Operations Research*，以及理论计算机的顶级会议 FOCS、STOC 和 SODA，而 EC 和 WINE 更是致力于发表算法博弈论领域的成果。针对运筹学与经济学的交叉，特别是上述领域，国内目前也有比较好的研究基础：孙宁、俞宁、张军、唐平中等与合作者在市场设计方面的多项标志性成果发表在 *American Economic Review* 和 *Econometrica*（Echenique 等，2021；Kojima 等，2020）；陆品燕与合作者彻底解决了一价密封拍卖的效率近似比这一拍卖领域中长期悬而未决的难题（Jin 和 Lu，2022），邓小铁与合作者证明的二人博弈混合策略纳什均衡求解的 PPAD 困难性更是荣获 ACM SIGecom 2022 年度时间检验奖（Chen 等，2009）。这些成果都可以被看作中国学者对国际微观经济理论的重大贡献，是中国数量经济学研究的重大突破。

经济工程学派不仅研究现实市场和各种机制如何运作，还致力于设计更好的定价、拍卖和匹配等机制。与经济学多数领域相比，该领域研究的工程性强，研究价值比较客观，容易达成共识。这是对经济学被质疑科学性是否够强、社会贡献是否够大的很好的回应。特别地，中国正处于深化市场改革的进程中，资源配置效率有待进一步提升。经济工程学派研究的定价、拍卖和匹配等机制有望在此进程中发挥应有的重要作用，助力中国经济保持长期中高速增长。特别是经济工程学派在市场设计方面的研究，除经典的货币市场外还聚焦无货币机制的运行，避免了很多货币机制在公平性乃至伦理学方面的争论，其提出的解决方案在共同富裕背景下也更容易被接受。经济工程学派独辟蹊径地使用规范性而非仅仅是描述性的范式研究价格形成和价值发现机制，与传统的以哈耶克为代表的经济学家认为市场只能自发演化而不能被设计的思想有表面上的尖锐冲突，与计划经济既有区别也有联系。这种既有深厚的经济思想渊源又能充分发挥中国特色社会主义经济建设丰富实践优势的课题，可以同时做到顶天和立地、容易产生重大研究成果并将其写在祖国大地上。

在国家鼓励学科交叉以及新一轮学科调整后经济学发展空间被压缩的今天，我们应该注意到有一个重要的研究方向已经在运筹学、管理科学和计算机科学领域出现。该方向不只是国际前沿，在国内依托于中国信息经济学会、中国运筹学会博弈论分会、中国"双法"学会智能决策与博弈分会以及CCF新成立的计算经济学专业组等也有相当的研究前景。我们应该对经济学与运筹学交叉领域的研究予以更多的关注和支持。

中国长期稳定发展的世界意义与发展经济学意义

叶初升　武汉大学

世界正经历百年未有之大变局，发展仍然是时代的主题，稳定却是世界的难题。中国人民创造了经济快速发展奇迹和社会长期稳定奇迹，在引领世界经济发展和稳定世界经济大局方面发挥着越来越重要的作用。世界比以往任何时候都更需要中国。

中国是世界经济的发动机。1990年以后中国经济对世界经济增量的贡献就超过了10%，2008年国际金融危机以来更始终保持在30%左右（蔡昉，2019）。国际货币基金组织两位经济学家Arora和Vamvakidis（2010）研究了中国1980~2009年对世界其他172个经济体的影响，发现中国GDP每增长1个百分点，三年后其他国家的GDP就会增长0.2个百分点，五年后增长0.4个百分点。中国经济增长对世界经济的影响大约60%是通过贸易渠道，其余

40%则是通过资本流动、旅游和商务出行，以及消费者信心和工商业信心等其他非贸易渠道。

中国是世界经济的稳定器。无论发达国家还是发展中国家，没有任何一个国家能够保持40年经济高速增长而不发生经济危机，而中国做到了。在1997~1998年亚洲金融危机、2008年国际金融危机的危急时刻，中国担当全球经济增长的"火车头"角色，将亚洲及全球经济拉出危机。近年来，世界经济持续低迷，中国经济也面临下行压力，但是过去五年的年均经济增速仍超过7%，是同时期世界平均增速的2倍多。面对不确定性和风险，中国经济始终平稳发展，担当世界经济增长的稳定器和主要动力源。

习近平总书记指出，把中国实践总结好，就有更强能力为解决世界性问题提供思路和办法。这是由特殊性到普遍性的发展规律。以发展经济学的学术方式研究阐释中国经济快速发展与社会长期稳定两大奇迹，概括出有规律性的新实践，提炼出有学理性的新理论，将凝练中国智慧的经济发展理论惠及其他发展中经济体，具有重要的世界实践意义和发展经济学理论意义。

在现代经济学视野中，经济不确定性、风险、经济波动、经济周期、经济危机等都属于短期问题，而经济增长、结构变迁等属于长期问题。关注发展中国家长期经济发展问题的发展经济学，忽略不确定性、风险、波动等问题，似乎也在情理之中。然而，在现实中，短期问题可能会影响长期发展。虽然不确定性和波动是短期的，但是抗御风险、驾驭波动的能力却是长期性的。发展中国家在贫穷落后的基础上实现经济起飞，不仅需要发展要素的积累与投入、需要发展动力的激励、需要发展条件和环境，还需要抗御风险、驾驭不确定性的稳定发展能力。这是一个谋求经济发展的发展中国家能力建设的重要方面，应该纳入发展经济学的研究议题。

随着国际经济依赖程度的加深，经济不确定性不仅影响一国国内宏观经济运行，还会蔓延至其他国家，产生相互强化的负向外溢效应。与市场经济成熟、经济发展水平较高的发达国家相比，发展中国家抗御风险的能力更弱，经济发展的过程很容易受内生的不确定性和外生冲击所干扰，甚至因经济危机、金融危机、政治危机和文化宗教冲突而中断。在世界上发生的经济危机或金融危机中，即使原发地不是发展中国家，但受到伤害最大的往往都是发展中国家。在稳定中谋求发展、在发展中实现稳定，这是发展经济学迄今为止没有研究过的盲区。

新中国 70 多年的经济实践能够奉献给发展经济学做研究案例的特征事实，除了高速增长之外，还有面对经济不确定性与风险所展现出来的稳定发展能力。这种能力在改革开放之前也有突出表现。在百废待兴的基础上，面对西方封锁，中国仍能保持与世界平均水平相当的经济增长速度，并且初步建立起相对独立、比较完整的工业体系。改革开放以来，中国保持 40 多年经济高速增长而不发生经济危机。尽管国际上一直都有唱衰中国的声音，中国经济即将崩解的论调有时还甚为流行，但是中国经济发展并未如他们所愿。尤其是在 2008 年国际金融危机期间，中国为全球经济稳定增长所发挥的显著作用，使得"中国崩溃论"不攻自破。中国稳定发展的能力不仅表现为面对外部冲击时具有广阔的回旋空间，还表现在遇到内生于体系内部的经济问题时具有超强的自我纠错能力和纵深调整空间，面对困难应对风险时经济体系具有协调一致的行动能力。当受到国际金融危机、新冠肺炎疫情等外部冲击时，在中央政府确定实施方案后，地方政府以及其他相关单位反应迅速、执行坚决。这种长期的稳定发展能力，能从中国的基本制度和经济治理体系中找到解释。

因此，中国经济学人的一个重要任务是，用国际学术语言，在发展经济学的理论框架中系统总结中国长期稳定发展的实践经验，展现中国实践特色背后的思想力量和精神力量，揭示中国长期稳定发展中蕴含的人类经济发展的一般规律，用中国特色的发展经济学理论为人类发展贡献中国智慧，让世界看到发展中的中国、发展经济学中的中国、为人类发展作出贡献的中国。

收入不平等与经济增长：研究进展与展望

赵昕东 华侨大学

早期国外学者们关注的是经济增长对收入差距的影响。Kuznets（1955）最早对此问题开展研究，指出产业重点从农业向工业转移过程中，劳动力从农业向工业转移导致收入差距产生。收入差距是经济增长必然付出的代价。经济增长到一定程度后，人均资本的提高将导致劳动生产率提升、中等收入阶层的回报率提高。因此，Kuznets 提出经济增长与收入差距呈倒"U"型关系。他认为社会变革、市场结构调整和政府政策等诸多因素影响了二者之间的关系。库兹涅茨倒"U"型曲线表明，收入差距加大在发展初期是不可避免的，但随着发展的进一步推进，这种趋势将会逆转。

收入差距对经济增长的阻碍作用在 20 世纪 90 年代初开始受到国外学者关注。其背景是 20 世纪 80 年代后某些东南亚国家和南美国家在进入中等收入国行列后，由于生产要素的边际产出递减，经济增长停滞，无法进一步发展为高收入国家。这些中等收入国家劳动力成本上升、竞争力下降，在传统的劳动密集型产业领域被低收入国家追赶，与此同时由于创新能力不足，在资本密集型和技术密集型产业领域被发达国家压制，最终导致很多中等收入国家经济增长停滞。

21 世纪初国外研究重点转为区分收入差距对经济增长的影响在低收入国家和高收入国家的相反表现。Barro（2000）在这方面做出了开创性贡献。他基于 1960~1990 年的数据应用三阶段最小二乘法，发现收入差距对经济增长的影响存在转折点，在人均 GDP 低于 2070 美元的国家，收入差距抑制经济增长；在人均 GDP 高于 2070 美元的国家，收入差距促进经济增长。之后其他学者也得出了相似的结果，即高收入国家和低收入国家的收入差距与经济增长的关系完全相反。

中国是发展中国家，区域间发展不平衡，收入水平处于由低收入向高收入跨越的历史阶段。且中国的文化传统、社会稳定性、储蓄习惯、消费习惯以及对教育的重视程度等都与其他国家不同，因此必须借鉴已有的研究成果，对当前收入差距影响中国经济增长的问题开展深入研究。从已有的研究成果来看，当前仍有如下问题有待进一步探索。

一是结合中国国情确定转折点。国内多是基于从改革开放初期到进入中等收入这个阶段的收入不平等影响经济增长的转折点研究，从中等收入阶段向高收入阶段迈进期间的转折点研究缺乏，特别是结合中国的文化传统、社会稳定性、储蓄习惯、消费习惯、家庭和政府对教育的重视程度、政府政策、互联网的深度普及、数字经济和人工智能等检验转折点是否已出现或预测转折点何时出现的研究较缺乏。

二是收入不平等对经济增长影响的综合机制研究。需关注不同机制的动态性和时间滞后性，收入差距通过人力资本影响经济增长的滞后期很长，往往存在数年乃至数十年的时间滞后；而通过消费影响经济增长的滞后期很短甚至不存在滞后期。收入差距影响经济增长的不同路径的滞后期不同，对长期效果和短期效果应加以区分。需要特别关注收入不平等通过影响社会稳定进一步影响经济增长。收入不平等可能激化不同群体间的矛盾，可能加剧低收入群体心理失衡，强化"相对剥夺"，进而加剧不同群体间的矛盾，给社会发展带来不稳定因素。收入差距过大也可能引发不同区域、行业、城乡和社会群体的冲突，影响社会治安。如巴西贫富不均状态严重，社会矛盾较大，恶性事件频发，是全球枪击谋杀率最高的国家之一，每年有超过 4 万人死于枪击事件。

三是调节收入差距的政策研究。需关注初次分配如何兼顾效率与公平、增值税向所得税转变的增长效应和福利效应，以及继续推进农村土地的市场化流转，探索实施农村宅基地的流转对提高农村居民的财产性收入的作用效果。政策研究的方法上，宏观经济模型只能从总量上反映政策效果，无法将微观个体受到的影响加总。政府部门在有关政策实施之前要预先了解政策实施对不同特征微观个体的影响程度，以及政府的财政负担情况，再根据微观效果分析宏观经济效果，由此分析和研判有关政策的可行性和科学性。为了探究宏观政策的微观基础，可以考虑使用微观分析模拟模型（Microanlgtic Simulation Models）。

世界大变局下我国区域经济高质量发展：特征与方向

斯丽娟 兰州大学

当前，世界正面临着百年未有之大变局，尤其在新一轮科技革命、产业变革以及突发公共卫生事件的冲击下，我国区域经济发展正在发生着深刻变化，面临一系列新的机遇和挑战。区域经济作为国民经济体系的空间载体和重要组成部分，是实现我国区域发展战略的重要支撑，对于促进经济高质量发展和实现社会主义现代化具有重大战略意义。

第一，世界大变局下我国区域经济发展特征。世界大变局下我国所处的国内外环境发生深刻变化。一方面以新一代信息技术为核心的新一轮科技革命和产业变革方兴未艾，要素间跨区域流动和空间集聚形式发生明显变化。另一方面，国际经济格局快速重构，突发公共卫生事件使得全球经济持续低迷、增长乏力，全球产业链、供应链受到巨大冲击，不确定性前所未有。在世界大变局和我国新时代的发展背景下，我国区域经济格局进一步被重塑，呈现出以下主要特征。

一是我国区域经济发展呈现多维分化态势。在当前国际环境重大变化、国内经济增速换挡、结构调整阵痛、新旧动能转换相互交织的新形势下，不同区域在面对这一变化时呈现出不同的发展走势。一些地区能够抓住新一轮科技革命的机遇，培育出一批经济发展新动能，快速推进转型升级。其中最为典型的是长三角地区和东南沿海地区。而东北老工业基地和资源型城市等曾经依赖的以重工业化和资源型为主导的经济发展模式难以为继，新的增长动能不足，难以适应发展转型的要求，表现出经济快速下行的趋势。一些地区的经济韧性欠缺，区域经济的抗风险能力与可持续性较差。在我国面临百年未有之大变局以及经济转向高质量发展的大转型期下，我国区域经济在四大板块上呈现出多维分化态势。

二是我国区域经济发展一体化、协同化进程加快。为应对复杂的国际发展形势，党中央审时度势地提出构建以国内大循环为主体、国内国际双循环相互促进的新发展格局。构建"双循环"新发展格局有助于加快技术、资本、劳动力等要素在区域内流动，使得区域间联系更加紧密，促进区域间分工合作，加快推进我国区域经济一体化、协同化发展。从这个意义上说，区域经济一体化、协同化发展既是国内大循环的基础，也是携手增强国际竞争优势、实现更高质量国际循环的必由之路。区域经济一体化、协同化发展，强调在区域优势互补和高质量发展的基础上，实现中心城市带动周围地区发展，形成以都市圈、城市群一体化为核心的网络化发展格局，打破传统的"核心—边缘"结构。

三是我国区域协调发展的迫切性增强。党的十八大以来，党中央先后提出了京津冀协同发展、长江经济带发展、粤港澳大湾区建设、长三角更高质量一体化发展、黄河流域生态保护和高质量发展等一系列重大区域发展战略，形成了我国"四大板块"与"三大轴带"双措并举、全国高质量发展与重点地区支点效应有机结合的区域发展新格局。区域间发展差距有所缩小，尤其是东、西部地区发展差距呈现不断缩小的趋势，但南北差距逐渐扩大，我国经济重心逐步向南转移，呈现由东西"横向"区域发展不平衡格局转变为东西、南北"十"字形区域发展不平衡格局。这使缩小区域发展差距、推动区域协调发展，最终实现共同富裕面临更为艰巨的挑战。

第二，新时期我国区域经济高质量发展的战略方向。一是强化中心城市、都市圈、城市群对区域发展的核心带动作用。中心城市、都市圈、城市群作为经济社会发展和承载大量人口集聚的主要空间载体，对区域经济发展的引领作用日益凸显，是我国未来区域发展的核心动力。对中心城市、都市圈、城市群的培育和发展，应采取因时而动、因地制宜策略，对于东部地区的都市圈、城市群而言，应构建"多点多极"支撑的网络化发展格局，避免出现以"虹吸效应"为主导的单中心极化现象。对于仍处在培育阶段的中西部城市群，进一步引导要素向中心城市、周边城市的分类集聚，有效发挥辐射带动作用。

二是以县城为纽带推进区域协调发展与城乡协调发展并重。党的十九届五中全会明确提出，要"优化国土空间布局，推进区域协调发展和新型城镇化建设"，2022年颁布的《关于推进以县城为重要载体的城镇化建设的意见》强调新阶段我国将以县城为核心推进区域协调发展和新型城镇化建设，依托县域经济发展推动高质量乡村振兴。县城作为联结城市与乡村之间的桥梁和纽带，能够促进城市与乡村之间要素流动和功能衔接互补，打破城乡二元结构。其关键在于如何着力推进中西部地区以县城为重要载体的城镇化建设。今后需要特别重视中西部地区广大县域经济社会的发展问题，及时制定区域分宜性的城镇化建设激励政策，在中西部地区形成一大批各具特色、富有生机活力的新县城、新乡村。

三是构建以激励性和均衡性高效协同的区域协调发展新机制。党的十九大报告明确提出要实施区域协调发展战略、建立更为有效的区域协调发展新机制。新时代区域协调发展战略应处理好激励性和均衡性政策之间的关系，在区域发展中，既要注重国家战略和政策的主导和宏观调控能力，又要充分发挥市场在区域间资源配置中的决定性作用，协调好政府与市场之间的关系。将从中央到地方的纵向领导统筹与相邻地方政府、相关重要主体间的横向协商协作有机结合起来，尽快形成具有中国特色的区域协调发展治理新体系。

人工智能技术产业：经济发展新动能

王林辉 华东师范大学

现阶段中国经济发展步入新常态，如何推动经济高质量发展与激发经济发展新动能成为关键。2017年国务院印发《新一代人工智能发展规划》，强调"加快培育具有重大引领带动作用的人工智能产业，促进人工智能与各产业领域深度融合，形成数据驱动、人机协同、跨界融合、共创分享的智能经济形态"，"生产率大幅提升，引领产业向价值链高端迈进，有力支撑实体经济发展，全面提升经济发展质量和效益"。伴随着人工智能技术的不断突破和应用场景的不断拓展，人工智能逐步嵌入研发、生产、流通与销售等各个环节，全方位改变传统产业的生产流程和营销模式，并催生新行业、激发产业发展新动能。那么，现阶段人工智能技术如何赋能实体经济，如何凭借智能化的生产方式提高生产率，人工智能冲击下产业新动能培育具有哪些特性，成为学界与业界关注的重点。

首先，人工智能技术促进传统行业的智能化改造，赋能实体经济。伴随着人工智能技术的突破，其应用场景和范围逐渐扩大，并不断融入传统产业，促进传统产业的智能化改造，为实体经济赋能。如在制造业中通过应用机械手臂、机器视觉等技术实现了组装、安检、分拣等环节的智能化。在采矿等行业中机器人可以代替工人在危险与恶劣环境中完成生产任务。在农业中，播种机器人可高效完成播种任务，将计算机视觉应用到除草中，能准确区分农作物和杂草，将除草剂对作物的损害降到最低；采收机器人可以代替人完成采摘、收割等重复性任务，极大地提高农业生产效率。此外，语音识别、图像识别、机器学习等人工智能技术在信息感知、智慧决策等方面的功能，使其在金融、教育、交通等服务业也有广泛应用。

其次，人工智能技术通过产业链延伸催生新行业，形成产业发展新动能。人工智能技术在智能化改造传统行业的同时，会突破行业边界，推动产业链朝纵向延伸，实现各产业链条和节点的价值重构与组织重构。如人工智能技术在医疗领域的广泛应用，可以帮助医务工作者进行医学影像识别，定位病症并辅助医生诊断；利用可穿戴的医学检测设备，可以记录与监测身体的各项指标，评估身体健康，识别与防范疾病风险，实现个人日常健康的管理；智能医疗机器人如外科手术机器人可以协助医生精准完成手术；智能护理和康复设备也可以辅助医护人员完成相关任务。人工智能在医学领域的应用，推动了医疗与健康产业链的延伸，衍生出智能医疗设备制造与智能康复等行业，形成产业发展新动能。

再次，人工智能技术通过产业横向拓展形成产业集群，赋能实体经济。人工智能技术在促进产业链延伸的同时，也会使产业链发生横向拓展和整合，即通过将相邻或相似生产任务的智能化整合，实现产业链横向拓展，进而形成产业集群。根据前瞻产业研究院的相关报告，当前我国正在形成珠三角、长三角、环渤海和中西部四大智能制造产业集聚区。借助于人工智能等新兴技术，各地区形成各具特色、优势互补、结构合理的新兴产业集群，将为未来经济发展提供持续的动能。为推动智能制造业的发展，各级政府也出台了相关的财政、税收和金融等政策，加强关键共性技术创新，并助推重点领域的智能化转型和中小企业的智能化改造，形成产业发展新动能。

最后，人工智能技术借助生产率提升效应，增强产业发展新动能。人工智能技术在融入生产环节过程中将有助于提升生产率：其一，企业借助智能化设备替代工人执行生产任务，可提高生产效率，同时智能化的购销系统可依据市场需求进行生产和库存管理，提高企业要素配置效率并避免资源浪费；其二，利用人工智能、互联网、大数据和云计算等新技术，构建智能化创新系统，系统内不同创新要素和创新主体的互联互通，有助于形成资源共享、信息开放、技术示范、价值共创的智能化创新系统。在系统内各环节和各流程联系紧密，能实现创新要素优化配置。因此，应发挥人工智能的生产效率提升和创新要素优化配置效应，将创新驱动与要素有效配置过程相结合，实现经济高质量发展。

为此，基于人工智能技术的渗透性和通用性特征，分析人工智能产业链纵向延伸领域，探究人工智能技术对传统产业智能化改造和新行业衍生的作用，人工智能技术的生产率提升效应，以及人工智能产业发展的路径和作用效果，将为推动产业智能化和产业链现代化提供理论指导，具有重要的研究价值。

共同富裕的内涵与实现路径：基于生活形态视角的思考

傅志明 山东工商学院

"共同富裕"是由"共同"和"富裕"两个词复合而成的专有名词，其含义也由这两个词的本意引申而来，学者们主要是从财富的富裕度和共享度进行解读，关注的是结果，即财富富裕度和共享度所达到的状态。例如，陈弼文（2021）认为共同富裕是原生财富（使用价值形态的财富）满足全体成员人均需要，同时全体成员掌握的次生财富（价值形态的财富）达到一定数量水平的社会状态。蒋永穆和豆小磊（2021）认为共同富裕反映的是一种状态，"富裕"体现为社会成员在物质条件、生活条件等方面的富裕，但是"共同"不仅反映社会成员对财富的共享度，也包括在机会、地位、权利、发展等方面的公平度，包括"人"所要达到的最高理想发展状态。刘培林等（2021）认为共同富裕包含政治、经济和社会三个层次的内涵，并强调"共同富裕是状态与过程的统一"，但其所提出的测度指标体系都由结果性状态指标构成。其中，衡量总体富裕度的都是反映物质财富及其生产水平的指标，包括人均国民收入绝对水平、人均财富保有量水平、人均物质财富保有量水平和全员劳动生产率，以及这四个指标相对于发达国家的水平；衡量富裕共同度的指标则是人群差距（收入指标）、区域差距（收入和公共服务指标）和城乡差距（收入和公共服务指标）。陈丽君等（2021）认为共同富裕具有发展性、共享性和可持续性三大特征，发展性体现在以收入及消费支出衡量的物质财富的富裕度、群体共同度和区域共同度三方面，共享性体现在反映公共服务和基础设施发展水平的教育、医疗健康、社会保障、住房、公共基础设施、数字应用和公共文化七方面，可持续性体现在高质量发展水平、财政能力、社会治理和生态环境四方面。

学者们对共同富裕内涵的理解，虽都有独到之处，能给人以启发，但所提出的指标体系基本都是通用性的、反映发展结果的外在状态指标，体现社会主义本质特征和理想追求内在要求的较少，既可以用来衡量社会主义中国，也可以用来衡量美国或其他资本主义国家；既可以用来衡量现在与未来，也可以用来衡量过去。特别是对"富裕"的理解，基本都局限于物质财富的富裕，对"共同"的程度基本都用地区之间、城乡之间、人群之间"差距"的大小衡量，与《中共中央 国务院关于支持浙江高质量发展建设共同富裕示范区的意见》（以下简称《意见》）所要求的相比，不仅未能充分反映共同富裕内涵的丰富性，也较少体现时代特征和中国特色。

《意见》明确指出，共同富裕具有鲜明的时代特征和中国特色，是全体人民通过辛勤劳动和相互帮助，普遍达到生活富裕富足、精神自信自强、环境宜居宜业、社会和谐和睦、公共服务普及普惠，实现人的全面发展和社会全面进步，共享改革发展成果和幸福美好生活。这一界定内涵极其丰富。第一，明确了我们要实现的共同富裕"具有鲜明的时代特征和中国特色"，既是现时代的，又是中国式的，具有过去时代和其他富裕国家不具有的内涵和特征。这就意味着，无论是通过纵向的历史比较，还是通过横向的国际比较，都不足以充分反映共同富裕的内涵与水平。第二，它包括与个人生活紧密相关的五个方面：生活富裕富足、精神自信自强、环境宜居宜业、社会和谐和睦、公共服务普及普惠。前两方面属于个人物质与精神生活达到的状态，后三方面则是社会所能提供的生活环境与条件，而不仅仅是指物质财富与精神财富的富裕与共享。第三，它是"人的全面发展和社会全面进步"的表现。也就是说，共同富裕是通过推动"人的全面发展和社会全面进步"而实现的一种理想状态，没有"人的全面发展和社会全面进步"，无论物质财富的富裕度和共享度有多高，都不能算实现了中国特色的共同富裕。第四，共享的不仅是"改革发展成果"，也是"幸福美好生活"。这就意味着仅仅将改革发展成果更多、更公平地分配给全体人民还不够，还必须满足幸福美好生活所需的各种条件，让全体人民都过上幸福美好生活。

必须认识到，《意见》对共同富裕的界定，与已经实现的全面小康社会一样，是对中国社会未来发展状态的描述，所要达到的是社会文明进步与人们生活幸福美好的状态。我们认为，这是一种全新的生活形态，是全体人民共同享有的包括生活环境、生活内容、生活方式、生活文化与发展机会等在内的富足、和谐、文明、可持续发展的幸福美好生活形态。它不仅是对全体人民生活所达到的富裕状态的描述，也是指全体人民所处的、能够满足幸福美好生活需要的环境条件（包括自然、社会与制度）与发展状态，并且这种状态是可持续的，未来的幸福美好生活是可以预期的。也就是说，这种共享的幸福美好生活形态是社会主义初级阶段所要达到的理想生活状态、自然与社会环境状态、制度与发展状态的有机统一，是结果性、发展性和可持续性的有机统一。

这种生活形态反映的是经济基础与上层建筑相统一的社会形态所达到

的较为理想的状态，是只有在社会主义社会才能够实现的"人的全面发展和社会全面进步"的体现，而不仅仅反映了生产力与生产关系相统一的状况。在这种生活形态下，不仅消除了阶级对立和等级制度，而且基本克服了阶层固化现象，并能够有效防止新的阶层极化与固化现象发生；不仅实现了将改革发展成果更多更公平地由全体人民共享，消除了两极分化现象，而且也基本消除了经济社会发展的城乡二元格局，消除了长期存在的城乡之间、地区之间、人群之间发展不平衡现象；从而，不仅实现了国民财富公平共享基础上的共富，而且在很大程度上消除了城乡之间、地区之间、人群之间生活环境、生活内容、生活方式、生活文化与发展机会等方面的差别，实现了全体人民共享幸福美好生活。

要达到这种生活形态，所要缩小的就不只是城乡之间、地区之间、人群之间的"差距"，更重要的是要缩小三者间的"差别"。对比一下 SARS 疫情时期与新冠肺炎疫情时期的中国，再对比一下同样遭受新冠肺炎疫情的中国与欧美国家，前者告诉我们，"富裕"并不只是由经济发展水平决定的物质财富的丰富，同时还包括社会的全面进步；后者表明，"共同"体现的也不只是地区之间、城乡之间、人群之间"差距"的缩小，而是"差别"的缩小。

因此，对共同富裕的研究，有必要从生活形态的视角展开。首先，需要立足于社会形态对作为生活形态的共同富裕展开研究，以此明确体现社会主义本质要求的共同富裕的丰富内涵及其与富裕的资本主义福利国家的本质区别。其次，需要重点关注城乡之间、地区之间、人群之间存在怎样的差距，如何才能更有效地缩小这些差距。再次，需要对长期以来在人的发展和社会进步方面"不全面"的状况进行梳理，并对导致这种"不全面"的客观历史条件和主观认识偏差进行深入系统的分析。最后，需要研究发展方式及体制机制，乃至制度体系应做怎样的调整改革，才能够实现人的全面发展和社会全面进步。

"双碳"目标下能源转型的经济学思考

唐松林　山东工商学院

基于推动构建人类命运共同体的大国担当和实现可持续发展的内在要求，中国提出了2030年前碳达峰、2060年前碳中和的"双碳"目标，必将对包括能源系统在内的整个社会经济系统产生深远的影响，也给经济学研究提出了新的要求。

第一，能源转型研究的必要性。首先，"双碳"目标对能源系统提出了低碳转型的要求。按照《BP世界能源统计年鉴》中的数据，2020年中国能源消费中化石能源占比达到84.3%，其中煤炭占比为56.6%。中国能源行业以化石能源（尤其是煤炭）为主的能源结构，使单位能源消费的CO_2排放强度比世界平均水平高出大约30%，也决定了能源行业的低碳转型是实现碳达峰、碳中和的重要途径。清华大学气候变化与可持续发展研究院2020年发布的报告指出，为实现国家的低碳发展目标，加强终端用能的电气化替代，尤其是电力部门的低碳化转型是未来的必然趋势。其次，能源系统转型将对整个社会经济产生深刻影响。能源是经济活动的重要物质基础，对国民经济的其他部门会产生直接或间接的影响。一方面，近年来光伏、风能、储能等新能源技术的进步，推动了新能源产业的迅猛发展，创造了更多的经济效益和就业机会；另一方面，能源转型带来的短期用能成本上升、用能可靠性下降又会制约经济的发展。因此，研究能源系统与社会经济总系统内部各子系统间的相互关系和作用机理，努力将能源系统转型作为经济发展的推动力量和有力保障，对实现中国经济高质量发展具有重要意义。

第二，能源转型中经济学研究的重点方向。首先，能源系统转型路径研究。如何规划合理的能源系统转型路径，在实现"双碳"目标的同时，尽量减少对社会经济系统的冲击，甚至促进经济高质量发展是当前经济学者们关注的重要话题。研究能源系统优化与转型路径的模型大致可以分为三类：一是自顶向下模型，即从宏观问题入手进行细化分析，常见的如

CGE模型；二是自底向上模型，即从具体能源技术入手进行汇总分析，常见的如LEAP模型；三是混合能源模型，就是将宏观经济分析和具体能源技术分析二者相结合。近年来，国内机构，如清华大学能源所、中科院系统所和发改委能源所等都开发出了本地化的能源优化模型，这些模型在本地化的参数设定和新技术的刻画上都做了大量的工作。不过，现有的能源优化模型，尤其是考虑宏观经济影响的模型，主要是基于一般均衡分析。这虽然可以完整分析经济系统内部各部门间的相关影响，但也存在参数设定不确定性大、数据的时间和空间尺度受到制约等缺点。另外，这些模型如何与刻画新能源和节能技术的模型进行有效连接，也值得进一步研究。其次，能源系统转型中的参与人行为机理分析与政策体系设计。能源系统的低碳转型需要政府相关政策的激励。促进能源系统低碳转型的工具较多，包括碳定价、补贴、配额、能效标签、自愿项目等，其中碳定价和补贴是研究较多的两种。碳排放交易和碳税是最重要的两种碳定价工具。当前我国已经建立了全国性的碳市场，并开展了电力行业的碳排放权交易，未来会进一步扩大交易行业范围，并有望将碳排放权交易与碳税有效连接。对新技术和新产业进行补贴，也是政府促进新能源产业发展、推动能源系统低碳转型的重要手段。为增强施政效果，在设计相关激励政策时，需要考虑各行为主体的异质性、注意参与者的激励相容，也需要注意各种政策之间的衔接。利用田野调查、大数据分析等手段，对微观主体的低碳行为进行准确刻画，有助于了解不同行为主体在能源转型过程中的行为特点和决策机理；基于主体的行为建模和仿真分析工具，分析微观主体在不同政策下的行为选择，为政策设计提供支持。最后，激励能源系统低碳转型的政策评估。对政府出台的激励政策进行事后评估，是政府改进政策工具、提高政策效果的有效手段。由于"双碳"政策往往涉及多个变量，现实中观察到的现象可能是多种政策同时作用的结果，这就给政策的事后评估带来了较大难度。如为实现"双碳"目标，各级政府通常会出台"一揽子"政策工具，在这种情况下评估政策影响，需要将不同的政策效应有效分离。若忽略同期实施的其他重要政策而单独评估目标政策，往往会造成研究偏误。当前常用的政策评估方法主要是基于因果关系推断构建，包括双重差分法（DID）、三重差分法（DDD）、断点回归法（RDD）、合成控制法（SCM）等计量方法。另外，随着大数据分析方法的快速发展和网络数据可得性的大大提高，基于大数据和机器学习的因果推断方法有望作为传统计量方法的有益补充，为"双碳"政策评估提供更多的工具选择。

不确定性冲击背景下我国经济金融的协调稳定与可持续发展

邓　创　吉林大学

当今世界百年未有之大变局正加速演进，不确定性不稳定性因素显著增多，在以习近平同志为核心的党中央领导下，我国成功应对了诸多风险挑战，取得了来之不易的经济增长和社会稳定的成果。然而，在肯定成绩的同时，我们也应清醒看到目前经济发展面临的困难和问题：我国经济稳定发展的基础尚不牢固，内外部不确定性冲击持续反复，对经济金融稳定与可持续发展造成的负面影响更是不容忽视。特别是进入2022年以来，世界局势更为动荡不安，俄乌冲突进一步加剧海外地缘政治板块震荡，奥密克戎变异毒株的迅速传播使国内很多城市经济下行风险加剧。不确定性冲击涉及宏观经济波动、微观个体预期决策和金融市场功能发挥等多方面。并且不确定性冲击对实体经济的压力传导往往会与金融体系内在脆弱性交织叠加，从而极可能加剧金融风险甚至强化经济衰退，对经济金融稳定产生显著的牵动作用，进而影响经济可持续发展。在新发展格局下，随着宏观经济与金融体系的耦合联动效应愈发增强，不确定性因素带来的负面冲击在经济金融各部门之间更易形成交互反馈、传染放大的传播链，不仅威胁着我国经济金融体系的稳定和可持续发展，而且也极易阻滞政策工具传导渠道、破坏政策协调性和有效性。在此背景下，探索不确定性冲击下中国经济金融协调稳定的实现路径，促进经济迈向更高质量、更有效率、更可持续和更为安全的发展之路，将是当前和未来一段时期经济工作的重心。这不仅是有效防范和应对内外部不确定性冲击的重要保障，更是在后疫情时代增强我国经济韧性、实现经济金融协调稳定发展所亟待解决的关键议题，因而具有重要的理论价值和实践意义。

相关研究工作可从"不确定性冲击的分类识别与演化机制研究""不确定性冲击背景下经济金融协调稳定的机制机理与风险管理研究""不确定性冲击背景下维护经济金融协调稳定与可持续发展的政策调控体系研究"三个方面展开，其中"不确定性冲击的分类识别和演化机制研究"重点在于认识和把握不确定性，特别是把握各类不确定性因素的传导渠道与风险衍生过程，厘清不确定性冲击的分类叠加机理与谐振机制；"不确定性冲击背景下经济金融协调稳定的机制机理与风险管理研究"则是在认识和把握不确定性的基础上，进一步深入考察不确定性冲击对我国经济金融稳定状况的影响效应，同时也是政策制定所需的重要研究依据和基础；"不确定性冲击背景下维护经济金融协调稳定与可持续发展的政策调控体系研究"则是该研究由学术层面向实务操作层面的推广和应用，是该项研究的最终落脚点。

第一，不确定冲击的分类识别与演化机制研究。如何精准识别不确定性因素并明晰不确定性的演化特征是提高政策科学性及有效性的关键所在，但不确定性的来源十分复杂多样，简单将所有类型不确定性叠加组合，将难以如实判断不同不确定性冲击演化机制的差异并做出正确有效的政策方案，因此对不确定性因素进行分类识别并分析不同类型不确定性冲击的交互演化机制极为必要。为此，至少可以从以下几方面展开研究：一是依据不确定性的来源对其进行分类识别和动态评估；二是分析不确定性的生成机理和演化动态；三是考察不确定性冲击对宏观经济与金融体系的影响效应并归纳出典型化事实；四是探究国内外各类不确定性间的交互影响和传染网络。

第二，不确定性冲击背景下经济金融协调稳定的机制机理与风险管理研究。不确定性冲击往往会通过影响企业预防性定价、降低居民有效需求等渠道放大经济波动，并产生连锁反应导致股票、债券等金融市场轮番出现波动，加剧经济下行风险并破坏经济金融体系的稳定，因此深入考察不确定性冲击下经济金融协调稳定的机制机理与风险预警问题同样极为重要。理论研究层面，一是探讨关于不确定性冲击对实体经济和金融体系的传导途径与影响机制，明晰维护经济金融双重稳定的最优政策组合与协同调控机制；二是解析不确定性背景下经济与金融双重稳定的平衡共生机制，明确宏观经济—金融之间复杂的关联机制。实证研究层面，应突出对经济稳定和金融稳定的科学评价与实时监测，并在此基础上深入考察各类不确定性冲击下经济与金融稳定之间的关联动态与依存机制。

第三，不确定性冲击背景下维护经济金融协调稳定与可持续发展的政策调控体系研究。在当前短期疫情与长期困局叠加背景下，我国经济金融形势仍然复杂严峻，尽管在一揽子稳经济政策下国内经济已呈恢复性增长势头，但仍需进一步思考不确定性冲击下宏观政策调控组合框架与模式设计，从而增强我国经济金融体系应对不确定性因素的韧性。这一层面的研究工作至少可以从以下几个方面推进：一是通过梳理我国政策调控与金融监管的实践历程，提炼总结我国宏观经济政策调控实践经验；二是探索各类政策工具的最优反应机理与介入机制，积极构建不确定性冲击下促进经济可持续发展、维护我国经济金融双重稳定的多目标政策组合框架和冲突管理机制；三是探讨有关不确定性冲击下的政策跨周期调节机制，以兼顾短期内实现经济金融在合理区间平稳运行、中长期实现经济和金融结构优化调整的政策新目标；四是可以动态评估和实时甄别我国经济金融领域的关键风险因素，探索构建经济下行风险与重大金融风险的分级预警机制，以增强经济金融领域重大风险的防范化解能力。

主持人结语

郑世林　中国社会科学院

本次论坛的主题围绕着中国经济发展的重大理论和现实问题展开，各位专家针对数量经济学自主知识体系和研究实践的变革、学科前沿方法和融合发展趋势，以及世界大变局下中国经济高质量发展的特征、方向与实践等分享了睿智思想和精彩观点。我深受启发，对相关领域的学术研究也有了一些新的体会。

在世界大变局下中国经济发展的重大理论和现实问题的研究也引领着数量经济学科研究范式的变革和研究方法的创新。正如周亚虹教授所分享的适应经济发展新阶段的数量经济学科建设与研究范式报告中所提到的，目前的数量经济学科的培养体系逐渐走向成熟，与国际越来越接轨，一些学校也发挥了各自的研究优势，在研究领域上更加体现出特色和差异化。在研究方法的创新方面，郑挺国教授分享的高维时变复杂系统建模与分析为针对复杂的经济和金融系统建模提供了前沿方法，这些方法能够更加准确地解释多维经济变量的关系，解释当前中国经济在复杂情境下的运行特征。同时，学科之间的交叉研究也使数量经济学的研究更趋深度交叉融合。正如曹志刚教授所指出的那样，运筹学和经济学的交叉融合产生的"经济工程学派"的研究至今仍在快速推进中，其不仅是经济学微观理论的研究前沿，也是运筹学（以及理论计算机科学）的研究前沿，值得引起更多关注。类似的学科交叉领域研究也会为中国特色社会主义建设的实践提供更客观的评价、更科学的施策方案，会使我们的研究更具生命力。这些研究也是目前期刊论文中较为青睐的研究领域，《数量经济技术经济研究》《中国经济学》近期也特别重视这些方法的应用研究，我们也希望能够发表相关领域的高质量文章，以引领国内学术前沿。

中国经济进入长期稳定发展阶段，经济发展中的收入不平等、区域经济发展多维分化态势都是当前应该系统分析和深入挖掘的重要课题。若能采用发展的眼光、不断调整的学科研究范式以及新的视角展开中国经济发展问题的研究，不仅能够为中国经济高质量发展战略方向提供指引，也能够为众多学者展开系统研究奠定基础。正如叶初升教授提到的那样，中国经济学人的一个重要任务是，用国际学术语言，运用我们学科的理论框架，系统总结中国长期稳定发展的实践进程，揭示中国长期稳定发展中蕴含的规律，用中国特色的经济学理论为人类发展贡献中国智慧。赵昕东教授在收入不平等与经济增长的报告中系统梳理了这个领域的研究发展情况，并在研究展望中指出相关研究应结合中国国情确定转折点、确定收入不平等对经济增长影响的综合机制，并探究兼顾效率与公平的分配政策，只有这样才能为解决中国收入不平等的问题提供科学可行的政策。在区域经济高质量发展方面，斯丽娟教授介绍了我国区域经济发展呈现多维分化态势，区域经济发展一体化、协同化进程加快，区域协调发展的迫切性增强等，并针对性地提出了核心带动作用、协调发展、高效协同等区域发展的战略方向。这几个报告囊括了在世界大变局下中国经济高质量发展的种种科学问题，对这些问题展开深入系统的研究不仅是中国经济学者的使命和任务，也是体现中国智慧的最好方式。

加快推进经济高质量发展过程中会出现诸多问题，这也需要学术界能够运用前沿的理论与方法分析解决现实问题。陶长琪教授在经济高质量发展下的创新要素配置的报告中提到，要针对性地解决高质量发展阶段创新要素配置水平、效率及其与经济高质量耦合发展的测度问题，并进一步测度创新要素配置与数字经济耦合协调发展的时空特征及动态演进特征，结合相应的机理和机制分析，为经济高质量发展下的创新要素配置提供思路、指明方向。王林辉教授的报告从微观视角讨论了如何利用人工智能技术驱动经济高质量发展与激发经济发展新动能，并指出赋能实体、催生新行业、拓展产业集群及提升产业生产率等都可为经济高质量发展提供实现路径。这个领域的研究将为推动产业智能化和产业链现代化提供理论指导，具有重要的研究价值。傅志明教授针对共同富裕的内涵与实现路径，基于生活形态视角的思考，明确了体现社会主义本质要求的共同富裕的丰富内涵，并进一步系统分析了社会进步中"不全面"的发展方式及体制机制调整改革方式，具有重要的社会价值。唐松林教授的报告基于经济学的研究范式对"双碳"目标下能源转型现实问题进行了阐述，并指出能源转型中经济学研究的重点方向包括路径研究中的模型选取、能源系统转型中的参与人行为机理分析、政策体系设计的方法和手段、激励能源系统低碳转型的政策评估的数据选取和方法等，这为该领域的研究者提供了有所裨益的研究思路。邓创教授分享的不确定性冲击背景下我国经济金融的协调稳定与可持续发展报告，特别关注了在当今世界不确定性不稳定性因素显著增多的背景下如何在后疫情时代增强我国经济韧性、实现经济金融协调稳定发展等关键议题，从"不确定性冲击的分类识别与演化机制研究""不确定性冲击背景下经济金融协调稳定的机制机理与风险管理研究""不确定性冲击背景下维护经济金融协调稳定与可持续发展的政策调控体系研究"三个方面进行了系统阐述，结合理论和现实阐明了当前不确定性环境下中国金融和经济协调稳定发展的重要问题。几位学者的报告为系统认知中国经济发展现实问题，推动相关研究具体而深入的展开提供了借鉴和参考，非常具有启发性。我们的杂志也愿意邀约学者们发表这些敏锐度高的论文，期待更多对于中国经济发展现实问题的学术交锋和思想碰撞。

参考文献

［1］ 蔡昉，2019，《中国经济发展的世界意义》，《经济日报》6月11日。

［2］ 陈弼文，2021，《共同富裕的内涵再思考及其货币政策环境研究——基于马克思主义政治经济学的视角》，浙江大学硕士学位论文。

［3］ 陈丽君、郁建兴、徐铱娜，2021，《共同富裕指数模型的构建》，《治理研究》第4期。

［4］ 蒋永穆、豆小磊，2021，《共同富裕思想：演进历程、现实意蕴及路径选择》，《新疆师范大学学报》（哲学社会科学版）第6期。

［5］ 刘培林、钱滔、黄先海、董雪兵，2021，《共同富裕的内涵、实现路径与测度方法》，《管理世界》第8期。

［6］ 刘晓星、张旭、李守伟，2021，《中国宏观经济韧性测度——基于系统性风险的视角》，《中国社会科学》第1期。

［7］ 尚玉皇、赵芮、董青马，2021，《混频数据信息下的时变货币政策传导行为研究——基于混频 TVP-FAVAR 模型》，《金融研究》第1期。

［8］ Arora V. B., Vamvakidis A. 2010. "China's Economic Growth: International Spillovers." IMF Working Papers No. 165.

［9］ Bańbura M., Giannone D., Reichlin L. 2010. "Large Bayesian Vector Auto Regressions." *Journal of Applied Econometrics* 25(1): 71–92.

［10］ Barro R. J. 2000. "Inequality and Growth in a Panel of Countries." *Journal of Economic Growth* 5(1): 5–32.

［11］ Bernanke B. S., Boivin J., Eliasz, P. 2005. "Measuring the Effects of Monetary Policy: A Factor-augmented Vector Autoregressive (FAVAR) Approach." *The Quarterly Journal of Economics* 120(1): 387–422.

［12］ Chen R., Xiao H., Yang D. 2021. "Autoregressive Models for Matrix-valued Time Series." *Journal of Econometrics* 222(1): 539–560.

［13］Chen X., Deng X., Teng S.-H.2009."Settling the Complexity of Computing Two-player Nash Equilibria." *Journal of the ACM (JACM)* 56(3)：1-57.

［14］Cimadomo J., Giannone D., Lenza M., Monti F., Sokol 2021."Nowcasting with Large Bayesian Vector Autoregressions. " CEPR Discussion Papers No. 15854.

［15］Demirer M., Diebold F. X., Liu L., Yilmaz K. 2018."Estimating Global Bank Network Connectedness." *Journal of Applied Econometrics* 33(1)：1-15.

［16］Echenique F., Miralles A., Zhang J. 2021."Constrained Pseudo-market Equilibrium." *American Economic Review* 111(11)：3699-3732.

［17］Jin Y., Lu P. 2022."First Price Auction is 1-1/ê 2 Efficient." 2022 63th Annual IEEE Symposium on Foundations of Computer Science (FOCS'22). IEEE.

［18］Kojima F., Sun N., Yu N. N. 2020."Job Matching under Constraints." *American Economic Review* 110(9)：2935-2947.

［19］ Koop G., Korobilis D. 2013. "Large Time-varying Parameter VARs." *Journal of Econometrics* 177(2)：185-198.

［20］Koop G., Korobilis D.2014."A New Index of Financial Conditions." *European Economic Review* 71：101-116.

［21］Kuznets S. 1955. "Economic Growth and Income Inequality." *The American Economic Review* 45(1)：1-28.

［22］Pakel C., Shephard N., Sheppard K., Engle R. F. 2021."Fitting Vast Dimensional Time-varying Covariance Models."*Journal of Business & Economic Statistics* 39(3)：652-668.

［23］Zhu X., Pan R., Li G., Liu Y., Wang H. 2017."Network Vector Autoregression." *The Annals of Statistics* 45(3)：1096-1123.

（责任编辑：张容嘉）

Table of Contents & Summaries

Institutional Heritage, Property Rights and Market Development: Evidence from the "Ancestral Land" in Leizhou

ZHANG Tonglong   HU Xinyan   LUO Biliang   ZHANG Lina

(South China Agricultural University)

Summary: The institutional perspective on economic development is "historical endowments-institutional evolution-property rights shaping-market development-economic performance". With property rights at the centre, the shaping of property rights and their effects are naturally a focus of economics research, to which this paper also seeks to contribute. The empirical research on the subject is difficult and divergent. Using cross-country data makes it difficult to deal with endogeneity and heterogeneity, while micro-data within a country leaves institutional variables unvaried. Our survey data from the unique 'ancestral land' in the Leizhou Peninsula fits this theme perfectly. By introducing the classical model of the New Comparative Economics (Djankov et al., 2003), we clarify the relationship between vertical and horizontal definition of property rights and demonstrate the shaping and impact of property rights through a comparative analysis of different institutional arrangements in the 'ancestral land' region.

This paper is also related to the literature discussing the development of land institutions and land rental market in rural China. Most of literature on institutions and property rights uses land as an analytical paradigm (Besley and Ghatak, 2010), and this is particularly true for the analysis of rural land property in China. The characteristics of the data allow us beyond the HRS and use the 'private' land for comparison. Considering the importance of the land rental markets, we distinguish between the scale and quality of transfers and focus on the role of property rights in different dimensions of market development

The contributions of this paper: At the theoretical perspective, a comparative analysis of different land institution is conducted under a unified framework. At the empirical perspective, four types of typical system representative types are identified. The state of property rights shaped by land institution is examined empirically from the two dimensions of property rights respectively. The impact of property rights on the development of land rental markets has been addressed.

The paper conducts four types of institutional representations by examining the evolutionary history of land systems in the sample villages: the Meitan group; the national typical group; the good order private system group; and the disorder private system group. A trade-off framework is then used to analyse the state of property rights shaped by the four different types of institutions. The empirical findings show that: Property rights stability is indeed the trade-off between government regulation and private spontaneous order. Property rights clarity is a monotonic function of government regulation, i. e. the more regulation, the clearer it becomes. Property rights clarity is supportive of the expansion of the land rental market. Property rights stability is essential for the deepening of the land rental market.

Keywords: Institutional Evolution; Property Right Shaping; Market Growth

JEL Classification: N01; O13; P51

The U-shaped Profile of Household Saving Rate of China: Theory and Evidence Based on Life Cycle Hypothesis

XIE Chang   MA Hong

(School of Economics and Management, Tsinghua University)

Summary: Consumption and investment demand are two major components of domestic demand. Understanding household consumption-saving decision is of great significance for implementing the strategy to expand domestic demand. There is a typical fact called U-shaped curve about China's household saving rate: the saving rate of middle aged households is relatively low. This phenomenon is contrary to classic life cycle model, which predicts that the age-savings profile should be hump-shaped rather than U-shaped. The phenomenon has continued since 1995 in China. The existing literature basically negates the validity of the life cycle hypothesis in explaining the U-shaped curve of household saving rate. They instead propose explanations such as precautionary saving motive, financial constraints, self selection of the sample. This paper revisits the life cycle model. We demonstrate that by modifying the assumptions in the classic model, which do not conform to reality, the new model can identify the U-shaped age-savings profile and is economically significant.

This model derives household consumption expenditure as a function of the age of the family head, (disposable) income per capita, and net asset per capita. Based on the model, our hypotheses are that with other conditions unchanged, 1. the higher the age of the household head, the lower the per capita consumption expenditure and the higher the household savings rate; 2. the higher the net asset and disposable income per capita, the higher the consumption expenditure per capita. Condition under which the hypotheses are valid is easily satisfied. It is valid for values of the parameters proposed in the literature and the rates of return for many assets such as bank deposits, stock indexes, residential housing. We empirically test the hypotheses using data from China Household Finance Survey (CHFS) from 2013 to 2019.

By decomposing the consumption function in the life cycle model, we find that the main determinant of the U-shaped profile of household saving rate is age-earnings profile of China. The feature of the age-earnings profile is the rapid decline in household income for families whose head is younger than 40-45 years old. The peak age of the profile is not 45-50 years old as in the classic model, but has decreased to 25-35 years old. The fitting value of the model reflects the lower saving rate of middle-aged households. Possible causes of the new age-earnings profile include: the new labor force has higher education level and higher productivity; the rate of return on education has increased (human capital rental price has increased); and the rate of return on work experience accumulated in former production has decreased (the experience becomes outdated). Controlling the potential missing variables such as education, medical care and housing burden, and inter-generational co-residence, our hypotheses are still valid.

As for the common explanation of the sharp decrease of household saving rate since 2010, we propose a new perspective. Adding the consumption function to the aggregate level and take time difference, we get a testable equation at the macro level. Using the macro data of China from 1985 to 2019, we estimate the equation and find that the decrease of the (disposable) income growth rate is the main reason for the decrease of saving rate since 2010. Controlling parameters such as income growth rate, the aging of the population will cause saving rate to rise. Based on exogenous assumptions about the median of the population age, household net asset (per capita), household disposable income (per capita), we make a prediction about the growth rate of consumption expenditure and household saving rate up to 2025. The results show that saving rate will be stable at around 35% in 2025 for three growth rate scenarios: pessimistic, neutral and optimistic.

Keywords: Household Saving Rate; Life Cycle Hypothesis; U-shaped Age-Saving Profile

JEL Classification: D15; J12; E21

Venture Capital and "SRDI" Enterprise Cultivation: Evidence from "SRDI" Little Giant Enterprises on the NEEQ

JIANG Yi   WU Yujun

［School of Economics and Management, Harbin Institute of Technology (Shenzhen)］

Summary: Small and medium-sized enterprises are key driving force of China's national economy and social development, and play an important role in promoting economic growth, employment, technological innovation and many other aspects. Since 2016, under the economic policy of emphasizing the establishment of "stable and strong industrial chains", it has become a national strategy to cultivate "Specialized, Refinement, Differential, and Innovation", also known as SRDI" enterprises in China.

Venture capital as one of the important channels for early-stage enterprises to supplement capital. However, whether it is a "helping hand" to play a supervisory role or a "grasping hand" to pursue their own interests in the process of promoting invested enterprise development is an important research issue in the academic community. On one hand, some research find that the role of venture capital on the invested enterprises exceeds traditional financing activities. In addition to provide funds to enterprises, it can also bring value-added activities to enterprises. For example, by improving the level of corporate governance, reducing the information asymmetry of enterprises, thereby improve future performance of enterprises (Hellmann and Puri, 2002; Brav and Gompers, 1997). On the other hand, some research also show that the one important purpose of venture capital is to obtain financial returns from the exit process of the invested enterprise. This investment goal may cause them to pay too much attention to the short-term financial performance of the invested firms, by promoting the growth rate and scale of the enterprise, which may have a negative impact on the existing long-term business philosophy of the enterprise, especially on R&D activities, resulting in moral hazard problems (Gompers, 1996; Lee and Wahal, 2004). This characteristic of venture capital also reflects the "Grandstanding" hypothesis, that is, venture capital is eager to establish industry reputation through its own investment performance, quickly "ripen" the invested enterprises, and maintain its own capital liquidity through IPO or other exit mechanisms, therefore its support for building the long-term competitiveness of the invested enterprises is limited.

Using enterprises listed on the NEEQ (National Equities Exchange and Quotations) as sample, we study the role and mechanism between venture capital and the growth of invested enterprises into national "SRDI" giant firms. From 2019 to 2021, the Ministry of Industry and Information Technology of China successively announced three batches of national level "SRDI Little Giant" enterprises, totaling 4922 out of millions China's small manufacturing enterprises. Becoming national SRDI Giant firms is used as proxy variable of long-term innovation performance of SMEs

We found, first, that the capital injection of venture capital firms has significantly improved the probability of small and medium-sized manufacturing enterprises growing into SRDI Giant firms. This empirical result remains stable after various robustness tests, such as PSM and Heckman two-stage method.

Second, the joint investment of venture capital firms and the inclusion of the VAM agreement in the venture capital contract can effectively control the short-sighted behavior of VC firms, which is helpful to improve the probability of enterprises growing into "SRDI" enterprises. Third, study on mechanism analysis shows that after the investment of VC firms, the invested enterprises increase their R&D expenditure, thereby increasing their probability of becoming "SRDI". Forth, Cross-sectional analysis shows that the positive relationship between venture capital and SRDI enterprises is weakened in industries with strong industrial chains. The integration and mutual assistance between upstream and downstream enterprises in strong industrial chains might weaken the impact of internal capital factors on enterprises becoming "SRDI" enterprises. Under strong external institutional environment, venture capital plays a more significant role in promoting enterprises to become "SRDI".

Based on our empirical findings, we also put forward following policy suggestions: i. Optimizing and enhancing the role of venture capital in cultivating

SME in the manufacturing sector. More and different types of long-term investment funds, especially from government sponsored funds, are encouraged to become LPs, and diversify the fund sources of VC firms. ii. Accelerate the support of the NEEQ and Beijing Stock Exchange for innovation-oriented manufacturing SMEs. By taking advantage of the capital market reform measures such as the IPO registration system, transfer mechanism and diversified listing standards, investors' enthusiasm for VC investment can be activated and improved. iii. other financial institutions, especially banks should design more tailor-made financial products in the financing of small and medium-sized manufacturing enterprises, to help enrich and diversify their financing channels.

The marginal contributions of this study lie in the following aspects. First of all, existing research on venture capital mainly uses main board listed companies as research sample. Our study uses the enterprises listed on the NEEQ as research sample, which is quite unique. Most of the NEEQ firms are early-stage SMEs with small scale and low profitability, this sample can better reflect the role of venture capital in nurturing the growth of start-up enterprises. Secondly, since the NEEQ does not prohibit the use of VAM in VC investment contract, we further explore the impact of venture capital types and venture capital contracts (VAM) on invested enterprises, reveals the mechanism of VC agreement features on the innovation performance of invested enterprises from a micro perspective, and supplements the research literature related to the economic consequences of VAM agreements. Thirdly, some studies find that one of the main purposes of venture capital is to promote enterprises to optimize short-term financial indicators, with the core goal of promoting enterprises to go public. We evaluates the role of venture capital in enterprises by using enterprises elected as "SRDI" as long-term innovation performance proxy, expands the research perspective on the economic consequences of venture capitals.

Keywords: SRDI Enterprise; Venture Capital; Innovation and Entrepreneurship; Valuation Adjustment Mechanism;

JEL Classification: G32; L60; O31

Competition among Local Governments to Build University Campuses and County Economic Growth: Evidence from Newly Built Undergraduate Campuses (Colleges or Universities) in China

JIAO Yinyi   PENG Xiaohui

(The Center For Economic Research, Shandong University)

Summary: County economy is the basic unit of social governance and economic development in China. The development of higher quality county economy will be conducive to smooth economic circulation between urban and rural areas, and achieve steady and healthy economic development. Therefore, how to develop county economy is the theme that local government and economist pay attention to together. The existing literatures have carried out constructive research from many perspectives, especially in the field of human capital and innovation. The classical human capital theory has linked the higher level of human capital with the growth of population and local employment, as well as the growth of wages and income. The theory of agglomeration emphasizes that the concentration of human capital in the region will help accelerate knowledge spillover, thereby further improving the productivity of enterprises, and promoting innovation as well as economic growth. Therefore, as the main carrier of higher education, densely populated economic regions and economic subjects participating in market activities, university campuses will play an important role in stimulating domestic demand and attracting the agglomeration of production factors.

This paper relates the construction of university campuses with China's unique economic and political environment. In China, the promotion incentives brought by the economic growth goals are constantly stimulating local officials to compete against various factors of production, including capital, technology and talents. With the further intensification of competition, the competition for production factors is extending to the supply side of factors, such as the financial system or universities. Especially after the successful rise of high-tech clusters in Silicon Valley and Boston Highway 128, universities and colleges with the functions of human capital production and knowledge creation play an increasingly obvious role in the supply of production factors, and are gradually regarded as the engine of local economic development. Various regions provide more and more generous subsidies, including construction land, construction funds and talent introduction subsidies, to attract high-quality universities and colleges to build new branches, campuses or research institutes locally. However, it is difficult to identify the economic growth advantages of the new campus empirically, which also makes the current empirical research quite limited. First of all, the location of the campus is endogenous. Universities or colleges themselves will decide where to build new campuses based on some observable or unobservable factors. At the same time, areas with high level of economic development usually give more support and preferential policies to universities or colleges with high productivity. Secondly, measuring the development of higher education directly by the campus is still in the exploratory stage.

Based on the data of newly built campuses of national undergraduate universities and colleges from 1999 to 2019, this paper empirically tests the impact of new campus construction on county economic growth by conducting a time-varying DID regression analysis of economic development indicators such as per capita GDP of each county and the proportion of industrial structure added value of three industries. The empirical results show that, on average, the per capita GDP of the counties with new campuses increased by 2.22%, and promoted the adjustment of industrial structure, with the proportion of the secondary and tertiary industries rising. Secondly, referring to the new economic geography model, this paper constructs an economic model related to the campus to explain the temporary growth effect and sustainable growth effect brought by the campus opening. On the one hand, the population migration caused by the campus impact has stimulated the demand for local goods and services and promoted the adjustment of employment structure. On the other hand, the advantages of the campus in factor agglomeration have significantly improved the availability and utilization of local finance, enhanced the level of innovation and entrepreneurship, and accelerated the development of high-tech industrial clusters, thus promoting the virtuous circle of local economic development. Finally, the local government may also take the promotion of the new campus construction as its pawn in land capitalization and realizing "making money from land".

This study provides empirical evidence for understanding the relationship between undergraduate campuses and county economic development, and provides ideas for further promoting the integration of newly-built campuses into county economic development. Firstly, the integration of the new campus into the local economic development is a long-term process. Avoid taking the newly built campus as a pawn in promoting urbanization and land finance unilaterally. What's more, stimulate the unique role of universities and colleges in resource gathering and innovation. We need to improve the public service and entrepreneurial environment, so that students, job seekers and entrepreneurs from campuses are eager to come, and willing to stay or stay for a long time. It is necessary to deeply integrate the urban functional areas with the university cluster areas to avoid the phenomenon of spatial resource mismatch. We should orderly guide the cooperation between enterprises and universities (or colleges), achieve the integrated development of Industry-University-Research Cooperation and promote the rapid transformation of innovative achievements.

Keywords: Local Governments Competition; Newly Built Campuses; Agglomeration Effect; Innovation and Entrepreneurship; County Economic Growth

JEL Classification: R11; R12; R58

The Launching of CR-Express and the Competitiveness of Urban Export

LI Jia   WANG Han

(School of Economics, Shandong Normal University)

Summary: With the continuous improvement of China's opening to the outside world and the continuous optimization of its export trade structure, how to further improve the core competitiveness of export trade is not only the way to develop high-quality foreign trade, but also an important channel to achieve the upgrading of industrial structure and accelerate the transformation of the mode of economic growth. As an important carrier for deepening the economic and trade cooperation of countries along the "the Belt and Road" and an important land transportation facility connecting Europe and Asia, the Launching of CR-Express is bound to shoulder the important mission of building a trade power in the new era. It not only improves the level of opening up of cities along the inland of China, but also becomes an important engine for promoting the growth of urban exports. Therefore, a question worthy of in-depth discussion is: as a new open transport channel and an important engine to promote the growth of urban exports, can the Launching of CR-Express further enhance the competitiveness of urban exports? If the above problems are established, what mechanism will CR-Express have an impact on the city's export competitiveness? Is there any heterogeneity in the impact of the Launching of CR-Express on the competitiveness of urban exports? Clarifying the above issues has important theoretical and practical significance for unblocking the domestic and international "Double Cycle", realizing the stable growth of foreign trade, and accelerating the construction of a new era trade power.

In this paper, theoretical analysis and empirical testing methods are used to systematically study the role of the Launching of CR-Express in improving the competitiveness of urban exports. First of all, based on the current situation of the development of CR-Express and the trend of urban export competitiveness, this paper puts forward the practical evidence of the relationship between the Launching of CR-Express and the Competitiveness of Urban Export, that is, it is found that the cumulative number of cities opened by CR-Express shows a significant positive correlation with urban export competitiveness. Secondly, under the framework of "New Economic Geography", based on regional innovation theory, financial sustainable development theory and trade opening theory, it is inferred that the Launching of CR-Express can improve the city's export competitiveness through regional innovation, financial development and trade opening. Finally, based on the data of China's prefecture level cities from 2005 to 2019, the Launching information of CR-Express is matched with the data information of prefecture level cities, and the impact of the Launching of CR-Express on the city's export competitiveness is discussed using the multi-phase DID model with inconsistent time points. The research shows that the Launching of CR-Express has significantly improved the export competitiveness of cities. This conclusion is still valid after a series of robustness tests (including elimination of endogenous interference, replacement of core explanatory variables, replacement of explained variables and control of time-varying trend); Mechanism analysis shows that regional innovation, financial development and trade openness are the main mechanisms for the Launching of CR-Express to improve the export competitiveness of cities. Heterogeneity test also shows that in the eastern region and central cities, the Launching of CR-Express can play a greater role in promoting the export competitiveness of cities, and CR-Express can also be linked with national strategic platforms such as the Free Trade Zone and the Belt and Road to jointly improve the export competitiveness of cities; Further analysis shows that, based on the five perspectives of unified brand, delivery volume, return ratio, urban cooperation and multimodal transport, the high-quality development trend of CR-Express can also have a significant positive effect on urban export competitiveness. This conclusion not only conforms to the development requirements of CR-Express in the new era, but also verifies that CR-Express have sufficient sustainable and high-quality development prospects.

The above conclusions reveal the positive effect of the Launching of CR-Express on the improvement of urban export competitiveness, indicating that as an important starting point to promote the construction of the "the Belt and Road", CR-Express are fully expected to become a new fulcrum to build a new era of trade power. Based on the research conclusions, this paper puts forward the following policy recommendations on how to better serve the urban export trade in the future: Constantly optimize the "going out" platform with CR-Express as the carrier, and give full play to the diversified economic effects of CR-Express. Take advantage of the opening of CR-Express to build a high-level platform for opening up to the outside world. Reasonably control the policy intervention on CR-Express to ensure the sustainable and high-quality development trend of CR-Express.

Compared with the existing studies, the possible marginal contribution of this paper lies in: First, this paper focuses on the specific issue of how the Launching of CR-Express affects the urban export competitiveness with the "urban export competitiveness" as the starting point, and strives to extend the research horizon of the impact effect of the Launching of CR-Express, further highlighting the academic value of this new open transport corridor research. Secondly, this paper takes the Launching of CR-Express as a Quasi-natural experiment to explore the behavior changes of urban export competitiveness, which not only expands the research horizon of factors affecting export competitiveness from the urban level, but also supplements the research literature of factors affecting export competitiveness from the perspective of transportation infrastructure construction. Third, this paper reveals the important role of the Launching of CR-Express in improving the export competitiveness of cities from different perspectives, and strives to provide policy inspiration for government departments to build a sustainable and high-quality CR-Express.

Keywrods: CR-Express; City; Export Competitiveness

JEL Classification: F532; F752

Equity Incentive Plan and Enterprise Innovation: From the Perspective of Contract Heterogeneity

LI Lianwei[1] LV Zhuo[2] REN Haofeng[3] JI Xiaopeng[1]

(1. School of Finance, Shandong Technology and Business University; 2. School of Statistics, Shandong Technology and Business University; 3. School of Business and Management, Jilin University, Changchun 130012, China)

Summary: The report of the 19th National Congress of the CPC emphasizes that "innovation is the primary driving force for development and the strategic support for building a modern economic system". The report of the 20th National Congress of the CPC once again pointed out that innovation will remain at the heart of China's modernization drive and accelerate the implementation of innovation-driven development strategy. The implementation of innovation-driven development strategy has become an important measure to promote China's economic growth and structural transformation, and to enhance China's economic innovation and competitiveness. The theory of enterprise innovation also holds that innovation is the core process of an enterprise and the main and most possible way for an enterprise to achieve long-term growth, and also the driving force and source of sustained economic growth. Therefore, accelerating enterprise innovation is not only a strategic choice of long-term sustainable development of enterprises, but also an inevitable requirement to promote the implementation of innovation-driven development strategy in China.

As an important mechanism to solve modern enterprise agency problems, equity incentive plan has made considerable development in Chinese listed companies. Especially in recent years, with the rapid development of Chinese capital market and the accumulation of practical experience of equity incentive plan, the number of listed companies who launched equity incentive plan increased year by year. According to China Stock Market & Accounting Research Database, as of December 31st, 2021, a total of 2092 listed companies in China have launched 3650 equity incentive plan, accounting for 44.7% of the total number of A-share listed companies. Under this background, how the implementation of equity incentive plan in China affects the enterprise's innovation activities becomes a problem to be solved urgently.

Based on the perspective of contract heterogeneity, this study uses the multi-period PSM-DID method to test the impact of equity incentive plan on enterprise innovation and its mechanism. It is found that the equity incentive plan significantly improves the level of innovation input and innovation output of enterprises, and this promoting effect is no longer significant after the fourth to fifth year of implementation. The analysis based on the theory of enterprise life cycle shows that the equity incentive plan mainly improves the innovation input and the innovation output of enterprises in the growth and maturity stages. The analysis of Contract heterogeneity shows that increasing the intensity, validity period and implementation times of equity incentive and cancelling equity reservation can improve the promotion effect of equity incentive on enterprise innovation. From the perspective of equity incentive model, stock option mainly increases the innovation input of enterprises, while restricted stock simultaneously increases both innovation input and innovation output of enterprises. From the perspective of equity incentive object, executive equity incentive mainly improves enterprise innovation input, while employee equity incentive simultaneously improves enterprise innovation input and innovation output. The impact mechanism test shows that the equity incentive plan can improve the innovation input of enterprises mainly through its incentive effect and "golden handcuffs" effect and improve the innovation output of enterprises through its benefit synergy effect, supervision effect and "golden handcuffs" effect. Based on the test of enterprise innovation strategy, it is found that the promotion effect of equity incentive plan on enterprise innovation output is more manifested as the substantive innovation of "improving both quality and quantity". Further analysis shows that the promotion effect of equity incentive plan on enterprise innovation output is mainly caused by the increase of enterprise innovation input, rather than driven by the improvement of innovation efficiency.

Combining the empirical research conclusion with the practice of equity incentive plan in China, this study puts forward the following recommendations: First, increase the equity incentive intensity appropriately as a whole. The average equity incentive intensity of listed companies in the sample interval is only 2.46%, far below the upper limit of 10%, with a downward trend year by year. The equity incentive intensity of listed companies in China needs to be further improved. Second, focus on improving the intensity of employee equity incentive. Although the equity incentive plan improves the level of innovation input and innovation output of enterprises, it does not improve the innovation efficiency of enterprises. The reason may be related to the low intensity of employee equity incentive. Therefore, we should focus on improving the intensity of employee equity incentive. Third, optimize the choice of equity incentive mode. Although restricted stock has a stronger promoting effect on enterprise innovation, stock options also play an important role in improving enterprise innovation input. It is necessary to rationally choose the equity incentive mode suitable for enterprises to promote the synergistic growth of enterprise innovation input and innovation output. Fourth, extend the effective period of equity incentive appropriately. The setting of equity incentive validity period of Chinese listed companies is generally short. Among the 448 equity incentive plans announced in 2020, only 14.29% of them have an effective period of more than 5 years. Therefore, the effective period of equity incentive plan should be appropriately extended. Fifth, increase the number of equity incentive plan implementation. Increasing the number of implementations of equity incentive plan is helpful to strengthen the promotion effect of equity incentive on enterprise innovation. Sixth, cancel the equity incentive equity reservation. Although equity reservation reflects management's emphasis on and introduction of external employees, this study finds that equity reservation does not play a corresponding incentive effect. Therefore, this study proposes to cancel the equity reservation part in the equity incentive plan and directly grant it to employees and executives in order to improve the level of innovation input and innovation output. This Study is of great significance for building and optimizing the design of innovation-oriented equity incentive mechanism of listed companies in China and promoting the implementation of national innovation-driven development strategy.

Keywords: Equity Incentive Plan; Enterprise Innovation; Contract Heterogeneity; Innovation Strategy

JEL Classification: O31; M12

The Measurement, Spatial Evolution and Influencing Factors of China's Digital Economy

FANG Yuxia

(Jiangxi Normal University, Nanchang 330022, China)

Summary: Digital economy plays an important role in national economy and has become an important engine driving the high-quality development of Chinese economy. The Chinese goverment has proposesd to accelerate the construction of digital China, accelerate the development of the digital economy, promote the deep integration of the digital economy and the real economy, and create a digital industry cluster with international competitiveness. However, there are significant differences among development level of digital economy of China's provinces, which leads to a digital divide and widens the economic development gap among provinces (Wu and Zhang, 2020). Therefore, it is very important to measure digital economy accurately, explore the spatial evolution characteristics of digital economy and identify the influencing factors of digital economy, which helps to put digital economic strategies into practice deeply, build new advantages of national competition and push forward the development of high quality of Chinese economy.

This paper constructes a comprehensive evaluation system of the digital economy development level based on the digital infrastructure, digital technology, and digital transactions. The global entropy method is used to measure the digital economy development of 30 provinces in China from 2013 to 2019. We use Dagum Gini coefficient and Kernel density estimation to analyze the spatial evolution characteristics of the digital economy, and use the spatial Dubin model to identify the influencing factors of the digital economy. The research results show that China's digital economy development has a significant increase overall. The development is gradually diminishing from eastern China to western China. The overall differences of China's digital economy have a downward trend. Digital economy development of among China's regions are greater than within the regions. Differences of among China's regions are the main sources of the spatial differentiation of digital economy development. There are significant gradient differences in the eastern and western regions. From the perspective of influencing factors, there is a positive spatial autocorrelation in the digital economy development. The economic growth, fiscal expenditure and trade openness are conducive to improving digital economy development.

Compared with previous studies, our study makes the following contributions. First, according to the concept of the digital economy, we construct a comprehensive evaluation system of the digital economy development level based on the digital infrastructure, digital technology, and digital transactions. The global entropy method is used to calculate the comprehensive index of digital economy development in each province. Second, we use Dagum Gini coefficient and Kernel density estimation to analyze the spatial evolution characteristics of the digital economy based on the measurement value of digital economy. Third, we use spatial Dubin spatial model to identify the influencing factors of the development level of digital economy, and enrich the related research of digital economy.

Keywords: Digital Economy; Spatial Evolution; Reginal Difference; Dagum Gini Coefficient

JEL Classification: C82; E01; R11

《中国经济学》稿约

《中国经济学》（Journal of China Economics，JCE）是中国社会科学院主管、中国社会科学院数量经济与技术经济研究所主办的经济学综合性学术季刊，2022年1月创刊，初期为集刊。

本刊以习近平新时代中国特色社会主义思想为指导，以研究我国改革发展稳定重大理论和实践问题为主攻方向，繁荣中国学术，发展中国理论，传播中国思想，努力办成一本具有"中国底蕴、中国元素、中国气派"的经济学综合性学术刊物。立足中国历史长河、本土土壤和重大经济社会问题，挖掘中国规律性经济现象和经济学故事，发表具有原创性的经济学论文，推动中国现象、中国问题、中国理论的本土化和科学化，为加快构建中国特色哲学社会科学"三大体系"贡献力量。

《中国经济学》以"国之大者，经世济民"为崇高使命，提倡发表重大问题的实证研究论文（但不提倡内卷式、思想重叠式的论文），注重战略性、全局性、前瞻性、思想性的纯文字论文，特别关注开辟新领域、提出新范式、运用新方法、使用新数据、总结新实践的开创性论文。本刊主要发稿方向包括习近平经济思想、国家重大发展战略、中国道路、国民经济、应用经济、改革开放创新重大政策评估、交叉融合问题、经典书评等。来稿注意事项如下。

1. 来稿篇幅一般不少于1.8万字。摘要一般不超过600字，包含3~5个关键词。请提供中英文摘要、3~5个英文关键词和JEL Classification。

2. 稿件体例详见中国经济学网站（http://www.jcejournal.com.cn/）下载栏中的"中国经济学模板"。不需邮寄纸质稿。

3. 投稿作者请登录中国经济学网站作者投稿查稿系统填写相关信息并

上传稿件。投稿系统网址：http：//www.jcejournal.com.cn/。

4. 作者上传的电子稿件应为WORD（*.doc或者*.docx）格式，必须上传匿名稿（务必去掉作者姓名、单位、基金等个性化信息）和投稿首页，首页须注明中英文标题、摘要、作者姓名、工作单位、职称、通讯地址（含邮编）、电话和电子邮箱等。欢迎作者提供个人学术简介，注明资助基金项目类别和编号，欢迎添加致谢辞。

5. 稿件将实行快速规范的双向匿名审稿流程：初审不超过3周，盲审流程一般不超过2个月，编辑部电话：（010）85195717，邮箱：jce@cass.org.cn。

6. 本刊不向作者以任何名义收取版面费，录用稿件会按照稿件质量从优支付稿酬，每年将评出3~5篇"《中国经济学》优秀论文"。

《中国经济学》杂志诚邀广大经济学专家、学者和青年才俊惠赐佳作。

《中国经济学》编辑部

2022年11月

图书在版编目(CIP)数据

中国经济学. 2022年. 第3辑：总第3辑 / 李雪松主
编；中国社会科学院数量经济与技术经济研究所主办
. -- 北京：社会科学文献出版社, 2022.11
ISBN 978-7-5228-1169-7

Ⅰ.①中…　Ⅱ.①李…②中…　Ⅲ.①中国经济－文
集　Ⅳ.①F12-53

中国版本图书馆CIP数据核字（2022）第224759号

中国经济学　2022年第3辑（总第3辑）

主　　管 / 中国社会科学院
主　　办 / 中国社会科学院数量经济与技术经济研究所
主　　编 / 李雪松

出 版 人 / 王利民
组稿编辑 / 邓泳红
责任编辑 / 吴　敏
责任印制 / 王京美

出　　版 / 社会科学文献出版社
　　　　　地址：北京市北三环中路甲29号院华龙大厦　邮编：100029
　　　　　网址：www.ssap.com.cn
发　　行 / 社会科学文献出版社（010）59367028
印　　装 / 三河市龙林印务有限公司

规　　格 / 开　本：787mm×1092mm 1/16
　　　　　印　张：18.75　字　数：288千字
版　　次 / 2022年11月第1版　2022年11月第1次印刷
书　　号 / ISBN 978-7-5228-1169-7
定　　价 / 128.00元

读者服务电话：4008918866